21世纪高等职业教育精品教材•电子商务专业
省级大规模在线开放课程（MOOC）配套教材

Wangdian Kefu

网店客服

陈文婕　主编
张馨予　张颖　副主编

东北财经大学出版社
Dongbei University of Finance & Economics Press
大连

图书在版编目（CIP）数据

网店客服 / 陈文婕主编. —大连：东北财经大学出版社，2023.6

（21世纪高等职业教育精品教材·电子商务专业）

ISBN 978-7-5654-4843-0

Ⅰ.网… Ⅱ.陈… Ⅲ.网店-商业服务-高等职业教育-教材 Ⅳ.F713.365.2

中国国家版本馆CIP数据核字（2023）第088025号

东北财经大学出版社出版

（大连市黑石礁尖山街217号 邮政编码 116025）

网 址：http://www.dufep.cn

读者信箱：dufep@dufe.edu.cn

大连雪莲彩印有限公司印刷 东北财经大学出版社发行

幅面尺寸：185mm×260mm 字数：281千字 印张：12.75

2023年6月第1版 2023年6月第1次印刷

责任编辑：郭海雷 吉 扬 责任校对：刘贤恩

封面设计：原 皓 版式设计：原 皓

定价：35.00元

教学支持 售后服务 联系电话：（0411）84710309

如有印装质量问题，请联系营销部：（0411）84710711

前 言

当前，电子商务在我国发展迅速，越来越多的企业和个人在互联网上开设自己的店铺。然而市场竞争愈发激烈，从事电子商务的企业和个人逐渐意识到，要想经营成功，不仅产品质量要好，网店的客户服务工作也非常重要。网店客服人员由于工作环境不同于实体商铺，因此岗位要求也有所不同。为满足市场对相关人才的需求，高等职业院校的电子商务专业陆续开设了网店客服课程，但是目前合适的教材并不多见。为此，我们联合高职院校老师和电商企业研究人员共同调研市场需求，校企双元合作开发，依托国家级移动商务专业教学资源库“移动客户服务”子项目，围绕安徽省大规模在线开放课程“网店客服”建设项目进行一体化设计，开发了本教材。

本教材按照安徽省电子商务专业中国特色学徒制建设要求，从客服工作的主要环节着手，注重对客服人员专业知识的传授和实操能力的培养。在编排上，本教材共分为5个项目，各项目的主要内容如下：项目一为走近网店客服，主要介绍客服相关知识，让学生了解客服的售前准备工作；项目二为熟悉工作流程，重点介绍客服的工作流程，客户接待、关联销售、订单催付、售后服务中可能出现的问题及解决办法，全面提升学生的操作技能；项目三为维护客户关系，介绍客服对客户关系的维护，即如何最大限度地拓展自己的客户资源；项目四为科学管理客服，介绍如何对客服进行管理、激励和考核；项目五为开启智能客服，主要以店小蜜为例介绍智能客服的应用场景。

本教材主要特色如下：

（1）循序渐进。本教材首先从网店客服的定义与重要性开始讲解；其次介绍了成为客服人员的基本要求，客服需要掌握的客户心理预期、基本话术、商品以及交易规则等知识，紧接着介绍如何将相关知识运用于售前、售中和售后工作；再次介绍了客服工作情况的衡量标准、客户关系的维护以及客服团队的管理；最后介绍了智能客服的发展，并进行了店小蜜实际操作演示。

（2）结构科学。本教材的每个项目均采用“案例导入+知识讲解+项目小结+项目测试”的体例结构，并通过“课堂讨论”“小提示”“直通职场”等小栏目进行补充说明。

（3）注重细节。本教材立足于帮助网店客服解决在实际工作中遇到的各种困难，针对客服的态度、话术以及解决问题的思路等细节进行讲解。

（4）生动形象。本教材没有采用刻板的知识传授方式，而是有针对性地对重要知识点以案例形式进行形象的讲解，更利于学生理解。

（5）课程配套。本教材提供配套在线开放课程支持，学生可通过登录安徽智慧教育平台（网址：https：//www.ehuixue.cn/index/detail/index.html？cid=39376）进行学习，可满足学校线上线下混合式教学需要。

（6）思政入课。坚持“立德树人”这一教育的根本任务，通过在学习目标中设立“素养目标”，归纳本项目思政教育主题，进一步通过与“思政园地”专栏所提炼的思政元素前后呼应，达到促进学生完成学思践悟的目标。

本教材由安徽国际商务职业学院陈文婕担任主编，陕西财经职业技术学院张馨予、天津轻工职业技术学院张颖担任副主编。其中，项目一由天津轻工职业技术学院张颖编写，项目二由安徽国际商务职业学院陈文婕、韩婷婷编写，项目三由安徽水利水电职业技术学院耿翠花编写，项目四由陕西财经职业技术学院张馨予编写，项目五由安徽颂智实业有限公司客服部经理陈洁编写。在智能客服应用部分编者参考了阿里蜜学院的相关内容，另外，安徽颂智实业有限公司为本教材编写工作提供了大量的文献资料和技术支持，在此表示感谢。

教材是传播知识的主要载体，是老师教学、学生学习的重要工具，职业教育教材更要服务国家发展战略，紧跟行业发展步伐。我们编写本教材的初衷也是为满足国家现代服务业发展战略需求的教材建设尽绵薄之力，但由于编者水平有限，不妥之处在所难免，欢迎广大读者批评指正。

编　者
2023年3月

目 录

项目一
走近网店客服

学习目标

知识目标：

- 了解网店客服的基本概念；
- 掌握网店客服的工作流程；
- 熟悉网店客服的售前准备工作。

技能目标：

- 能够根据不同消费群体的心理差异，进行有针对性的服务；
- 能够运用客服工具做好售前准备工作。

素养目标：

- 培养“客户至上”的服务理念；
- 培养乐观积极、诚信求实的工作态度；
- 培养文明礼貌、遵纪守法、办事公道的职业素养。

【知识导图】

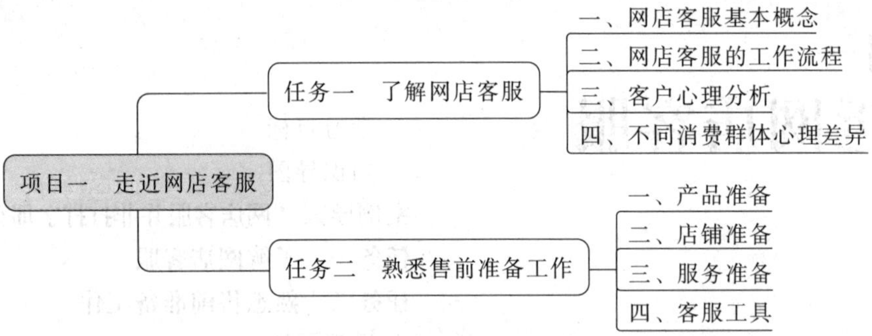

【案例导入】

网店客服并非打打字那么简单

林洁从事服装行业已有两年时间了，为了拓展业务，他打算在网上开设一家网店。在多方面了解和分析之后，林洁最终决定在淘宝网上开设一家专业销售女装的网店。结合线上线下的销售特点，经过3个多月的推广和运营，林洁终于看到了成功的希望。“双11”活动要开始了，林洁感觉有点力不从心，于是，他打算结束这种单打独斗经营网店的模式，决定找一名网店客服来帮忙。林洁心想，网店客服这种工作的要求也不高，只要会打字，同时能够帮助客户解答一些疑问就行。很快他就通过网络招聘了一名网店客服小刘。

林洁简单地给客服小刘介绍了一下网店目前的经营状况和一些注意事项，就让小刘上岗开始工作了。这下林洁以为可以好好放松一下了，可谁曾想到，就在小刘工作的这一个星期，网店的销量虽然有所上升，但退款率也在增长。这究竟是怎么回事呢？

一天，客服小刘收到客户B发出的消息。客户B想在店里挑选一件衬衫送给朋友，让小刘帮忙给她推荐几款合适的衬衫。小刘收到消息后立刻回复，并与客户B达成了一致意见，很快这单就促成了，客户B也成功完成了付款。可两天后，客户B联系小刘并要求退款，待林洁仔细查看订单详情和千牛聊天记录后，立即向客户B道歉并同意退款。原来，小刘没有仔细核对订单，竟然把另一个订单的备注信息填到了客户B这一个订单上，结果就是两个订单都发错了，给网店造成了一定的经济损失。

资料来源：根据网络资料整理.

案例分析：网店客服是店铺里非常重要的岗位，能够帮助客户更好地挑选商品，给客户解答问题，帮助店长更高效地管理网店，及时把握商机消息，从容应对繁忙的生意。

任务一 了解网店客服

在网店经营过程中，客服人员是必不可少的重要角色。这是因为在电商领域的各个岗位中，网店客服是唯一一个能够跟客户直接沟通的岗位，这种沟通带有情感，会给客户带来良好的沟通体验。

微课1-1

网店客服基本概念

一、网店客服基本概念

网店客服是指在淘宝网、天猫、京东等电子商务平台开设网店这种新型商业活动中，利用以即时通信工具（如千牛、QQ等）为主的各种通信工具，为客户提供相关服务的人员。

如图1-1所示，客户在网购过程中，首先通过搜索等方式寻找自己需要购买的商品，在浏览过程中选定自己中意的，然后咨询该网店的客服并进行议价，最后根据综合因素选择是否下单购买。

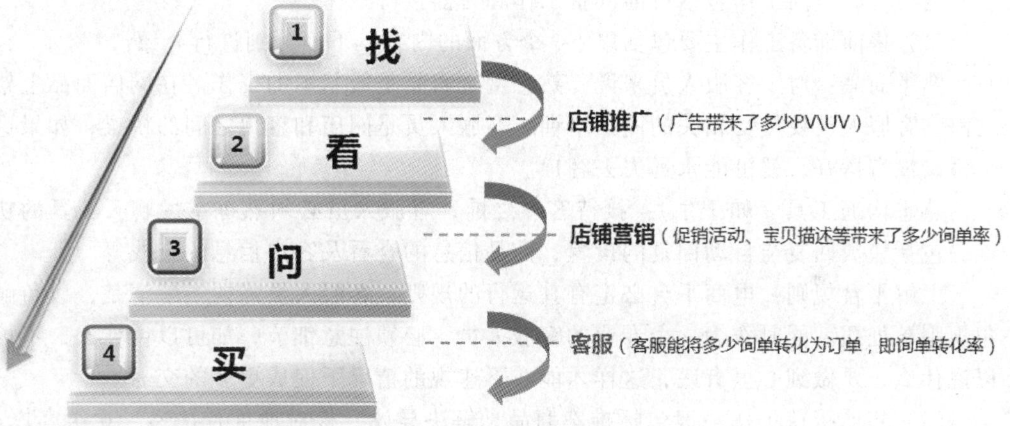

图1-1 客户网购的流程

网店的运营首先要通过免费、付费等多种推广方式吸引客流量到自己的商品或者店铺，客流量引进来以后，店铺的装修、宝贝描述、促销活动等带来了询单，而客服的职业化水平就决定了能够将多少询单转化为订单。因此，在整个网购的过程中，网店客服显得格外重要，对于最后的下单成交来说，临门一脚尤其关键。

客服在一个网店团队中占有举足轻重的位置。店铺的业绩主要靠两个方面：一是整个店铺的营销策划和推广，二是客服（当然这里说的客服是广义的，还包括客户的管理与维护）。随着电子商务的发展，客户追求的不仅仅是产品质量的保障与产品价格的低廉，对服务品质也提出了更高的要求，也就是说，除了要求性价比高、商品的质量有保障之外，对于服务的要求也越来越高，从很多店铺经营案例中不难发现，客户对于客服的投诉呈现递增趋势。

微课1-2

网店客服的工作流程

二、网店客服的工作流程

了解客服岗位的重要性后，下面我们学习网店客服的工作流程。网店客服的工作流程主要由5部分组成，包括售前、打单、发货、查单以及售后，如图1-2所示。

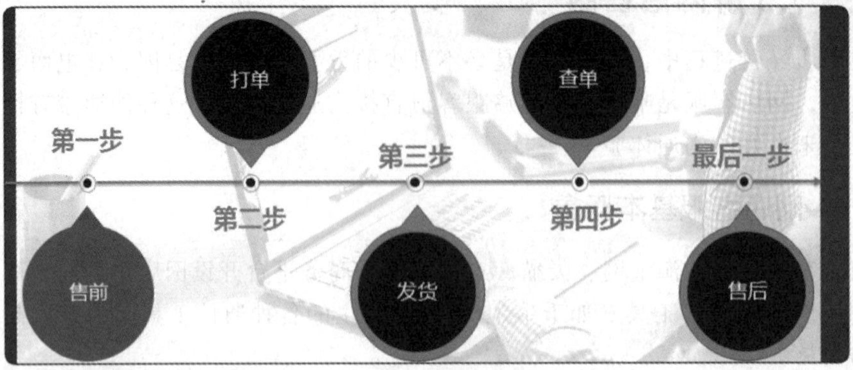

图1-2 网店客服的工作流程

下面分别对各个环节的工作内容进行介绍，重点介绍售前和售后工作。

1. 售前

网店客服售前工作包括售前准备工作和售前接待工作。

（1）售前准备工作主要包括以下3个方面的内容，下面分别进行介绍。

熟悉商品：对于客服人员来说，熟悉网店商品是最基本的工作。在网店商品上架之前，客服人员要接受相关的商品培训。客服人员是网店和客户之间的桥梁，如果这个桥梁没有搭好，就可能永远失去客户。

熟悉沟通工具（如千牛）：接待客户之前，客服人员必须熟练掌握聊天工具的功能，包括快捷回复与自动回复的设置、商品信息的查看及客户信息的查找等。

了解平台规则：电商平台必定有其运行的规则，客服人员需要了解清楚，以免触犯规则被处罚。同时作为一个专业的客服人员，必须注意细节，如可以说什么，不可以说什么，要做到心里有底，这样才能在不违规的情况下促成更多的交易。

（2）售前接待工作一般包括推荐商品、解决异议、核对地址及快递、欢送客户4个环节。每一个环节中，客服人员都应表现出专业的待客态度。

推荐商品：客服人员要主动挖掘客户的需求，专业、耐心地解答客户提出的问题。

解决异议：客服人员要学会专业的销售技巧，并且热情、耐心。

核对地址及快递：客服人员要仔细核实订单，体现出高服务水准，以及热情、周到的服务态度。

欢送客户：客服人员要像对待朋友般对待客户，积极、热情。

2. 打单

客服人员应按电商平台后台信息或客户指定信息打印快递单和发货单。

3. 发货

客服人员按发货单的内容进行配货、发货并与快递人员交接。底单归类存放，以便核实、查询和取证。

4. 查单

客服人员应接受客户查询快递的要求，为客户查询快递信息，并跟进处理。除此之外，客服人员可能还需要在打单后抽单改地址，或者发货后追回需要改地址的快件。

5. 售后

售后服务主要包括售后跟踪和回访客户两个环节，下面分别进行介绍。

（1）售后跟踪。处理客户签收货物后需要退换货的请求。

处理客户的中差评或投诉。客服人员遇到中差评或投诉时一定要保持冷静，分析原因，尽量给客户一个满意的答复，做到双赢。

（2）回访客户。对于老客户，客服人员可以通过短信、邮件和千牛消息等方式回访，回访时可以告知客户店铺的最新活动，以吸引客户二次购买，或者做一个商品质量调查，提高自身的商品价值。

对于有意向购买但没有付款的客户，客服人员尽量在2天之内完成回访。客服人员回访时要注意使用回访技巧，可以先看看之前的聊天记录，了解客户出于什么原因没有下单。

三、客户心理分析

微课1-3

客户心理分析

网店客服每天都会接待不同类型的客户，他们的性别、年龄、性格不同，需求也不同，那么，客服如何才能让客户购买自家网店的商品呢？客服除了要掌握基本的商品知识、交易知识外，还需要从心理学层面去分析客户，抓住商机后瞄准目标，一击即中。

在电子商务竞争日益白热化的时代，抓住了客户就是抓住了商机。既然客户是营销的核心，那么懂点客户心理学是很有必要的。我们将客户购买商品的心理概括为以下8个方面，如图1-3所示。

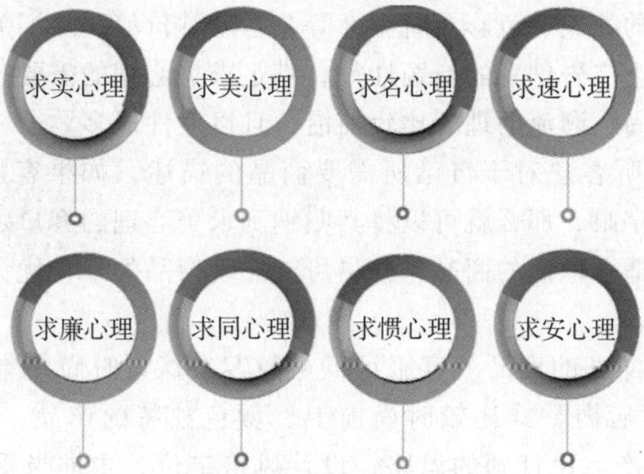

图1-3　客户8大购买心理

1. 求实心理

案例1-1

王女士是一位37岁的家庭妇女，掌握着一家三口的财政大权。对于家里需要添置什么用品，她有着非常清晰的认识，对于所购买商品的用途、价格，她都有自己的计划。这一天，王女士准备在淘宝上为儿子买一件夏天穿的T恤。在购买之前，王女士对于要购买的商品早就了然于心，衣服的材质要纯棉的，夏天穿着以白色为佳，不易吸热，价格在80~100元即可。根据这些要求，她很快在网上为儿子选择了一件满意的T恤。

求实心理以追求商品的实用性为主要目的，对商品的面料、质地和工艺比较挑剔。这类客户购物讲究实惠，根据自身的需要选择商品，具有理智的消费行为。

针对此类客户，客服首先要明确这类客户是非常理性的，他们购买商品时需要保证商品有80%~100%的可买性后才会入手。这时，客服应体现自己的专业性，以真诚、专业、求实、耐心的态度获得客户的好感，增加商品在客户心中的可买性。

（1）专业性。最让具有求实心理的客户纠结的无非是商品本身的质量，商品的面料和组成是否符合自己的要求，商品能否方便快捷地使用，以及商品的各个细节是否精致等问题，这类客户的问题都集中于商品本身，客服只要对商品的各种属性了如指掌，当客户问及商品信息的时候就能详细地进行讲解。

（2）诚实。客服要学会站在客户的立场思考问题，建议主推高性价比、爆款类产品，引导客户在收到商品后试用，让其体验产品的使用效果，用优质的服务和性价比高的产品征服客户，赢得客户的信任与认可。

面对拥有求实心理的客户，客服一定要避免夸大事实、弄虚作假，应诚实地说出商品的优势和缺陷，在一定程度上降低客户的期望值。如果以欺骗的方式赢得客户的购买，当重视商品性价比的客户收到不满意的产品时，就可能产生纠纷、退货等不良后果。

2. 求美心理

具有求美心理的客户是典型的“外貌协会”，他们以追求商品的美感为主要目的，着重关注商品的款式、色彩及时尚性等艺术欣赏价值。除了关注商品本身的美之外，这类客户还注重广告创意的新颖性等，满足求美心理的需要。这类客户的心理年龄普遍年轻，对时尚、潮流的理解比较前沿，且以女性居多。

客服要注意倾听客户对于自己所需要商品的描述，如果客户常常提到“好看”“漂亮”“时尚”等字眼，那么就可以将其归纳到求美心理的客户之中。在应对这类客户时，客服要推荐适合他们的商品，并尽可能展现商品的外在优势，对客户多一点夸奖和肯定。

（1）推荐时尚漂亮的商品。客服可以从与客户探讨时尚潮流方面的话题切入推荐产品，尽量推荐店内款式比较时尚前卫、颜色独特的产品，并结合当今流行趋势，专业地强调该产品设计师的思路、设计风格定位，主推当季最新形象款、时尚款，向客户销售的过程中，尽量借助产品画册、美拍等工具，展示产品的美感效果。

（2）夸奖肯定客户。当客户选购好了自己心仪的产品，但却疑惑产品是否好看、是否适合自己时，客服要记住，客户需要的绝不是你的否定，他们无非是希望自己的选择得到肯定和注意，这类客户本来就对商品的外在有严格要求，如果客服随意否定，会让客户觉得自己的审美受到了质疑，所以适当地夸奖客户是很有必要的。

3. 求名心理

以表现身份、地位、价值观为主要购买目的，注重品牌、价位、公众知名度的购买心理，我们称之为客户的求名心理。这类客户的购买能力和品牌意识非常强，且虚荣心、自尊心也非常强，注重面子，客户在沟通时会频繁谈及自己购买名牌的经历等话题。在此类客户中，他们有的确实具备良好的经济条件，会经常购买名牌商品，但也有不少经济条件并不富裕，但在选购商品时却趋向于名牌的客户，他们希望把自己表现得很有品位。

本着求名心理购买商品的行为在一些年轻人群体中很普遍。在他们的心里，在吃、穿、住、行上使用名牌，不仅提高了生活质量，更是一种社会地位的体现。正是在这样的心理驱动下，他们对名牌的信任和追求在购物过程中表现得十分明显。然而这类人群是很敏感的，客服回复慢了，话语不得当都会让他们十分恼怒。面对这类客户，客服要学会顺势而为，即顺着客户的意愿去完成自己的工作，促成他们的购买。

（1）介绍自己推荐的品牌。客服要了解自己的品牌文化，重点向客户介绍品牌的历史、品牌内涵，以及品牌在行业内的地位与知名度，引起客户对于品牌的兴趣，让客户从心里认可你的品牌，认为有购买这个品牌的必要。

（2）不断地认同客户。以求名心理为主导的这类客户，他们在购买商品时属于比较理智的类型，不会无端消费，自我意识很强，说话口气强硬。客服在为这类客户推荐商品时要善于恭维和赞美，有异议时也要先顺从他们，让其虚荣心彻底得到满足，风风光光将商品买走。

4. 求速心理

案例1-2

小王是典型的白领阶层，平日里工作很忙，没有太多的空闲时间。压力大、节奏快的工作现状使他逐渐养成了务实、高效的职业习惯，这种习惯也逐渐融入了他的日常生活。小王平时并不钟爱购物，觉得逛商场太浪费时间。当网上购物逐渐兴起时，他便爱上了这种省钱省时的购物形式。他在网上购物时只要明确了自己想要买什么，就通过商品搜索选取前3个商品之一进行购买，整个购买时间不会超过5分钟。

像小王这样的购物心理，我们称之为求速心理，即以追求快速、方便为主要购买目的，注重购买的时间或效率。此类客户的时间意识比较强，想利用最短的时间、以最简单的方式购买到优质的商品。此类客户以男性居多，普遍集中在白领阶层，他们不会太在意商品的价格，只要能保证商品的质量和购买速度即可。

客服首先要意识到这类客户的购买意识是很强的，他们视时间如珍宝，如果没有90%的购买欲望，他们是不会浪费时间网购的，所以这类客户的成交量很高。客服在应对此类客户时，一定要善于抓住这类客户的购买心理，不仅能保证成交量，还能节约工作时间，何乐而不为呢？

（1）化被动为主动。既然客户在购买商品时希望尽可能多地节约时间，迅速达成交易，那么客服就不能再被动地等待客户的询问了，一问一答的商品介绍方式并不适合这类客户去了解商品，应化被动为主动。

（2）直截了当的销售方式。与这类客户交流时，客服切忌话太多，所说的每一句话都应是有用的，这类客户不愿意客服浪费他们的时间，所以客服在销售自己商品的时候可以将适合客户需求的产品罗列出来，让客户挑选或体验，当客户犹豫不决时，可替客户做主，并做出售后服务的承诺，让客户放心、安心，直截了当，迅速成交。

5. 求廉心理

案例1-3

小美是典型的学生族，对新事物的接受能力特别强，很早就爱上了网购。不管什么东西，小美都喜欢在网上购买，因为价格便宜，还能得到很多在实体店得不到的优惠和赠品。我们把类似小美这样的网购心理总结为求廉心理。

人们在消费过程中都希望用最少的付出换回最大的效用，获得商品更大的使用价值。追求物美价廉是常见的消费心理。具有这类心理的客户在选购商品的过程中总会选择价格较为低廉的商品，即以获得超值、低价商品为主要购买目的，注重商品的实惠与廉价。

此类客户经济比较拮据、购买能力普遍偏低，但又有购买品牌商品的欲望，对价格比较敏感，精打细算，他们一般很难接受正价或高价位的商品，对促销活动的特价商品情有独钟，往往留意的都是商品降价等信息。

客服在与客户的实际交流中，应适当在心理上对其进行鼓励，热情接待，利用更多的优惠办法或礼品留住客户，在推荐特价商品或折扣优惠较大的商品时，再附加赠送一份小礼品，将“超值”进行到底，让其满意而归。同时，客服还要强调即使商品打折，品质与服务也绝不打折。

6. 求同心理

在超市购物常常看到这样的现象，一个促销摊位出现一两个人选购，可能没人在意，但若是这个促销摊位围满了十个人，便会有二三十个人，甚至更多的人拥到摊位选择商品。虽然客户明明知道商品的价格并没有大幅度下降，可还是愿意跟随大众的步伐去购买，这就是客户购买商品的另一个心理因素——求同心理。

网络平台的开放性让信息的传递更加便利，可以让互不相识、相隔万里的客户分享自己的购物体验。那么，客户一般会以什么为标准来衡量自己所购商品是否优质呢？当然是看其他客户对这个商品的评价，尤其是一些名人的使用评价，如×××推荐、×××同款等。

这里就要谈到客户在购买商品时的求同心理，也就是我们常说的从众心理。该类客户趋向于“跟风”和凑热闹，更多人说好时他也觉得好，更多人购买时他也购买，没有特定的自我购买要求，对产品的判断力和主张性不强。

在实际销售中，客服要主推畅销款，强调很多人都已购买，而且购买后非常满意。既要采用数据效应，让客户认识到某款产品的品质已得到大众的认同，又要利用稀缺效应，让客户感觉到产品很畅销，以及经常断货、缺货的紧张气氛。其实面对这类客户，客服不需要过多地介绍产品，销量和评价便可以让客户信服，客服应巧妙地利用“从众”心理，让客户在心理上得到依靠和安全感。

7. 求惯心理

案例1-4

有一家成功的计算机销售公司，其销售计算机的方式不同于其他公司，不是把计算机放在店内供客户体验使用，而是将计算机放在了一些客户的家里。不需要自己花钱便可以免费使用计算机，谁都不会拒绝。客户觉得计算机的确丰富了他们的生活，乐在其中。渐渐地，3个月过去了，计算机的试用也到期了，这家公司需要收回放在客户家使用的计算机，这时客户纷纷掏钱购买了计算机，因为短短的3个月已经让他们对计算机“上瘾”了。

为什么客户愿意掏钱购买之前有所抵触的产品呢？因为习惯性因素促使了他们的购买。网上购物同样有一种习惯性心理，我们将这种购买心理称为求惯心理。

求惯心理是以满足特殊的爱好而形成的购买心理。客户往往注重自己偏爱的品牌和款式，对即将购买的商品充满了信任感，他们在选择商品时有特定的购物习惯。

应对此类客户时，客服应及时调出客户以往的购买记录，了解客户以往购买商品的款式、颜色喜好，为客户推荐他们所偏爱的商品。此类客户大部分是网店VIP客户，他们性格保守、执着，不容易接受新的事物，对品牌或网店的忠诚度极高，而且对网店的长期贡献较大。与此同时，客服还可以利用客户的消费积分和会员权益等，来促进客户再次购买。

8. 求安心理

案例1-5

刘女士是一名全职家庭主妇，她并不热衷于网上购物，对看不见、摸不着的东西缺乏信任，但由于网络购物的廉价性和便捷性，对一些在生活中不易购买的商品也会选择在网络平台上进行购买。不过，她每次购物都会小心翼翼，除了担心网络诈骗，还担心商品的安全性，总是要和客服几番确认之后才会购买。我们把刘女士的这种购物心理称为求安心理。

求安心理是以追求安全、健康、舒适为购买目的，客户更加注重商品的安全性、舒适性与无副作用的消费心理。这类购物心理的客户自我呵护与健康意识极强。

应对此类客户时，客服要善于利用专业知识向客户强调商品面料、配件的安全性与环保性，借助官方权威的证明，如为客户播放商品的制作过程和实验流程，让客户亲身体验商品的安全保障，客服还可以主动介绍商品的使用注意事项，专业地普及商品知识。

微课1-4

不同消费群体心理差异

四、不同消费群体心理差异

客户的购买习惯、购买倾向并不是与生俱来的，其购买心理往往会受社会因素的影响。由于年龄、职业及性格等不同，其购买心理可能全然不同。下面从年龄和性别两个方面对消费群体的心理差异进行介绍。

1. 不同年龄层次的心理差异

客户的消费心理在很大程度上受年龄的制约。年龄偏小、心智尚未成熟的客户见到的、接触到的东西不多，能让他们产生购买意愿的商品就很多；年龄大一点的客户，心智更加成熟，他们的消费心理与年龄偏小的客户存在着很大差别。现将不同年龄客户的消费心理差异进行汇总，见表1-1。

表1-1 不同年龄客户的消费心理分析

年龄划分	不同的消费心理
少年儿童（5~15岁）	这一年龄段的儿童暂没有独立的经济能力，自主决定权十分有限，因此需要购买的商品一般由父母提前确定。其特点是目标明确，购买迅速
青年群体（15~45岁）	这是一个充满着活力的群体，他们思想前卫、自我意识较强，且经济独立，消费观念十分开放，喜欢购买新颖时髦的商品。购买动机易受到外部因素影响，具有明显的冲动性，一般不太会考虑价格问题
中年群体（45~65岁）	这一群体工作基本稳定，收入也较有保障，但因为他们大多成家立业，所以在购物消费上就没有青年群体那么自由。他们属于理智型购物群体，购买的商品讲究经济实用，同时，对使用价值高、节约家务时间的商品感兴趣
老年群体（65岁以上）	这一群体收入高且稳定，但保守的消费观念使这一群体的网购人数并不多，随着网络发展的深入，他们对新事物开始慢慢接受。对于已步入网购行列的老年群体来说，他们的购买习惯稳定，不易受广告影响，且对新商品持怀疑态度，但对提高自己身体素质的商品比较感兴趣

2. 不同性别的心理差异

男性和女性的购物方式存在着很大不同。

女性客户：通过网络购买商品已然发展成了一种消费趋势，方便、快捷的购物模式让女性客户足不出户便可买到琳琅满目的商品，加上网上的价格相比于实体店更加便宜，女性客户自然更热衷于网购。女性客户网购的特点如图1-4所示。

男性客户：与女性客户截然相反，对于购物，男性客户普遍存在着一种“抗拒感”，但相比于去实体店购物，男性客户更倾向于在网上购买，原因并不复杂，只是被网上购物的便捷所吸引。他们在网上购物一般有以下几个特点，如图1-5所示。

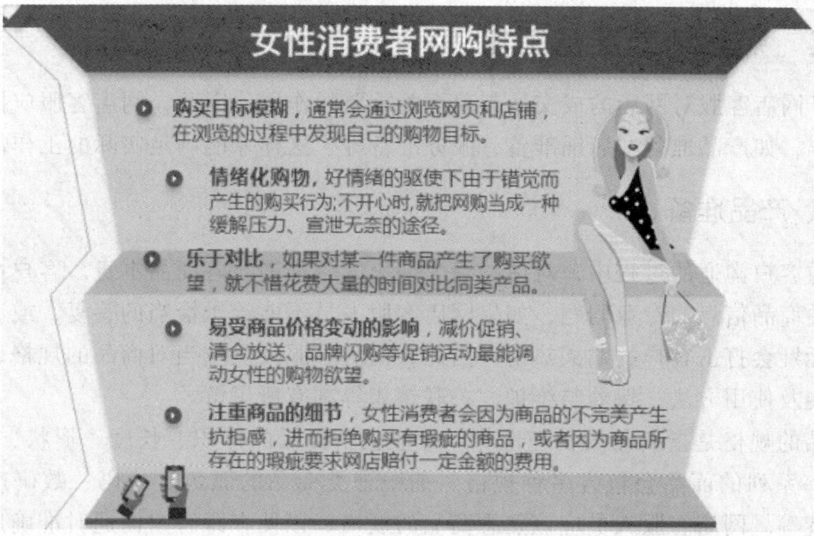

图1-4　女性客户网购的特点

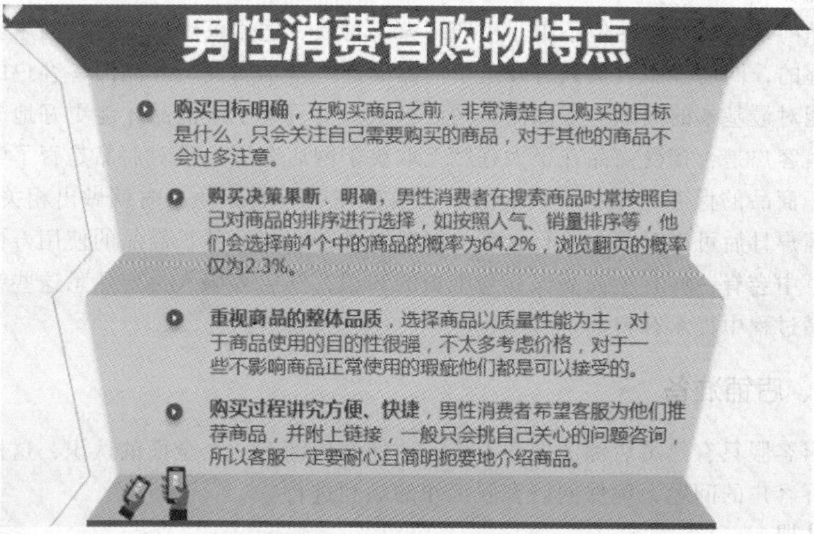

图1-5　男性客户网购的特点

任务二　熟悉售前准备工作

由于网店客服对网店的成交量起着至关重要的作用，因此，网店客服应提前熟悉准备工作，如产品准备、店铺准备、服务准备等，这样才能满足实际的工作需求。

一、产品准备

微课1-5

产品准备

在与客户沟通的过程中，对话的绝大部分内容都围绕着商品本身。客户可能会提一些有关商品信息的专业问题，如果网店客服人员不能给予恰当的答复，或者一问三不知，无疑会打击客户的购买热情。因此，网店客服人员应当对商品的规格、基本属性、安装及使用方法、保养与维护、关联销售等都有所了解。

商品的规格是指商品的物理性状，一般包括商品的体积、长度、形状、重量等。有时同一系列的商品会包含多种规格，如服饰类商品的颜色、尺码；数码产品的容量、配置等。网店客服人员应该熟悉商品的规格，以便在跟客户沟通时准确地回复客户的问题。

商品的基本属性包括但不限于生产厂家、材质、适用范围等，这是网店客服人员必须掌握的，网店客服人员只有知道了商品的这些基本属性，才能回答客户的简单提问，才能对最基本的问题对答如流。网店客服人员只有了解商品才能更好地介绍和推销商品，客户是否接受商品在很大程度上取决于网店客服人员对商品是否了解。

对于商品的保养与维护，网店客服人员应在客户购买商品时就做出相关的说明，以确保客户日后可以对商品进行合理的保养与维护，从而延长商品的使用寿命。在商品详情页中会有一些有关商品保养与维护的知识，网店客服人员要熟悉这些知识，并且在交易过程中提示客户。

二、店铺准备

微课1-6

店铺准备

网店客服只有熟悉店铺的准备工作，才能对店铺有一个全面的认识，这样才能更好地解答客户的问题，确保网店客服工作的顺利进行。

1. 注册

开网店要先选好平台，然后去注册开店，不同平台的要求是不同的。

2. 选择产品

选择产品的时候一定要尽量做自己有优势的、熟悉的、喜欢的、有门槛的、身边能够接触到的，所以并不是你选产品，而应该是产品选你，并不是说你想卖什么就卖什么，而是要看你有什么。

3. 交纳保证金

平台选择好了，网店注册下来了，产品也确定好了，那么保证金是一定要交的。不同的产品、不同的类目、不同的平台，保证金也有所不同。

4. 店铺基本设置

把店铺名字、店铺logo、店铺介绍全部完善好，店铺名字不要随便取，不要取得太长，一定要简短好记，符合这个行业特点。

5. 产品上架前准备工作

上产品之前先不要着急，一定要确定好、规划好、布局好自己的店铺，比如说款式、价格、人群、市场、风格等方面，要多研究分析一下同行，看看人家是怎么做的。

6. 产品优化

产品的主图、详情、标题、文案、卖点、定价，对于打造一个产品其实有很大的影响。所以一定要做出自己的特点，做出自己的风格，做出差异化来。

7. 产品上架

产品上架之前把每一个属性，每一个选项，每一个细节都要填好。把款式确定好之后，把之前设计好的几张主图创意图拿去推广测试。测图同样是看推广计划里面的宝贝数据，看几张要测的图片的点击率，选择点击率、支付转化率比较高的图片，作为主图创意图。

8. 店铺的装修

不管是电脑端还是手机端，基础装修是一定要有的。可以在做店铺装修的同时，再把店铺的基础权限和宝贝的内容打造一下，比如说宝贝的第五张白底图、营销的素材图、主图、短视频、视频、微淘。

9. 开通店铺权限

营销优惠，如淘金币、打折、单品宝、关联销售等都需要去开通。

店铺的基础权限，比如说蚂蚁花呗支付、信用卡支付、公益宝贝、运费险、电子面单自动评价，能开通的全部开通好。

10. 销量破零

产品上架开卖，先看一下店铺哪几个款式有流量，有访客，哪几个款式数据跑得比较好。展现比较好的，挑两个出来单独打造一下不同的风格、不同的创意图，争取店内的商品全部破零。

11. 做基础销量

新店不用急着开直通车，先做一点基础销量和评价。做基础销量和评价的方法有很多种，低客单价的产品，可以做淘宝客、多多进宝，开高佣金冲量，又或者做直播免单，亏本上活动冲销量。还有就是私域流量，比如说抖音、西瓜视频等，可以引流再往下走。

12. 产品推广布局

淘宝的推广有直通车、超级推荐、钻展、极速推荐、淘宝客、淘宝直播等等。一般做淘宝，建议做直通车跟淘宝客。拼多多可以用多多推广，有多多进宝、搜索推广、场景推广、直播推广，至于哪一种推广比较好，这个需要去测试一下店铺宝贝。

13. 平台活动布局

平台活动对于店铺来说至关重要，淘宝的活动有天天特卖、淘抢购、聚划算等，还有行业的一些大促活动，有些需要门槛，有些不需要门槛；拼多多的活动有9块9

包邮、秒杀活动、竞价活动、白亿补贴、断码清仓等。总之能上就上，不要放弃任何一次给我们宝贝曝光的机会。

14. 优化店铺

除了每天的运营工作，还要不断地去优化店铺、优化宝贝、优化推广，不断调整，不断测试，提高店铺和宝贝的权重。

三、服务准备

微课1−7

服务准备

热情是个体在某种情境下表现出来的友好、愉悦的情绪。电子商务平台上的客服人员不同于实体店中的导购员，客服人员的情感没有办法通过面对面的真诚微笑、友好的语气来体现，只能通过键盘打出的文字让客户感知自己的热情。那么，客服人员应该怎样做才能让客户正确而直观地感受到自己的热情呢?

1. 拒绝一个字回答

用“是”“哦”“在”“好”等一个字回答客户询问的方式会大大降低客户的购物欲望。虽然客户提出的很多问题如“有货吗”“包邮吗”，客服人员只需要用一个字就能回答，但这样的回答方式只会让本来就隔着距离的服务显得更加遥远。适量的文字，可以让计算机屏幕那边的客户感受到客服人员对自己的重视。

2. 拒绝长时间无响应

很多时候，客服人员由于不在计算机旁或在忙其他的事情，不能第一时间查看客户的信息，导致很长时间之后才回答客户的疑问。耐心的客户可能还在等待，但在竞争残酷的电商世界，由于长时间得不到回应，客户流失的可能性是非常大的，同时还会让客户感到客服人员的冷漠与不负责任。所以，客服人员在回答客户的疑问时要讲究时效性，快速回答客户的疑问可以让客户感受到客服人员对自己的在意和重视。

客服人员长时间无响应的原因主要有两种：一是自身原因，如客服人员开小差、不在计算机旁等。二是网店分流的客观原因，如咨询人数过多，无法及时回复，这时除了督促客服人员加强工作专注度外，还可以从聊天软件着手。以千牛为例，通过设置千牛接待状态和自动回复状态的方式可提高客服人员的响应速度。

四、客服工具

客服应该是整个网店运营体系里比较重要的一批员工，也是最能了解客户心声的一个群体。客服反馈给网店的信息，不仅可以推动网店的发展，而且能提升网店的销售量，为网店带来复购率。那么，网店客服在工作中应具备哪些操作技能，才能够发挥其本职效应呢？下面将介绍几款客服工作中常用的工具，包括千牛、京东咚咚、拼多多服务助手等。

1. 千牛

(1) 电脑版千牛工作台的使用。千牛是客服使用的最重要沟通工具。千牛不仅具有聊天、接单功能，而且具有交易管理、商品管理、评价管理等功能。千牛有电脑版和手机版两个版本，功能基本一致。下面介绍电脑版千牛的使用方法。

①下载与安装。现在开设网店的人越来越多，网店客服也随之不断地增加，千牛工作台的使用也快速普及。下面将详细介绍千牛的下载和安装方法，其具体操作如下。

步骤一：打开IE浏览器，在百度搜索引擎的搜索栏中输入“千牛”，如图1-6所示，然后按“Enter”键。

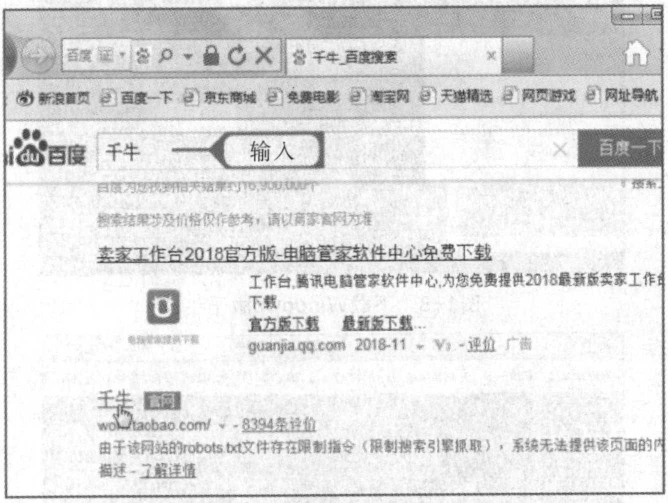

图1-6 搜索聊天工具

步骤二：在打开的搜索结果网页中，单击【下载千牛】按钮，跳转至下载页面，其中显示了电脑客户端和手机客户端两种选项，这里单击【电脑客户端下载】按钮，如图1-7所示。

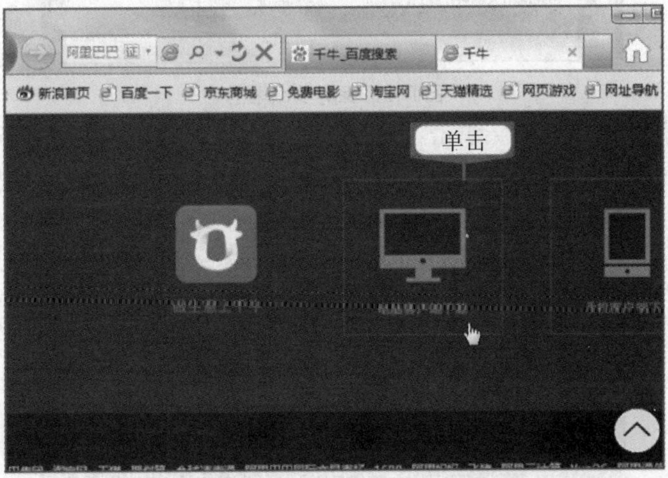

图1-7 下载千牛电脑客户端

步骤三：进入“千牛PC版下载”网页，单击【Windows版】按钮，如图1-8所示。

步骤四：打开图1-9所示的保存信息提示框，这里单击【保存】按钮，将下载程序保存至系统盘。如果想将下载程序保存至其他盘，则可以单击【保存】按钮右侧的下拉列表，选择“另存为”选项，然后在打开的“另存为”对话框中进行设置。

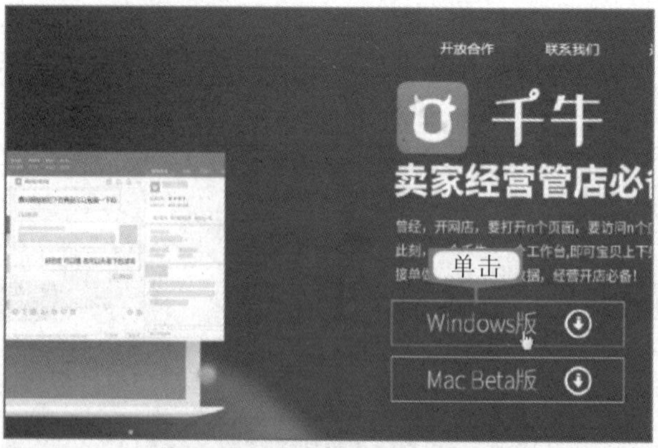

图1-8　下载Windows版千牛

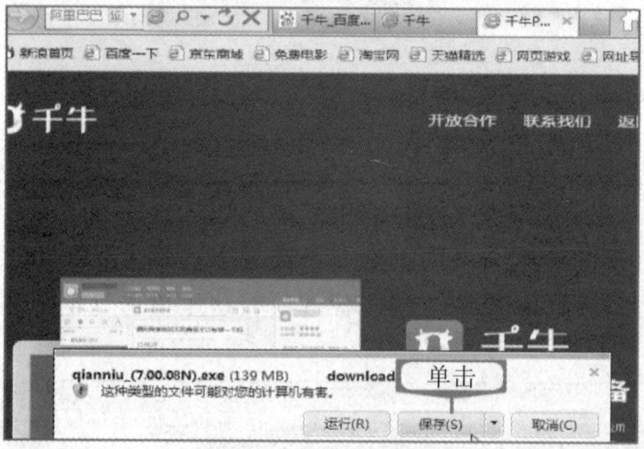

图1-9　保存安装程序

步骤五：待下载完成后，单击【运行】按钮，此时将自动打开“千牛—卖家工作台”安装向导对话框，单击【立即安装】按钮，如图1-10所示。

图1-10　安装千牛软件

步骤六：软件将开始自动安装，安装完成后，立即运行千牛工作台，在其中输入申请的淘宝账号和密码，如图1-11所示，单击【登录】按钮，即可登录千牛工作台开始工作。

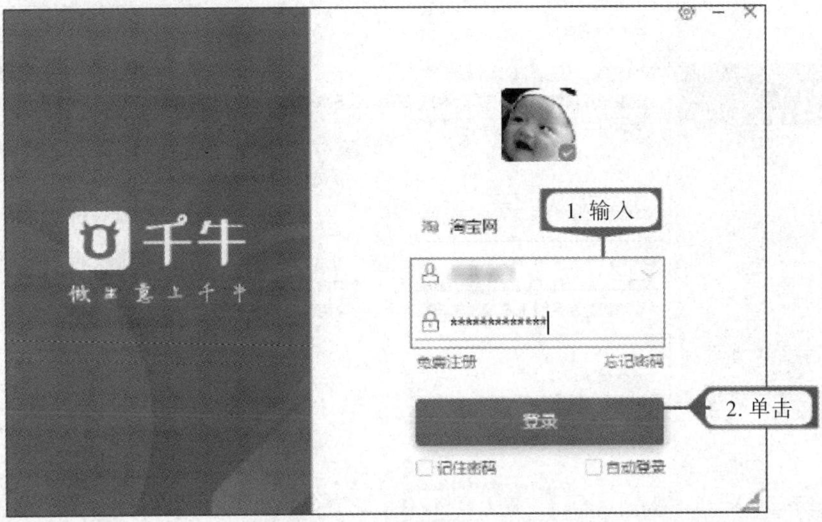

图1-11　运行千牛工作台

②功能说明。Windows版千牛工作台主要由接待中心、消息中心、工作台和搜索4部分组成，如图1-12所示。下面重点介绍客服接触最多的“接待中心”的常用功能。

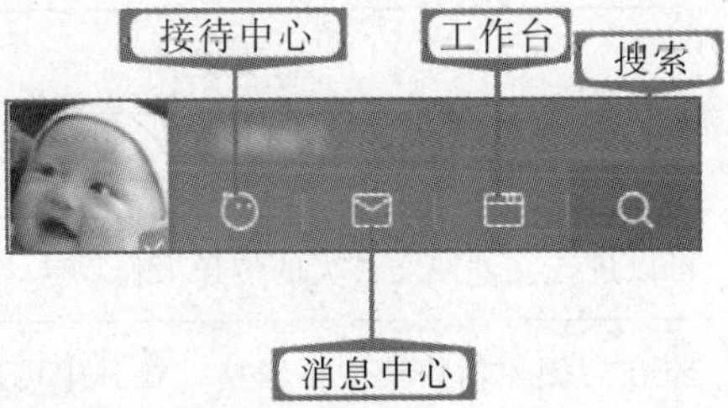

图1-12　桌面工具条

接待中心：单击工具条中的【接待中心】按钮，便可打开图1-13所示的聊天界面，客服通过该界面主要完成与客户的沟通工作。接待中心主要由联系人窗格、聊天窗格和信息窗格3部分组成。

联系人窗格：该窗格上方一排按钮从左至右依次为“联系中”按钮、最近联系按钮、“我的好友”按钮、“我的群”按钮、“我的团队”按钮，这些按钮可以方便客服有针对性地找到联系人。找到联系人后，客服便可在右侧的“聊天窗格”中与客户进行聊天了。

聊天窗格：该窗格显示的是客服与客户正在进行的聊天记录。窗格右上方一排按钮从左至右依次为“转发消息给团队成员”按钮、“新建任务”按钮、“视频聊天”按钮；窗格下方一排按钮从左至右依次为“选择表情”按钮、“设置字体”按钮、“发送图片”按钮、“发送文件”按钮、“屏幕截图”按钮、“发送震屏”按钮、“提醒客服评

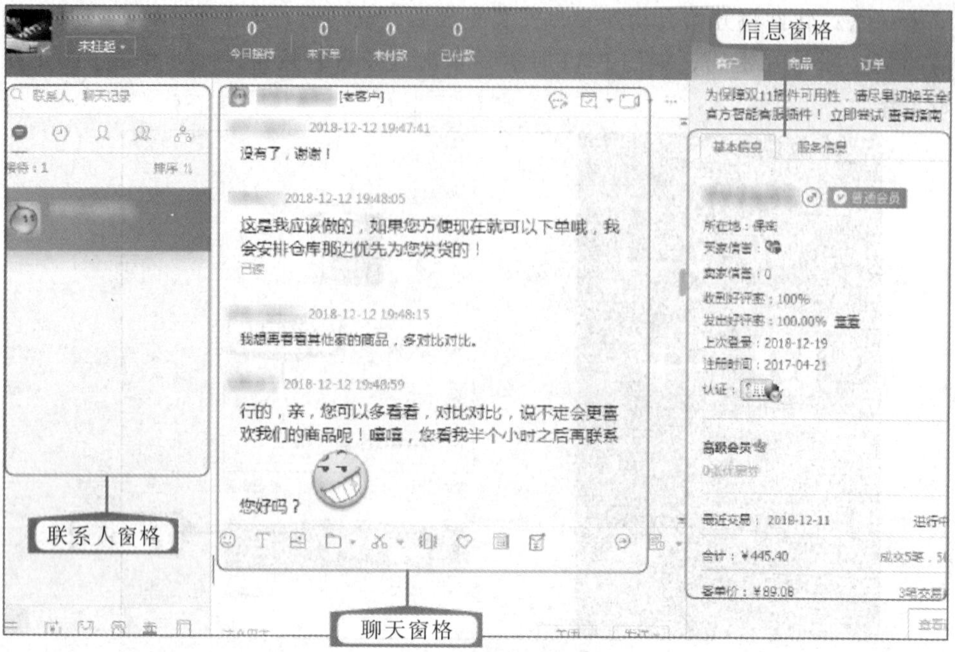

图1-13 接待中心操作界面

价”按钮、“计算器”按钮、“发红包”按钮、“快捷短语”按钮、“查看消息记录”按钮。现将该窗格中常用按钮的功能总结在表1-2中。

表1-2 聊天窗格常用按钮功能总结

常用按钮	主要功能
发送图片	单击该按钮，可以进行图片传送操作
发送文件	单击该按钮，可以进行文件或文件夹的传送操作
快捷短语	单击该按钮，将在右侧显示快捷短语窗格，在其中可以进行快捷短语的新建、导入、导出以及分组操作。客服人员在上岗前，需要按网店要求统一设置快捷短语，这样就可以减少出错、缩短客户的等待时间
查看消息记录	单击该按钮，将在右侧显示与当前聊天对象的聊天记录，包括文字和文件内容。也可以单击聊天记录窗格左下角的【打开消息管理器】按钮，在打开的对话框中查看其他成员与客户的聊天记录

（2）手机版千牛工具的使用。手机版千牛的功能也很丰富，且使用方便。在手机中安装手机版千牛后，客服可以随时随地与客户进行实时沟通，还可以查看网店状态和处理订单。

①下载与安装。手机版千牛的下载和安装方法与电脑版类似，其具体操作如下。

步骤一：进入淘宝网首页后，将鼠标指针移至右上角的“网站导航”按钮上，在打开的列表中单击“阿里APP”栏中的【旺信】按钮，如图1-14所示。

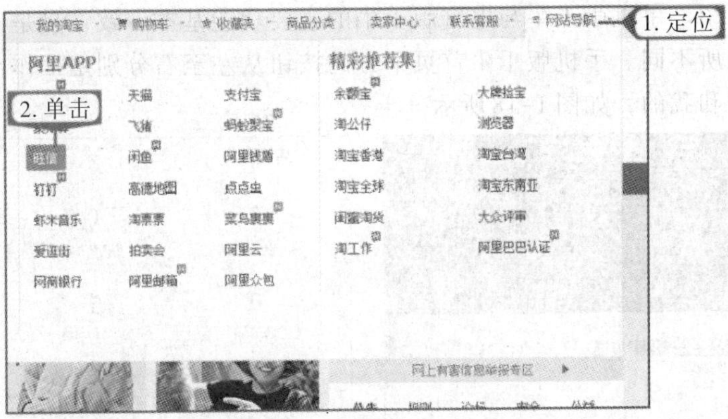

图1-14　单击【旺信】按钮

步骤二：进入“阿里巴巴客户端产品族官网首页”网页，选择“我是卖家”板块，打开“千牛”网页，单击【下载千牛】按钮，如图1-15所示。

图1-15　下载千牛

步骤三：在打开的页面中单击【手机客户端下载】按钮，打开“千牛无线版下载”页面，如图1-16所示。利用手机扫描图片中的二维码即可进行下载与安装。

步骤四：成功下载并安装手机版千牛后，输入申请的淘宝客户名和密码进行登录即可，如图1-17所示。

图1-16　扫码下载

图1-17　登录手机版千牛

②功能介绍。手机版千牛与电脑版千牛的主要功能基本一致，只是手机版界面与电脑版界面有所不同。手机版千牛首页下方的按钮从左至右分别是工作台、消息、客户运营、头条和我的，如图1-18所示。

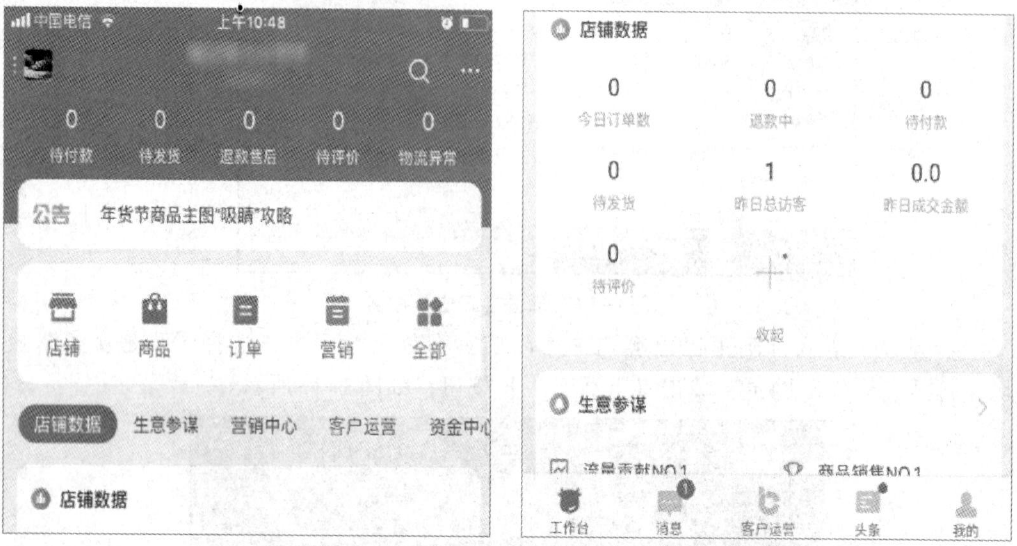

图1-18 手机版千牛首页

工作台：手机版千牛工作台上有网店数据及各种插件，插件名称和功能与电脑版同步。

消息：手机版千牛的“消息”模块中可以接收到各种消息，其功能相当于电脑版千牛的“接待中心”。客服在这里可以随时和客户交流，进行收发消息、发送商品链接等操作，还可以处理退款、处罚等信息。

客户运营：手机版“客户运营”模块显示淘宝网店的推广方式和访问量信息。

头条：手机版“头条”模块中包含网店及经营类知识问答。

我的：手机版“我的”模块相当于设置中心，客服在这里可以单击各个选项进行设置，如账号与安全、千牛聊天设置、工作台设置等。

2. 京东咚咚

（1）自动回复智能化。商家可在设置中为京东咚咚自动回复关联店铺问题菜单，客户在进店咨询时会收到对应的欢迎语和问题菜单，菜单可自动收到对应的答复。

（2）客服助手。咚咚工作台是效劳于商家客服的用以处置客户咨询的通信效劳工具。客服助手是咚咚工作台的中心插件，用于辅助客服与客户进行售前售后高效沟通，协助客服更明晰地匹配客户特征和需求、订单查询及便利操作、商品营销、效劳单查询等，从而提升客服效率、京东客服询单转化率、店铺利润。

客服助手分客户、订单、效劳单、商品4个模块：

客户：从根本属性、客户标签、店铺关系方面丰富客户信息。

订单：丰富订单信息，针对不同状态订单提供不同的操作选项，并支持追踪物流。

效劳单：一站式查看客户在该商家内的售后服务单，完善相关信息展示。

商品：从最近足迹、常用推荐、商品搜索等多维度进行商品营销。

（3）未回复计时。在客户咨询分类中展现。计时逻辑：在接纳客户音讯时开始计时，直到客服回复终止计时。客服可直观看到客户的等候时间。

（4）入口提示优化。当客户咨询时，会话窗口顶部会展示客户入口来源信息。将该高频出现的来源术语进行优化，例如将“SDK商品页”改为“App端商品页”，以便客服理解。

客服可根据客户来源，判断客户所用的客户端，如“App端”表明客户使用手机端京东App进行咨询，“网页端”表明客户采用电脑网页咨询，“微信”“手Q”表明客户是在微信、手机QQ中咨询。

3. 拼多多服务助手

（1）使用服务助手提示。当客户在聊天中向商家咨询问题时，将在聊天输入框上方弹出“服务助手提示”弹窗，客服可在弹窗中查看提示、推荐话术和推荐操作。客服可以单击【复制话术】，将推荐话术发送给客户，或者执行推荐操作（目前已覆盖客户问及“退货包运费”“商品活动优惠”“商品质量”等问题，后续将逐渐扩展）。

（2）提醒商家履约。

① 提示承诺。客户和商家在聊天中，当商家向客户做出承诺时（目前已覆盖“商家答应补寄”等方案，后续将逐渐扩展），将在文字输入框上方弹出“服务助手提示”弹窗，提醒商家已向客户承诺补寄。商家根据和客户实际沟通结果，选择“好的”或“不需要补寄”。

② 提醒履行承诺—待办任务需处理。商家单击【好的】后，将在“聊天页面—今日接待待办任务需处理—待办任务列表”中出现商家已承诺等待履约的事项。商家可以单击【提供单号】并填写补发单号完成履约。

商家也可以在“拼多多管理后台—多多客服—服务助手—承诺履约记录”中查看商家已承诺等待履约的事项。商家可单击【去跟进】联系客户处理。

商家应该选择一款靠谱又好用的辅助工具，这对于开展客服工作大有裨益。

直通职场1-1

不断提高语言表达能力

拥有自信：语言表达一定要拥有自信，只有敢于将自己的想法讲出来，才能消除胆怯心理。

大声朗读：朗读是锻炼语言表达能力的一种有效方法。朗读时可以通过调整自己的语调、语气，改善吐字不清的现象。

借鉴他人经验：俗话说“三人行必有我师”。多与周围语言表达能力强的朋友、同事交流，可以激发自己的语言表达能力，同时能借鉴他们好的语言表达方式。

加强阅读：多阅读语言表达能力方面的图书，遇到实用的句子可以将其积累起来，在适当的场合再进行使用。阅读是丰富表达能力的一种方法，网店客服可以在阅读的过程中多加总结，提高自己的语言整合能力。

思政园地

爱岗敬业实现人生追求

爱岗敬业是一种态度，也是一种境界。

当人们寻找生命的真谛、追求人生的价值时，就会审视脚下的每一步，思考存在的每一秒。而这每一步、每一秒的基础，就是我们的岗位、我们的工作。

何谓敬业？敬业就是严格遵守职业道德，兢兢业业做好自己的本职工作。雷锋精神的一个闪光点就是爱岗。雷锋是一名普通的战士，他无论做什么工作，都有着“像夏天一样火热”的激情。他像一颗永不生锈的螺丝钉，党把他“拧”在哪里，他就在哪里坚守岗位、发挥作用。执法为民的公安局长任长霞，干的是人民警察普普通通的工作。她忠于职守、踏踏实实、一丝不苟，为维护社会治安和保护人民生命财产默默奉献。从她身上，我们读懂了什么是敬业，什么是认真，什么是负责。新时代爱岗敬业的模范、视科学为生命的科学家袁隆平，为了杂交水稻事业，不断探索，不断实践，终于创造了农业科学上的奇迹。假如不是对理想的追求，不是对事业的热爱，不是对岗位的敬重，他如何能够成为“杂交水稻之父”？

爱岗敬业需要遵守职业道德。职业道德就像是一个标杆、一个航标，没有它，就会迷失方向。爱岗敬业是职业道德的核心，也是前提。一个人是否有所作为，不在于他从事何种职业，而在于他是否尽心尽力把所从事的工作做好。“三百六十行，行行出状元。”这是一种人生信念，一种永无止境的追求。一个人，只有当他以应有的热情和全部的力量致力于自己所从事的职业时，才可以说无愧于社会，无愧于良心。一滴水，只有融入江河，才能展现它的力量；一个人，只有脚踏实地、勤奋工作，才能实现其人生的价值。

资料来源　潘跃. 爱岗敬业实现人生追求［N］. 人民日报，2012-11-27. 节选。

思政元素：爱岗敬业

学思践悟：不能长成参天大树做栋梁之材，不妨做一棵小草献上一丝新绿；不能像海洋用宽阔的胸怀拥抱百川，也可以像一条小溪为土地奉上甘露。踏踏实实做好自己的本职工作，认认真真走好自己的每一步，把普通的岗位变成灿烂的舞台，将平凡的事情做得有模有样，这样的一生不是也很充实，很有意义吗？

项目小结

随着网络技术的发展，电子商务对我们来说早已不是什么新鲜事物。它存在于我们生活的方方面面，如网上购物、线上线下模式等都属于电子商务的范畴。网店客服作为客户联系网店的窗口，承担着买卖双方信息交流的责任。本项目从电子商务中最基础的客服定义入手，讲解电子商务的发展，并对客服工作进行简要分析，让我们对客服工作有一个较为整体化、形象化的认识。

项目测试

一、单项选择题

1.在整个网购的过程中，(　　) 显得格外重要。对于最后的下单成交来说，临门一脚尤其关键。

A.网店客服　B.运营人员　C.推广人员　D.生产人员

2.在与客户沟通的过程中，对话的绝大部分内容都围绕着 (　　) 展开。

A.商品本身　B.客户　C.客服　D.供货商

3.社会由各种规则维持着秩序，不管规则是人为设定的还是客观存在的，只要是规则，便具有 (　　)。

A.普遍性　B.制约性　C.变化性　D.随意性

4.(　　) 是客户检验企业能力的关键，主要工作是为客户讲解企业的产品或服务，引导客户完成消费。

A.咨询　B.售前咨询　C.售中引导　D.售后服务

二、多项选择题

1.网店客服的工作流程包括 (　　)。

A.售前　B.打单　C.发货　D.售后

2.售前接待工作一般包括 (　　)。

A.推荐商品　B.解决异议　C.核对地址及快递　D.欢送客户

3.店铺前期准备包括 (　　)。

A.注册　B.选择产品　C.产品上架　D.店铺装修

4.千牛具有 (　　) 功能。

A.聊天　B.接单　C.交易管理　D.商品管理

三、判断题

1.网店客服售前工作包括售前准备工作和售前接待工作。(　　)

2.售前接待工作一般包括推荐商品、解决异议、核对地址及快递、欢送客户四个环节。(　　)

3.客户的购买习惯、购买倾向并不是与生俱来的，其购买心理往往会受社会因素的影响。(　　)

四、简答题

1.什么是网店客服?

2.网店客服的工作流程包括哪些?

五、实训题

1.实训目标

掌握网店客服人员需具备的千牛操作技能，通过具体的实训来加深对千牛的认识和理解。

2.实训要求

登录电脑版千牛，查看消息、跟客户聊天并设置自动回复。

3.实训内容

（1）打开电脑版千牛，在系统设置中设置常用功能的快捷键。

（2）进入“消息中心”界面，查看各种系统消息，如阿里商家零距离、千牛头条以及商家营销等。

（3）使用千牛添加联系人，并跟客户聊天。

（4）设置自动回复内容，当客服人员不在的时候可以自动回复客户。

项目二

熟悉工作流程

学习目标

知识目标：

- 了解网店客服应该具备的基本能力，熟知销售工作的基本流程；
- 掌握网店客服应该具备的相关知识，学会和客户沟通的技巧。

技能目标：

- 能够熟练运用运营销售接待的基本步骤流程和客户进行沟通；
- 能够探寻客户的真正需求，运用沟通技巧提高转化率和异议处理率；
- 能够运用客服的工作方法和技巧，完成客户订单交易。

素养目标：

- 培养爱岗敬业、团结互助、开拓创新、客户至上的职业素养；
- 培养良好的心理抗压能力；
- 培养良好的语言与文字沟通能力。

【知识导图】

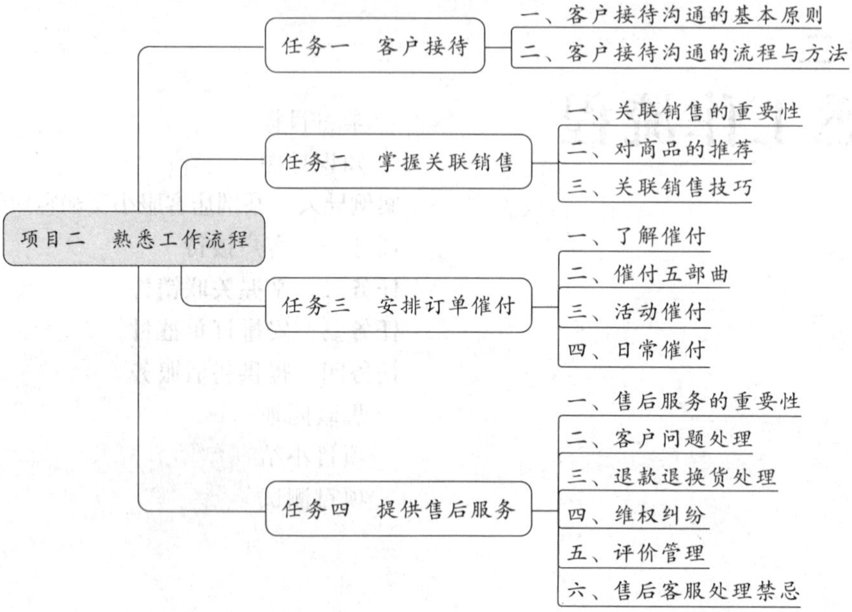

【案例导入】

某网店客服小艾和客户的沟通

小艾从事网店客服快两年了，经她服务达成的订单量一路攀升。凭着不断积累的工作经验和孜孜不倦的工作态度，小艾从最初的普通客服晋升为高级客服。今天，小艾又成功服务了一位挑剔的客户。下午3点左右，小艾收到了客户的询问消息：“一样的商品，为啥你家店比别家店要贵呢？”小艾立刻回复：“您好！首先非常感谢您关注我们的商品！亲，我不知道别家店的商品是不是与我们一样、是不是正品，但我们商品的品质是有保证的。另外，我们还提供发票，全国联保哟……”客户：“但是你们的商品贵了近100元呢！”小艾：“表面上我们的价格是高了一些，但实质上减去我们返给您的积分，再加上我们的赠品也算是比较优惠了，而且积分可以在下次购物时当现金用哟！”客户：“说是当现金用，但真正使用时又有各种限制条件！”小艾：“亲，请您放心，我们网店的积分是直接抵扣订单金额，绝无任何附加条件。另外，我看您此次的订单金额也已经满足我们网店VIP会员的待遇，下次再来本店购物除了可以使用积分抵扣订单金额，还可以享受所购商品8.8折优惠。亲，不要犹豫了，赶紧下单吧。”果然，过了一会儿，客户就下单完成了付款。

案例分析：网店客服的售前服务是客户服务体验的第一道关卡，客服要在接待客户时始终保持良好的服务态度，以专业技能和服务体验打动客户，使客户在购物过程中始终能够享受到专业化、贴心化的全面服务。本项目将对售前体验的相关知识进行介绍，包括售前客服工作内容、服务态度体验、客服专业性体验、合理选择体验、价格优惠体验、网店直播间客服等。

任务一　客户接待

客服要在接待客户时始终保持良好的服务态度，以专业技能和服务体验来打动客户，使客户在购物过程中始终能够享受到专业化、贴心化、完善化的服务。

一、客户接待沟通的基本原则

客户的类型虽然多种多样，但在与不同类型的客户进行沟通时，需要遵循的客户服务的沟通原则是类似的，一般以避免与客户发生冲突、不消极对待交易对象和过程为最基本的准则。

微课2-1

客户接待沟通的基本原则

1. 提供礼貌热情的服务

任何服务行业都遵循着一个共识，即“客户是上帝”。“微笑服务”不仅在实体店中很重要，在网店中也尤为重要，一个优秀的网店客服必须让客户在交流过程中能感受到良好的服务和热情的态度。

（1）礼貌用语。对于网店客服而言，礼貌用语不仅是指语言上的温和、亲切和礼貌，还必须将热情的服务态度也展现出来。在对待主动咨询的客户时，不宜采用“你要买什么”“什么事”等生硬的用语。善用“您好”“请”等常见礼貌用语，可以拉近与客户的距离，使客户感到亲切，这样更容易与客户建立起和谐友好的关系，优化购买过程。

（2）善用表情和图片。表情和图片是聊天中非常常见的一个因素，非常利于活跃气氛、表达情绪，在交流过程中使用笑脸、玫瑰、飞吻等表情，可以适当地调节气氛，让买卖双方的沟通变得更愉快轻松。常见的千牛表情如图2-1所示。

图2-1　千牛表情

2. 换位思考

换位思考是指客服在与客户的沟通交流中，应该设身处地站在客户的立场上来考虑问题，将客户当作自己的朋友，思考和理解客户的实际需要，不要将自己摆在“我是卖家”的位置上，提出不适合客户的建议。

与客户交流时，客服可能会遇到各种各样的问题，比如客户不愿意自己查看商品详情而直接进行咨询，遇到一点点操作上的问题就迫不及待地进行咨询，或者并没有购买行为却重复咨询商品信息等，不管遇到任何咨询问题，客服都应该报以耐心宽容的态度，不要对客户的问题有质疑和偏见，再简单的问题也需要认真解答，并表明自己非常乐意随时随地提供咨询服务的态度。

3. 技巧性地应对各类型的客户

不同类型的客户，购买方式和交流方式都是不一样的，客服要善于从客户的语言中推测他的消费心理，根据其消费特点，选择合适的方式。

从心理学的角度出发，客户购买心理可以分为求实、求美、求名、求速、求廉、求同、求惯和求安8个方面。客服在与客户交流时，要根据客户的心理来调整自己的沟通和营销方式，以便最大化满足客户的需求并售出商品。比如针对求美的客户，在介绍商品时，可以突出介绍商品的外观；对于求实的客户，可以用商品的热销度来说明购买人数很多，值得信任。

4. 尊重与信任客户

一个合格的客服必须懂得基本的交谈礼仪，尊重客户是对客服的基本要求之一，在与客户沟通时，如果客户话未说完，不要急于去打断对方。对于客户的问题，要及时准确地进行回答，表现出对客户的充分尊重和重视，使客户产生好感，这样客户会更加愿意接纳卖家的意见，更容易被说服。

5. 倾听客户的问题和需求

作为一个客服，一定要善于倾听客户的问题和要求。聆听是沟通的基本条件之一。在与客户交流时，要通过聆听分析客户的心理，寻找与客户沟通中的关键词，抓住客户想表达的主旨，从而快速做出正确的反应，给出使客户满意的答复。同时，聆听也可以让客户感觉卖家对话题的关注和对自己的重视，觉得卖家值得信任。为了更了解客户，在聆听的过程中，卖家也可以查看客户的信用评价以及发布的帖子，通过这些来了解客户的性格特征，从而准确抓住客户的购物心理，有针对性地做出反应并提供服务。

6. 理性对待客户的问题

对于客流量大的网店而言，客服每天都要与各种各样的客户打交道。由于客户的性格、兴趣、素质等存在差异，有些沟通非常轻松，有些沟通却显得很烦琐，不管遇到什么样的客户，客服都应该保持理性，快速妥善地解决问题。

（1）善于控制自己的情绪。当遇到挑剔、咄咄逼人等比较难缠的客户时，客服首先要保持理性与冷静，善于控制自己的情绪，切忌和客户争执，应该以平和的方式解决问题。

（2）积累交流技巧。作为一个优秀的客服，应该提前了解面对不同客户时的交流方法，多积累各种处理技巧，模拟面对不同客户时的处理方式，提高自己的承受能力和应变能力。

（3）不要草率做出决定。如果客户在交流过程中情绪比较激动，不要草率采取强硬的态度和手段，这样只会加剧彼此的矛盾。客服只有始终保持心平气和的态度进行沟通，才有可能消除误会或者挽回损失。

7. 接受对方的观点

在进行交易的过程中，如果与客户存在不同的看法，可以委婉地进行解释和建议，尝试改变客户的想法，不能强势地将自己的建议强加给客户。当客户对商品的理解有误时，要温和地讲解，传达正确的观点。当客户对商品有不好的看法与感受时，客服依旧要尊重客户的观点，尊重客户的想法，心平气和地解释，如果客户依然不接受，就要选择其他途径进行解决。当意见发生分歧时，不要刻意地去和客户争论，对自己的言行应抱有谨慎的态度，不要恶语伤人，而要勇于承担错误，努力弥补客户的损失等。

二、客户接待沟通的流程与方法

微课2-2

客户接待沟通的流程与方法

客服在接待客户时，若采用正确的流程和方法，更容易让客户接受，进而成功下单，具体如下：

1. 进门问好

进门问好，我们把它归结为一个“迎”字。“迎”指的是迎接客户的艺术，良好的第一印象是成功的沟通基础，无论是售前还是售后服务，“迎”的成败都会影响到处理的结果，我们来看一下具体案例（如图 2-2所示）。

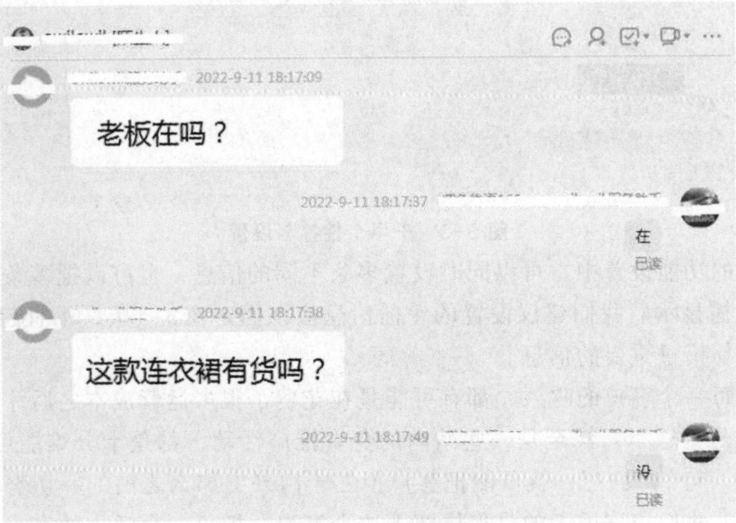

图2-2　接待案例

在这个案例中，当客户呼入进来打招呼之后，客服只说了一个“在”字，而当客户询问一款产品是否有货时，客服又只以一个“没”字来回复，这样的“一字真言”在线上沟通中是绝对不行的。当然，我们很理解有些商家，尤其是一些本身销售额就比较高的商家在参加大流量促销活动的时候，根本来不及和每个客户都长篇大论地进行沟通。曾经有一位知名休闲女装品牌的客服主管在分享中提到，他们店铺某次参加聚划算的大促活动，流量大到他们的客服直到六点下班时，才把下午两点的留言回完!

但就算是到了这样一种程度，用“一字真言”与客户沟通依然是很不可取的，因为那样会给客户带来很差的购物体验，不利于促进呼入转化率。

我们再来看一个千牛自定义的签名：“本店不讲价、不包邮、不送赠品，否则请绕道。”这样的签名会给人以店大欺客之感，给客户带来极差的第一印象，所以我们还是建议使用正面的、积极的、善意的千牛签名。

同时，如果能有效利用千牛签名设置的技巧（如图 2-3 所示），就可以帮助店铺传达给客户很多信息。比如：店铺的文化和品牌定位、正在进行的优惠活动、新品到货的通知、赠品和质量的保证，等等。千牛签名的效果犹如店铺首页的广告轮播图，可以第一时间把店铺最想让客户知道的信息传递出去。

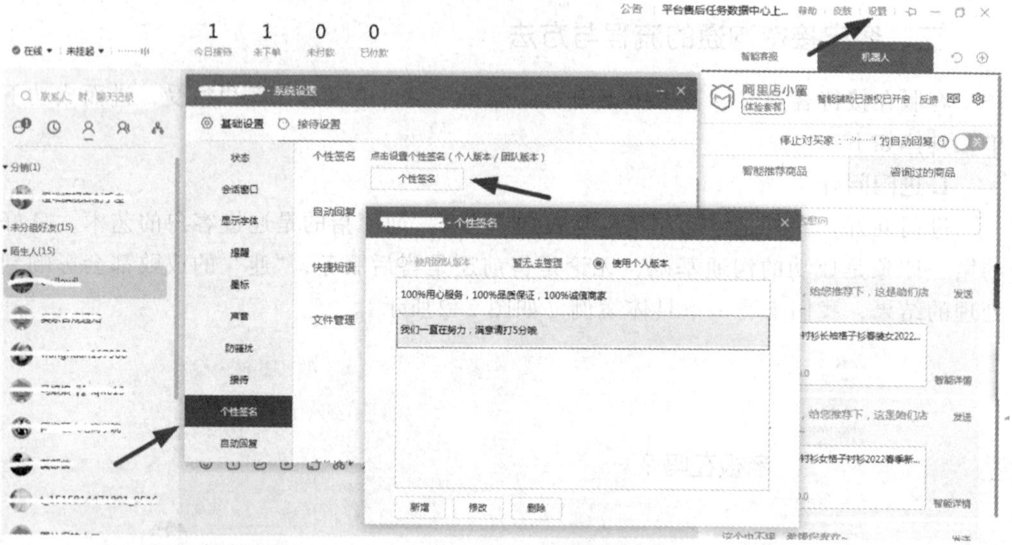

图 2-3　千牛个性签名设置

在千牛的功能设置中，可以同时设置多条不同的信息，也可以把多条想要展示的信息滚动轮播显示。我们建议设置的轮播信息应该固定在3~5条，不宜超过5条，不然客户很容易错过重要的信息。

要知道每一个客户的呼入，都有可能是在花费了很多运营成本之后才得到的，不论是硬广还是直通车，甚至是一些站内的免费推广活动，都是十分难能可贵的资源。简简单单的一句“没有”，就可能把客户拒之于门外，那么之前的一切努力和付出都失去了价值。我们应该思考的是怎样留下这个客户，把每一个呼入的客户留住。

通常来看，我们可以把销售客服分为三等：三等客服只能卖客户非买不可的东西，二等客服可以关注到客户的显性需求，并做出精准推荐，促成更多成交量；一等客服则可以发现客户的隐性需求，发现更多关联销售的潜在机会。

如果我们的客服都是三等客服，只会卖客户非买不可而且肯定有货的东西，没有方法、没有技巧、没有任何努力，买就买，不买就算，这不是一个优秀销售客服应该有的工作态度。所以要记住一点，永远不要对客户说“不”，而要关注到客户的购买意向，尝试用建议的口气推荐店铺中其他接近的款式商品，成交概率就能得到很大程度的提高。

最后我们建议在自己的团队中，统一使用最适合自己店铺购物人群的专业话术，标准化的迎客话术可以最大化地提升店铺在客户心目中的专业形象，有效提高呼入转化率。

2. 接待咨询

迎接客户之后，我们要准备接待客户的咨询。

为了更好地接待咨询，我们要做一些工具方面的准备工作，比如你对千牛的功能了解多少？你有没有对你的千牛进行过特别的设置？让我们打开千牛的基本设置来看一下，在“聊天设置”这一区块的很多功能是有助于我们在日常沟通当中提高效率的。

客服工作台有一个重要的功能，是当已接入咨询人数达到多少个以后，用预先设定的自动回复来回复新接入的客户。一般来说，客服的回复速度决定了客户在店里能够逗留多久，此处的建议默认设置为接入人数达到3～5个时使用自动回复（如图 2-4 所示）。话术可以包含如下信息：“客服某某马上为您提供服务；请稍等片刻；店铺有什么活动，您可以再看一下；等等。”

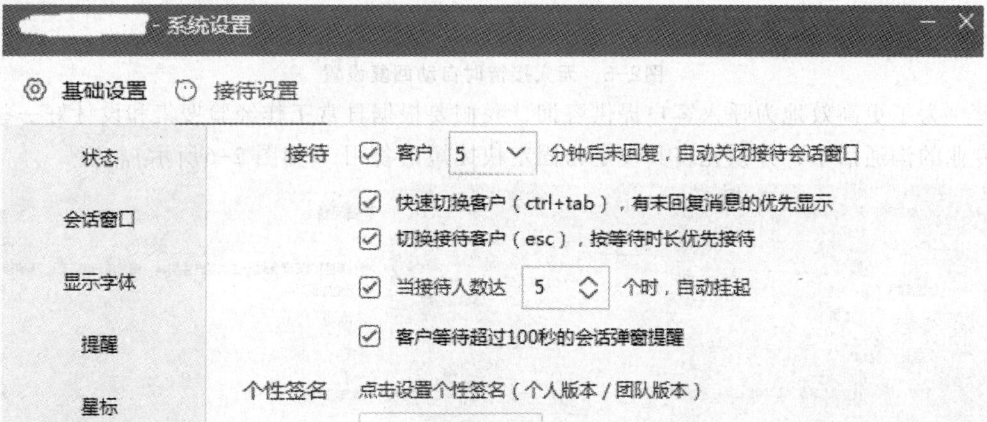

图2-4 接待设置

在接受咨询的过程中，客服还有可能因为某些事务暂时离开电脑，或者因为流量过大而无法及时回复每一位客户，这时我们还可以利用聊天设置里的自动回复设置（如图 2-5所示）。忙碌或者离开状态的自动回复设置，我们建议选择一些带有安抚性质或者促销导向的话术，如“客服马上回来，自动下单可得惊喜礼物”或者提示店铺有一些什么样的优惠活动等。

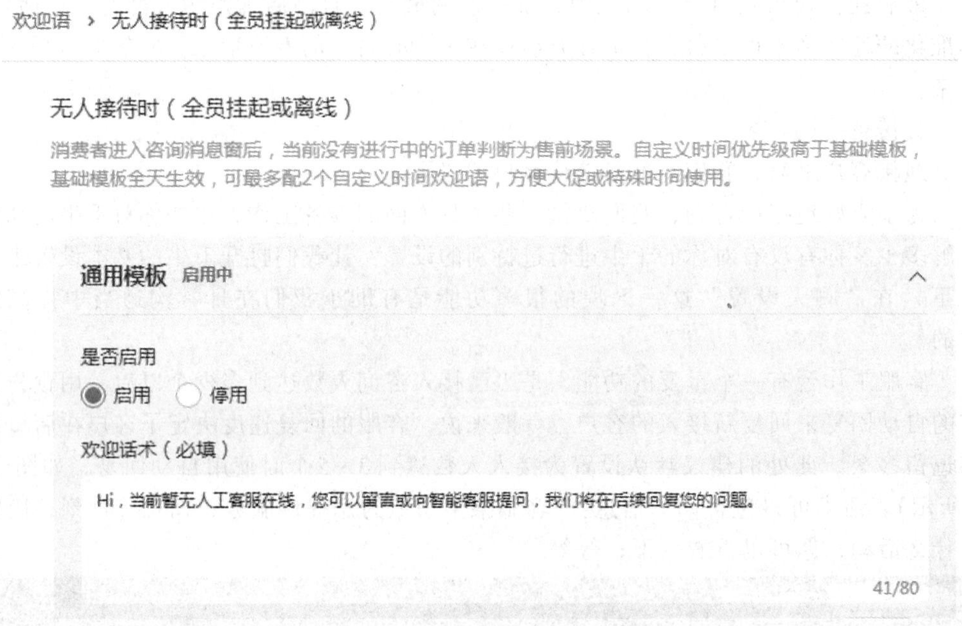

图2-5 无人接待时自动回复设置

为了更高效地为呼入客户提供咨询，我们要根据日常工作经验搜集和设计好一些专业的沟通话术，并预先将其设定为固定快捷短语备用（如图 2-6所示）。

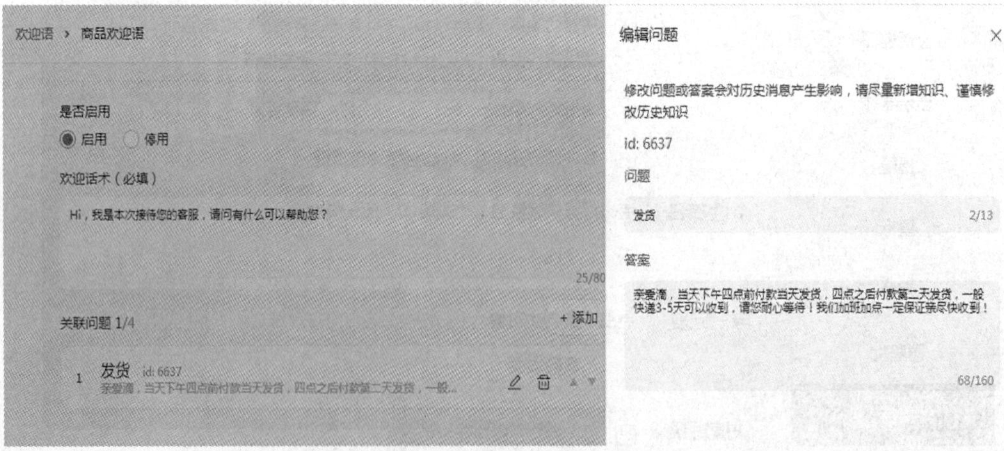

图2-6 快捷短语设置

好的快捷回复短语是在我们日常工作中使用频率较高、有效可行的问题回复方式。

我们把这类快捷短语分为两种：一种是我们预先设定好的话术，比如遇到客户议价的时候怎么说、客户呼入进来回复的第一句话怎么说、客户对商品功能有疑问的时候又怎么说，这些都可以按照以往的经验做成固定的话术；另一种是在参加大型促销活动的期间，肯定会有一些针对这个活动的新问题不断涌现出来，而当某个问题成为一个共性问题的时候，我们就要设定一个快捷回复来作为客服对外的统一话术了。

总而言之，快捷回复的设置能够有效提高我们的售中沟通技巧和沟通效果，正确地利用好沟通话术和快捷短语可以缩短客户的等待时间，大大提升成交的概率。但要注意回复内容必须精准，没有针对性的、太泛泛的回复内容易使客户认为我们是在有意敷衍。

让我们来总结一下接待咨询中的五大注意要点。

（1）客户呼入的前6秒被称为“黄金6秒”，只有迅速地回复客户的咨询，才能及时留住客户并获得下一步向客户推荐产品的机会。

（2）网络对话没有语气、语调，很容易使客户感觉简单生硬，所以学会在一些回复中使用“哦、嗯、呢……”等语气词，有助于提升客户体验。

（3）让客户在店铺里留得更久的方法不是拼命向客户推荐商品，而是先和他们交朋友，这样才能让客户放下戒备并产生信任。

（4）在体现我们专业服务形象的同时，千万记得还要注意网络交易安全，不要随意接收客户发来的文件和图片，更不要打开没有安全标志的网络链接。

（5）如果能在文字沟通中，适当地加入有趣的千牛表情，可以为我们的亲和力加分，让自己离成功更进一步。

3. 推荐产品

向客户推荐产品，就要学会按照客户的需求方向去“说”。

“说”就是向客户介绍产品，继而要引发这个客户对产品的兴趣，并且根据他的反应调整推荐产品的方向。那么在推荐产品过程中，如何才能更有针对性和说服力地“说”呢？

第一点：明确我们的优势，包括货源的优势、质量的优势以及价格的优势。

我们应该明确，我们的产品究竟和我们的竞争者有什么样的差异？现在是差异化竞争的时代，谁能够为客户考虑更多并且能够迎合客户的心理，谁就让客户多了一个选择其产品的理由。我们产品的优势通常都会详细地展现在商品描述页面里，而我们描述页面里的这些内容其实不是光给客户看的，如果我们能通过细致的观察和学习吸取到其中的信息和精髓，那么在和客户沟通的时候都是可以直接用来展现产品优势的。

第二点：参考一些店内的历史数据，有意识把店铺中销售的产品进行统计和划分。

比如说进行关联销售的时候，哪些产品做关联卖得比较好、哪些产品适合哪种类型的客户，这些都是需要关注的重点。另外，店铺本身的库存参数也是一个参考依据，我们应该从内部沟通着手，不但要了解实时的库存情况，也要了解哪些产品的补货速度是可以保证的。从营销上来说，永远要推荐给客户库存充足的产品，同时又要让他觉得这是最适合他的。

课堂讨论2-1

向客户推荐产品时，是推荐店铺主推款还是利润款呢？为什么？

第三点：在推荐的原则中，第一重要的就是喊出客户的利益，站在客户的立场为他解决问题！而结果则最好能够做到双赢，如果只是遵从低价走量的原则，那么我们可能得到的只是虚拟的成交数据，而无法真正获得利润。

盲目的推荐是低效的，我们应该通过提问去了解客户，并且由此获知对方的一些真实信息。如果可以站在客户的角度，向他提出一些有针对性的问题，反而可以使客户感觉到我们的专业。“问”的方式还可以分为两种。

第一种是封闭式的问题。如果用我们熟悉的考试题目来做比喻，可以把封闭式问题看成是选择题或者是非题，你的问题答案通常不要超过三个，建议两个为佳。

第二种是开放式的问题。同样以考试题目来做比喻的话，我们可以把它等同于思考题、议论题。给客户一个问题让他可以去思考，并不给出任何预设答案，以便得到更多可以参考的信息。

我们在实践中发现：在售中沟通的时候更适合采用封闭式的问题，因为我们需要引导客户，根据你的经验给他一些简短的分析；而开放式的问题则更适合一些对自己的需求很模糊，只能提出问题而没办法给出结果的客户，所以这种方式在售后的时候比较适用。因为客户那个时候是很需要安抚的，甚至可能是来发泄的，用开放式问题可以给他更多释放的空间，以有利于问题的最终解决。

综上所述，“说”和“问”是在推荐产品的时候最重要的两个技巧，应该用“说”来结合“三分问、七分听”的方式，去引导客户表达出他内心真正的想法和需求。而在进行“说”和“问”的时候，还应该注意以下几个重点：

(1) 提问是为了挖掘客户的真正需求，也是一种服务，所以切忌语气过于生硬。

(2) 为了能根据“问”的结果精准地向客户推荐其所需，要求我们更加熟悉店铺里的产品特性，同时还要及时接受已购买的客户反馈，加深对我们产品的了解。

(3)“说”的时候要能够站在对方的角度考虑问题，并且要明确地把客户的利益喊出来、把他们的痛处提出来取得共鸣，再及时给出解决方案，才能使客户更愿意接受我们的推荐。

(4) 要时刻体现我们的诚信态度，当店铺里有优惠活动的时候，要及时告知客户。因为做到了这一点，客户才会觉得我们是真正为他们考虑的，从而增加客户黏性。

4. 处理异议

在沟通和推荐产品之后，客户可能会产生一些异议，为了很好地处理这些异议，我们现在要学一个新的技巧，叫作“应”。

“应”就是在沟通的过程中，对客户提出的各种问题进行回应和解释，“应”以解决客户的异议并促进其购买为第一目的。

一般关于商品和价格的客户异议是最常见的，解决的方法也可以有很多。针对还价这个普遍性问题来说，我们也听到有一些客户说过实在话，他们觉得如果一点也没有还到价，会很没有成就感。也许只要优惠一点点，他们就能很愉快地接受，所以我们可以针对这类客户制定相应的优惠标准。当客户要求优惠的时候，我们可以把这些标准告诉客户，如果客户再次提出异议的时候，则可以再适当地承诺一些小赠品。当然偶尔也可以把责任推到制度和老板的身上，适当地示弱以期寻得客户的谅解。

还有一些在线客服则更聪明，他们懂得利用产品的一些特性，巧妙地做价格拆分来规避客户关于价格的异议。

在处理异议的时候，应特别注意以下几点：

（1）要及时回应客户，尤其是当客户有异议的时候，永远使用自动回复会让客户很反感。

（2）回复客户时显得极不耐烦或者是喜欢用反问句，很容易使客户反感，因为反问句带有质疑和攻击对方的意图。所以在回复客户异议的时候，能用陈述句就别用疑问句，如果一定要用疑问句也千万不要用反问句。

（3）很多在线客服都不太注意的一个细节是喜欢用感叹号或者刺目的字体颜色。感叹号只有在强化感情色彩的时候才会去用，所以不要轻易频繁地使用。在线客服使用的文字颜色，建议不要过于刺目或者过于浅淡，这两种颜色会让客户感觉视觉疲劳，或者产生抗拒心理；而文字的字体方面，建议不要使用过于花哨的字体，宋体、黑体、幼圆这类看上去感觉比较正式、专业的字体是不错的选择。

（4）在处理议价的时候，态度要亲切，解释要得体，用语要规范，同时还要使用一定的沟通技巧。

5. 促成交易

一切在线销售工作的最终目的，就是最后的临门一脚——促成交易。

观察客户，在第一时间搜集客户职业身份、性格脾气，以及购买力、交易历史等信息，在整个沟通过程中不断察言观色。“察”有助于我们了解客户的性格，说客户爱听的话，挖掘客户潜在需求的同时激发购买意向。再往远一点说，“察”还能帮助我们判断客户的真正意图，并圆满解决售后问题。大家还记得“问”的作用吗？那是非常有效的沟通技巧，因为“问”不但可以为“说”服务，而且可以为“察”服务。只有“问”过之后，你才能有根据地“察”，也就是根据客户的答案来观察他，调整与这个客户沟通的方案。

最后让我们一起来总结一下，促成交易的时候要注意哪些问题：

（1）认真体察客户是为了更好地做销售，所以一定要以最终成交作为导向。

（2）只有将心比心、换位思考才能够正确地了解客户的潜台词。

（3）建议用多种方式了解和体察客户，如历史购买记录、用语习惯等。

（4）我们对客户的了解不一定要让他都知道，只要采取相应的措施即可。

（5）分析客户的最终目的还是要达成交易，注意最后关头要推他一把。

直通职场2-1

客服话术

1.进店问好：亲，欢迎光临，请问您需要什么？

2.接待咨询：请问亲喜欢什么款式呢？亲是要送人还是自留呢？

3.推荐产品：我们是经过淘宝严格审核的商城店铺，所售商品绝对保证正品，假一罚十。

4.物流发货：亲，当天下午四点前付款当天发货，四点之后付款第二天发货，一般快递3~5天可以收到，请您耐心等待！我们加班加点一定保证亲尽快收到！

任务二　掌握关联销售

关联销售是寻找商品、品类等所要营销实物产品的关联性，在互利双赢的基础上，实现交叉营销，为业务实现深层次、多方位的引导。一款产品销售页面上除了本身产品的一些信息之外，还将同类型或者有关联的产品信息放在上面，实现多款对比，这将一定程度上提高客户自主选择度和店铺黏性。

一、关联销售的重要性

一方面提高流量的利用率，特别是对于宝贝单价比较高、点击转化率低的店铺，客服可以充分利用进入店铺的每一个流量，让更多优质的宝贝吸引并抓住客户的购物欲望，这样就能够提升转化率，让更多的人来购买。另一方面增加其他主打宝贝的成交机会，通过客服的介绍关联上自己推荐的几款主打宝贝的图片或者链接，使这几款宝贝有更多的机会展现，这样可以让进店的访客更好地了解店铺和产品。当宝贝曝光多了自然会增加其成交机会，并且很可能同时提高客单价，让客户一次买得更多。

微课2-3

关联销售的重要性

二、对商品的推荐

1. 因人而异地推荐商品

微课2-4

关联销售的四部曲

由于每一位客户在对商品的需求和使用情况上各不相同，因此客服需要把握客户之间的差异性，分析客户的具体需求，有针对性地推荐商品。下面从商品的使用对象和客户的个性特点两个方面进行解读。

（1）商品的使用对象。客户会根据商品的使用对象，提出不一样的要求。例如，客户在网上购买一条围巾，如果使用对象是购买者自己，那么客户对围巾的要求可能是美观、保暖这两个功能；如果客户购买商品的目的在于赠送他人，那么商品的包装、品牌就变得非常重要了。

（2）客户的个性特点。淘宝网上出售的商品种类繁多，客服要根据不同类目的需求差异为客户推荐商品。下面以淘宝网销量较大的女装商品为例，剖析客服应该注意客户哪些个性特点。

① 客户的喜好：客户的喜好是客户购买商品时非常重要的因素，也是客户的个性特点中最值得客服关注的方面。客服要根据客户的喜好特点缩小自己的推荐范围，以保证推荐商品的准确性。例如，客户明确表示自己喜欢粉红色的外套，那么客服在向客户推荐时就要推荐粉红色的外套。即便网店里黑色外套最为畅销，也不要向其推荐，而要以客户的实际喜好作为推荐首选。

② 客户的年龄：年龄也是制约客户选择的一大因素，客服需要根据客户的实际年龄范围进行商品的推荐，使得所推荐的商品与客户的实际年龄相符。例如，一个20岁的小姑娘中意一件适合40岁女士穿着的外套，客服不能因为客户的喜爱就诉说商品的优势并竭尽全力地说服客户购买。因为当客户收到货品后发现商品的样式老气、过时，不但会退货，甚至会投诉。因此，客服需要明确说明商品的适龄人群，并

向客户推荐真正适合他们年龄的商品。

③ 客户的身高体重：身高体重也是客服在为客户挑选商品时应该考虑的因素。这主要反映在服装行业中。例如，一个身高160cm、体重80kg的女士中意一款身高160cm、体重50kg女士穿着的裙子，客服首先要意识到客户对商品的把握是不恰当的，其次要用礼貌而婉转的方式告诉客户这一款并不适合她。

2. 关联商品的推荐

关联商品是指与主力商品搭配的商品。它能够突出主力商品的特点，促进主力商品的销售；同时也迎合了客户在购买商品过程中图快省事的消费倾向，为客户的重复消费提供了便利。关联销售是一种网店的常规营销手段，客服在销售过程中要注重向客户进行关联商品的推荐。

（1）必需品的推荐。在客户购买了主力商品后，客服要对这件商品进行长远性的分析，为主力商品搭配一些“以后肯定用得着”的商品，加深客户对主力商品必需品的搭配购买意识。一般来说，这类客户不会一次性购买多件关联商品，如果有感兴趣的东西，就会放入购物车或者收藏夹中。观察一段时间之后，下次消费时说不定就成为主要的购买商品了。发生关联购买的主要动机在于客户正好看中商品，又觉得有必要购买。例如，客户购买了一台打印机，那么墨水盒和打印纸就成为打印机的必需关联商品。

（2）省邮费的搭配。通过快递运输的方式传送商品是电子商务的一大特色，不过这必然会涉及一个购物额外费用——运费。很多网店会以“满××包邮”为销售方式，鼓励客户尽可能多地购买商品。例如，客户在购买咖啡时，咖啡本身标价50元，单独购买需收取邮费12元，许多客户都会觉得不划算。如果有客服的关联销售，让客户看到实用的过滤壶、漂亮的咖啡杯、增加咖啡口感的糖粉等商品，并且购买这些商品刚好可以满足网店的包邮条件，那么很多客户会因此而选择购买关联商品。

（3）互补型的推荐。关联营销对客户来说可以实现功能互补，如鞋子和配饰可以弥补衣服的单调。类似这样的互补型商品，客服就可以联系起来进行关联营销，从而更好地促进主力商品的销售。

总之，客服进行关联商品的推荐时，不要简单地将自己想要销售的商品原封不动地推荐给客户，而是要根据不同商品的特点对客户进行有目的性、有针对性的推荐。

小提示2-1

1. 互补关联

互补关联强调搭配的商品和主推商品有直接的相关性，如主推商品为鼻贴，那么可以搭配面膜、洗面奶等同场景产品。

2. 替代关联

替代关联指主推商品和关联商品可以完全替代，如主推商品为圆领T恤，那么关联产品可以是V领T恤，也可以是立领T恤等。

3. 潜在关联

潜在关联重点强调潜在互补关系，这种搭配方式一般不推荐，但是针对多类目店铺时也可以考虑。如主推商品为泳衣，那潜在关联的商品可以为防晒霜。表面上，两种产品毫无关系，但是潜在意义上，买泳装的人可能在户外游泳，因此防晒霜也是必要的。

三、关联销售技巧

相比传统客服一对一的正面交流，网店客服的销售技巧多了很多空间，对于看不见摸不着的商品，客户为什么要去购买？作为与客户沟通的第一桥梁，网店客服在商品的销售上起着不可忽视的关键性作用。

微课2-5

关联销售技巧

客服对商品的了解从停留在单一商品的认识转变为对某一系列商品的认识，直接运用在客服工作中就表现为客服为客户进行合理的搭配，我们称之为商品的搭配。商品的搭配有很多技巧，下面以色彩搭配、风格搭配和功效搭配为例进行讲解，需要注意对商品的深入了解是搭配商品的前提和基础。

1. 色彩搭配

人在生活中总是被多种色彩所包围，而人的穿戴也免不了多种颜色的搭配。所以，客服要善于根据商品的颜色为客户进行搭配，让商品看起来更加和谐、自然。从专业角度来讲，每一种色彩都具有3个基本属性，即色相、明度和纯度。客服不需要从专业的角度了解色彩的概念，一般能以肉眼所见的色彩深浅进行划分即可。下面以女装为例，将色彩的搭配分为浅色系搭配和深色系搭配两类进行讲解。

（1）浅色系搭配。白色、锡白色、鹅黄色、淡粉色、果绿色、粉绿色、淡蓝色、淡紫色等为浅色系的代表颜色，往往给人一种清爽、活泼的感觉。在进行搭配时，客服要根据商品的颜色来选择，如白色的外套，内搭的服饰最好是鲜艳的浅色系，这样才能使色彩更加和谐，不会让人觉得别扭。浅色系搭配是减龄的必备，如图2-7所示。

（2）深色系搭配。常见的深色系色彩主要有黑色、灰色等暗系色彩，厚重而神秘。深色系搭配显得十分稳重，耐看性极强，十足百搭，如图2-8所示。客服在对深色系商品进行搭配时，往往要结合客户的风格而定。

图2-7 浅色系搭配

图2-8 深色系搭配

很多时候，客服会遇到一些客户因为不知道如何搭配商品的色彩放弃购买的情况，这时客服需要用自己掌握的色彩搭配技巧来说服客户。

2. 风格搭配

客服不仅要意识到色彩在搭配中的重要性，还要对商品的风格进行定位，用与风格相似的配搭物对商品进行搭配，这就是风格搭配。就女装而言，搭配风格有很多，如韩版风格、复古风格、可爱风格等都是常见的搭配风格。

（1）韩版风格。韩版风格的搭配会给人休闲、随性的感觉。韩版风格的服饰大多是比较宽松、休闲的样式，适合身材中等的客户，如图2-9所示。

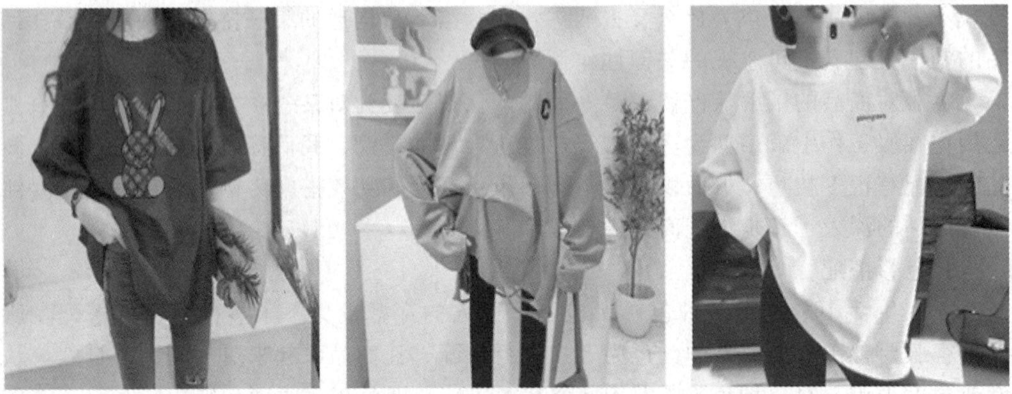

图2-9 韩版风格搭配

（2）复古风格。复古风格的搭配给人一种远离都市喧嚣、畅享森林气息、大气而休闲的感觉。复古风格的服装版式通常较大、较长，如图2-10所示。

图2-10 复古风格搭配

（3）可爱风格。可爱风格的搭配适合可爱的小女生，一般可采取5种搭配风格：背带裤搭配白色T恤和纯色的板鞋；短袖上衣搭配短裙，再配上高跟鞋或凉鞋；可爱字母短袖搭配牛仔裤和板鞋；格子衬衫搭配格子裙和相同色系的鞋子；A字连衣裙，稍微有点蓬蓬的。图2-11展示了部分搭配风格。

图2-11　可爱风格搭配

客服在向客户推荐或搭配商品时，一定要明白客户的风格喜好是什么。如果客户喜欢复古风格，客服却不断推荐可爱风格的服饰，就可能造成客户的流失。

3. 功效搭配

功效搭配主要是指客服在了解自己商品的同时，要对“如何让商品的作用发挥得更好”这一问题进行探究，搭配辅助性的商品，让主要商品的功效发挥得更快、更好。这就要求客服熟悉每一个商品的功效以及组合起来的功效，结合商品的功效与特点搭配商品，吸引客户购买。为了达到更好的使用效果，客户自然愿意购买一些辅助商品促进使用效果的实现。功效搭配主要体现在化妆品领域和药品行业，图2-12所示为商品的功效搭配。

图2-12　商品的功效搭配

任务三　安排订单催付

经过长时间的沟通之后，客户终于拍下了商品，却迟迟不付款的情况时有发生。为了顺利完成订单，提高销售量，客服需要采用正确的方法进行催付，催付工作是提高询单转化率最直接也是最有效的方法。那么到底什么是催付，如何催付呢？下面我们进行系统的学习。

一、了解催付

微课2-6

了解催付

客服只有正确地认识催付工作的价值，分析清楚客户不付款的原因，才能对症下药，从容应对客户拍下商品不付款的行为。

1. 订单催付的概念

客户拍下订单，但没有付款，客服催促客户付款。

面对网店里客户下单后没有付款的现象，我们一定要积极地去催付，这种客户其实已经非常认可我们的商品了，只是还有一些疑虑，这时我们可以通过催付来了解客户没有付款的原因，帮助客户解决问题，提高转化率。

2. 订单催付的原因

（1）操作原因。如果客户是新手，出现首次购物操作不熟、支付宝余额不足、尚未开通在线支付或忘记密码等情况时，客服可以主动热情地提供解决方案，利用收藏的流程图来引导客户顺利完成支付。

（2）主观原因。当客户对商品存在疑虑心理、对价格存在异议、对店铺服务有意见时，客服可以态度亲切、得体地根据客户反馈，告知店铺优势和服务保障的优势，强调商品的性价比符合客户的预期，情感上做到与客户共鸣，从而顺利地完成订单支付。

3. 订单催付的价值

（1）提升销售额。对于已下单、未付款的订单，不论是客户主观原因还是客观原因没有完成支付，都是不计入销售额的，如果能通过催付动作，顺利完成订单支付，就可以提高销售额。

（2）提升转化率。对于已下单、未付款的订单，并不能算作标准订单，即在计算转化率时，这部分订单并不算在其中，如果能通过客服贴心专业的服务完成催付，就可以进一步提高转化率。

（3）提升客户体验。对于已下单、未付款的订单，通过客服热情周到的引导或者专业贴心的服务，让客户打消疑虑，顺利完成支付，并对商品和服务满意，从而提升网络购物的体验。

（4）降低推广成本。对于已下单、未付款的订单，通过客服热情周到的引导或者专业贴心的服务，完成了一次良好的交易后，客户不仅体验到良好的服务态度，也对店铺的商品、物流等有了切身的体会。当客户需要再次购买同样商品的时候，就会倾向于选择他所熟悉和了解的店铺，从而提高再次购买率，这样可以大大降低后期老客户的推广成本。

二、催付五部曲

对于订单状态为未付款的订单，不能盲目催付，只有掌握一定的催付技巧和流程，才能提高催付的成功率。这里我们分享客服催付五部曲，帮助大家成功催付。

微课2-7

催付五部曲

1. 订单挑选

通常客服会根据两个不同的维度对订单进行挑选，分别是拍下时间和订单金额。我们将订单根据不同的拍下时间和订单金额挑选出来的目的，是针对不同的订单情况制订不同的催付方案。所以，催付的第一步就是将当天售前咨询后拍下但未付款的订单梳理出来，根据时间先后和金额大小分别进行排序，相当于我们锁定了催付的目标客户，同时最好由接单客服本人进行催单（因为接单客服一直与客户沟通，深得客户信任）。

2. 把握时机

选择好最佳的催付时机是催付工作成功的基础，那么订单拍下后多久进行催付最合适呢？理论上来说，打铁要趁热，催付工作越早越好，实践结果发现，催付是要把握一定时机的，时机选择不对，往往会丢单。根据客服班次的实际情况，我们把催付分成每天四个时段来进行，见表2-1。

表2-1　**下单催付时间表**

下单时间	催付时间
上午单（11：00前）	当日下午3：00前
下午单（3：00前）	当日发货前
晚上单（22：00前）	次日中午前（下午上班前）
半夜单	次日12：00后

需要注意的是，购买过两次以上的客户通常对网店有信任感，并了解商品，所以客服不必太着急催付。如果是日常订单，最好是在订单交易关闭前24小时内进行催付，在进行催付前可以先咨询一下客户对商品的使用感受，以提高客户黏度。

同时，催付时要注意把握分寸。第一，催付的频率不要太高，如果客户实在不想购买，那么就留下一个好印象，期待客户的下次光临。有时候撤退也有价值，切忌穷追不舍，让客户产生抵触心理，欲速则不达。第二，人额订单不要用同一种方法重复催付。

3. 匹配工具

作为客服催付工作的辅助，各种催付工具的选择也是十分重要的，特别是针对不同金额的订单我们要选择不同的催付工具，否则会引起客户的反感，导致丢单，我们常用的催付工具有以下几种：

（1）免费工具。①千牛：是客服最常用的催付工具，对于拍下时间较短、仍在选择的客户，用千牛来催付是最为有效的方式。而且可以通过千牛发送图片指引，协助客户操作付款。②站内信：主要针对未上线、订单金额较小的客户，可以通过站内信的方式进行催付，当客户再次上线的时候会收到催付提醒。

（2）付费工具。①短信：主要针对拍下时间稍长、没有付款的客户，或者已通过千牛催付过一次但是仍然没有付款，订单即将到期关闭的客户。使用手机短信进行订单催付时，一定要记住发送催付短信内容应包含以下四要素：店铺、产品、时间、技巧。催付短信一定要使用少量文字阐述更多信息。②电话：主要针对拍下时间稍长、订单金额较高的客户。电话催付要有规范而专业的话术，不然容易引起客户的反感。电话催付时，同样要包含短信催付内容的四要素，尽量使用座机以增加信任感，不要使用网络电话。

（3）第三方软件。现在服务市场上有很多种第三方软件，可以自动识别订单状态对客户进行催付动作。

4. 催付话术

如果说前三步是催付工作的准备，那么催付话术就是实质性的进展了，所以在整个催付环节中，话术是最重要的部分，针对不同的情况，我们要制定不同的催付话术：

（1）拍下核对地址和快递后即可催付款。

举例：

亲，很高兴看到您拍下产品了，××××××××××××地址对吗？

发×××快递您能收到吗？为了给您尽快发出，请尽快付款吧！

（2）满足包邮条件改好运费后催付款 。

举例：

亲，运费给您改好了呢，尽快付款吧！付款后才能尽快给您安排发货哦！

亲，折扣已经帮您改好啦，申请了好久呢，亲尽快付款吧，期待您付款的好消息哦！

（3）咨询完相关问题后催客户拍下并付款——强调爆款和库存。

举例：

亲，还有其他方面的问题吗，这款是咱家的爆款呢，很多亲都在抢购呢，咱家是拍下减库存的哦，为了防止您拍下的宝贝被别的亲抢走，就尽快拍下付款吧。

亲，这个宝贝很热销的，同一时间很多客户购买，您的眼光真好，不知道亲是哪方面还有疑问呢？有没有需要我帮助的地方？

（4）拍下订单后，可以根据当天发货时间，在前20分钟催付款（如果客户下线了，适当的时候可以电话联系）——强调发货。

举例：

您好，我们已经在安排发货了，看到您的订单还没有支付，这里提醒您现在付款我们会优先发出，您可以很快收到包裹哦！

（5）交易关闭前半小时内催付款，必要时可电话联系。

举例：

您好，看到您在活动中抢到了我们的宝贝，真的很幸运呢。您这边还没有付款，不知道遇到什么问题呢，再过一会儿就要自动关闭交易了（拍下3天内不付款交易自动关闭）。有别的客户会在有货的时候支付掉，那您这边就失去这次机会了。

5. 备注结果

催付动作后，将结果进行备注，对于催付仍未完成付款的客户根据备注适时进行再一次催付，以提升店铺成功付款率，如图2-13所示。

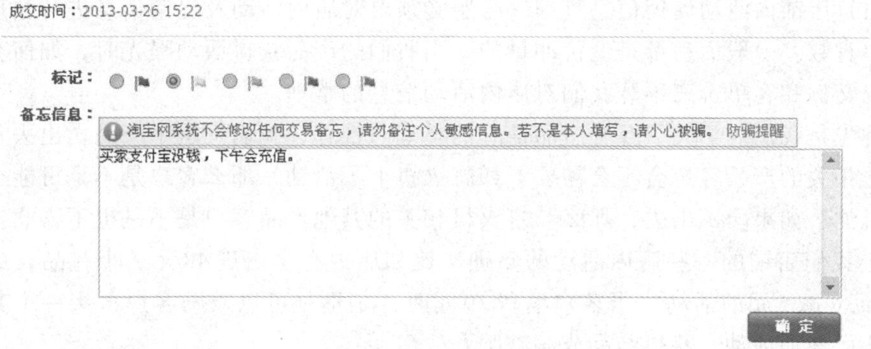

图2-13 订单催付备注

其实催付动作只是售前客服接单工作的一个环节，但是通过催付也可以发现问题挽回订单，如图2-14所示：

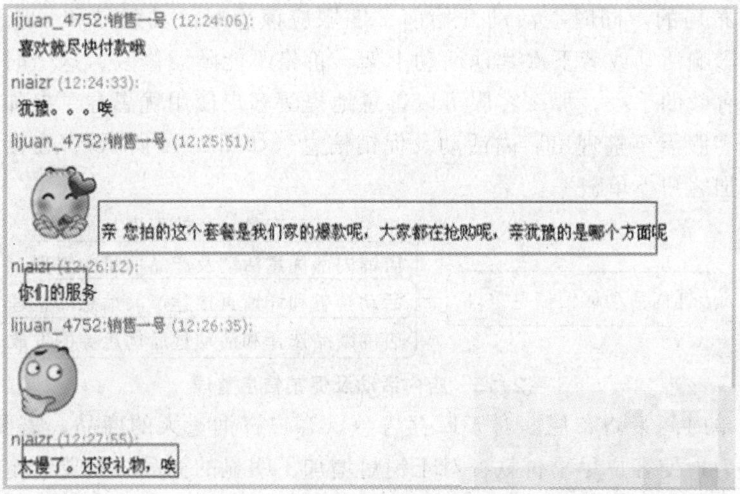

图2-14 订单催付发现问题

客服是整个店铺运营最后一个环节，而且需要特别耐心和细致，现在店铺竞争核心逐步转向客户体验，作为离客户最近的人，客服的作用不言而喻，只要我们可以做好工作的每个细节，那么留住每位客户将不再是难事。

三、活动催付

微课2-8

活动催付

现在各大电商平台会不时推出各类活动，吸引客户，但这也给了客户观望、货比三家的机会，出现了大量的未付款订单需要客服进行催付。那么作为专业的客服，在活动催付前，需要做好各项前期准备，如了解活动的特殊性、选取合适的催单工具、提前制定话术、根据官方活动情况随时调整催单时间等。

课堂讨论2-2

你能想到的节日和电商活动有哪些呢？

1. 前期准备

（1）店铺内活动促销信息整理。客服必须要对店内活动及促销信息进行整理，做到心中有数。一般活动都是低价冲量的，当我们的产品获得活动曝光时，如何获得更高的成交额和客单价离不开我们对店内活动信息的整理。

首先是我们对相关、互补产品信息的整理与推荐，我们把这个产品卖出去了，那么与之相关的产品客户会不会需要？如打火机上了活动，那么客户是不是可能也需要打火机油；如果卖不出去，那么与打火机相关的其他产品客户是不是也不喜欢？其次是对于我们店铺的一些店内活动的整理，比如店内有全店满48元送小礼品，或者是满49元立减5元的活动，当客户消费39元时，是不是可以鼓励客户再买一个其他的产品从而参加活动，获得赠品或满减呢？

另外就是店铺套餐，基本上在小活动中想获得一个较好的客单价，套餐和详情推荐是必不可少的，店铺在得到活动通知后，就应该考虑设置套餐，那么选哪些产品做套餐，设置的套餐有哪些卖点，以及相关产品如何做详情页推荐，获得较高的曝光都是可以提前布局的。同时在活动开始前，客服应该想好活动赠品和一些优惠券的使用。为了不影响活动或者下次其他活动上架，价格不能随意修改，这个时候优惠券就是一个比较有效的手段，那么客服可以善意地提醒客户使用优惠券、参加店铺活动来完成催付。客服需要整理出店内活动及促销信息（如图2-15所示），在接待客户时适时提出，增加客户下单概率。

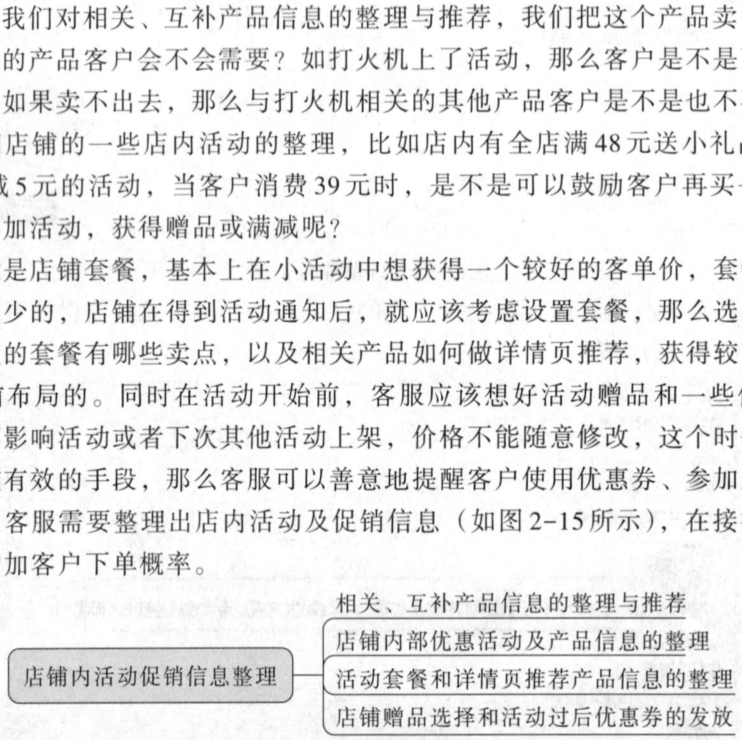

图2-15　店内活动及促销信息整理

（2）催单时间策略布局。对于库存告急、客户咨询量大的商品，需要提前催付，应用库存压力迫使客户尽早付款；对于销量增加不明显的商品，需要制定话术，刺激犹豫的客户抓紧时间购买；而像参加聚划算等活动有关闭交易时限的商品，在时限到来前要抓紧时间安排催付，保证在订单关闭前完成付款。

小提示2-2

聚划算：10分钟内下单，30分钟内付款

淘金币：72小时内付款

天天特价：30分钟内付款

淘宝清仓：30分钟内付款

2. 活动传达和维护

客服需要明确活动时间、要让客户知道活动什么时候开始、什么时候结束，因此在活动开始之前要提前做预热。做预热是为了有足够的传播时间，让更多的客户知道活动的信息和内容，这样在活动开始的时候才会达到想要的效果。活动催付可以使用“倒计时”模式，给客户制造一种紧迫感，从而刺激客户下单。促销时长最好设计在2~5天，给社群客户制造一种紧迫感。利用时间的紧迫感，有效促进产品的销售，时间越短，就越能刺激客户付款。

四、日常催付

拍下订单没有立即付款的客户占所有客户的10%~20%，催付可以挽回订单，因此订单催付工作是客服日常工作中非常常见的，但是进行订单催付切忌盲目、直接，那样反而适得其反。这里分享一些日常催付的策略：

1. 迂回策略

通过巧妙的方式提醒客户付款，不仅不会让客户反感，还能让他们爽快下单：

（1）强调发货。

举例：

您好，我们已经在安排发货了，看到您的订单还没有支付，这里提醒您现在付款我们会优先发出，您可以很快收到包裹哦！

（2）强调库存。

举例：

您好，看到您在活动中抢到了我们的宝贝，真的很幸运。您这边还没有付款，不知道遇到什么问题了呀，我们库存紧张，再过一会儿就要自动关闭交易了。有别的客户会在有货的时候付款，那您这边就失去这次机会了。

（3）强调服务。

举例：

您好，看到您这边没有支付，我们这边是7天无理由退款，还帮您购买了运费保险，收到以后包您满意，如果不满意也没有后顾之忧。

2. 对症下药

（1）价格原因。

举例：

您好，您在××店铺拍下的商品还没有付款，因为您是第一次购买本店的商品/老客户，我跟店长申请这次给您个VIP价格，比您拍的时候低了很多哦。（注意：无论是千牛还是短信发送的，内容组织不要形式化和僵硬化，要让客户感觉到内容就是为她一个人写的，这点很重要。）

（2）赠品原因。

举例：

您好，您在××××店铺拍下的商品还没有付款，因为您是第一次（老客户）购买本店的商品/老客户，我跟店长申请了赠品，这个赠品不是VIP都不送的，我们是下午5点发货，晚了可能就要拖到明天发了。

(3) 忘记付款。

举例:

您好,您在××店铺拍下的商品还没有付款,我们下午5点发货,晚了就要拖到明天发了哟。

催付的话术可以学习电视购物,但是不要像电视购物那么疯狂,注意语速和语调,目的是让客户觉得“买到就是赚到,错过不再拥有机会”。

如果客户还是不愿意购买,千万不要纠缠,可以顺便做一次回访,了解客户的购物渠道等信息。

课堂讨论2-3

1. 母婴店铺,客户晚9点拍下单子,请问什么时候催单合适,并制定一段电话催单话术。

2. 女装店铺,平均客单价80元,某个老客户拍下一笔263元订单后3小时未付款,请选择催单工具并制定催单话术。

任务四　提供售后服务

成功销售商品并引导客户下单付款，并不意味着服务就此结束了，客服还需要继续提供服务，包括查单查件、正常退换货、处理纠纷、应对客户投诉等。售后服务既是客服工作的重点，也是难点，需要在不断的实践中积累宝贵的售后服务经验并加以灵活运用。下面了解一下如何提高我们的售后服务水平吧。

一、售后服务的重要性

大部分网店为售前工作做了充分的准备，而忽视了售后工作的重要性，它们在交易完成后就不再联系客户了。但是这种思维在当前及以后的电商市场中注定是错误的。未来的电商市场中，售后服务会直接影响网店的整体销量，其重要性主要体现在以下方面。

1. 提升客户满意度

在网购过程中，商品交付客户前，客户只能感知到商品价值，而对商品价值的体验和确认却发生在交付商品以后。此时，售后客服就承担着跟踪反馈客户对商品的价值体验的责任。因此，售后客服是网购模式下品牌价值的维护者。在互联网飞速发展的今天，口碑已经成为品牌企业及网店重要的命脉之一，因此，维护口碑就变得尤为重要。客服做售后服务，也是为了让客户不满的情绪得到发泄和缓解，给客户一个完美的购物体验。图 2-16 为某淘宝网店的 DSR（卖家服务评级）值。

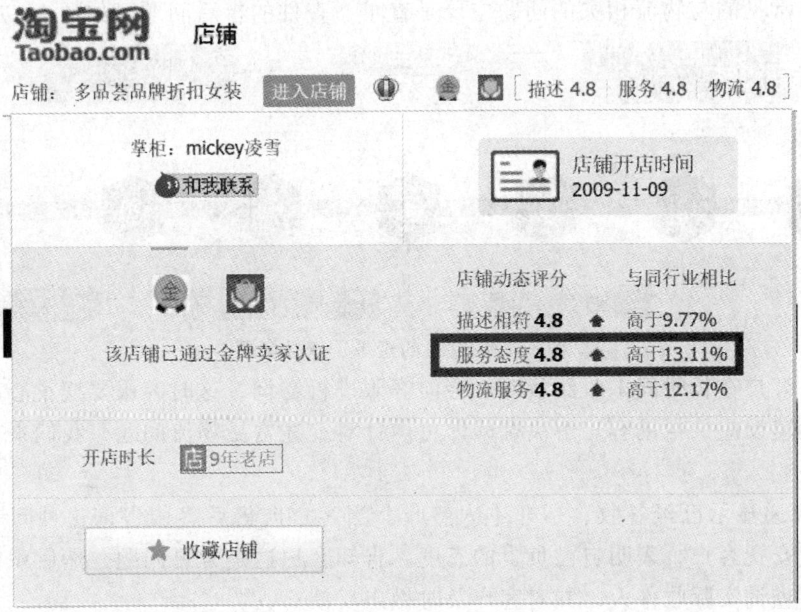

图 2-16　某淘宝网店DSR值

2. 留住并维护老客户

有的客户在首次购买时出现了不满意的购物体验，从而不会再复购商品，严重的还会把其不满意的体验进行传播。

在网购交易中，如果客户产生了不满意的购物体验，其第一时间想到的就是联系在线售后客服，此时，在线售后客服就起到了至关重要的作用。售后服务做得好，不仅可以解决前期产生的不愉快，而且可以将客户转化为网店的忠实粉丝。因此做好售后服务可以提高客户的复购率。

3. 降低网店负面影响

如果客服没有进行有效的售后服务管理，就可能导致网店降权、商品下架、活动受限及被屏蔽等处罚，严重时还会导致网店被封。只有将售后服务把控好，才能使网店规避风险，把负面影响降到最低，从而提升客户的满意度。

二、客户问题处理

微课2-9

咨询回复

一般而言，售前问题包括产品类问题、活动类问题及服务相关问题。售前客服通过摆事实说服客户或者以特价商品吸引客户，取得客户信任，引导客户立即下单购买；也可以采用数据、证书等直观的方式向客户展示，从而突出店铺的商品质量、包装等优势；还可以告知客户店铺拥有完善的服务体系，现在下单可以享受的增值服务，强调店铺的服务优越性；通过阐述活动价格，证明商品定价的合理性，应用说服技巧，促使客户下单。

售后问题主要包括咨询类问题和投诉类问题。

1. 咨询类问题处理

（1）客户在完成付款操作后，经常会遇到各种与物流相关的问题，需要向售后客服咨询。常见的与物流相关的问题主要是查单、查件的售后问题，如图 2-17 所示。

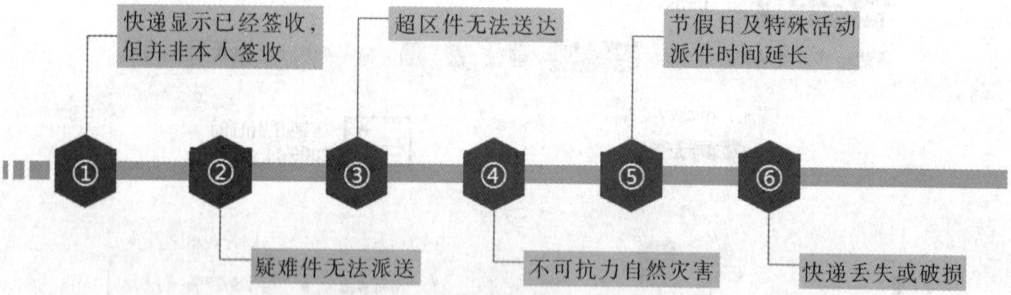

图2-17 常见的查单、查件问题

很多客户在长时间未收到货时，会向客服进行咨询，这时客服要摆正心态、耐心倾听、快速反应，帮助客户解决疑问即可。针对上述常见物流问题，我们来分析一下应对方法。

① 快递显示已经签收，但非本人签收。当客户向售后客服咨询这种问题时，客服首先应安抚客户，表明自己负责的态度，告知客户这是常见问题，然后积极联系快递公司，查询实际收件人，并对客户及时做出反馈；

② 疑难件无法派送。当遇到此类情况时，售后客服需要及时收集客户正确的个人信息，明确可收件时间，然后反馈给快递公司，督促其及时派件。

③ 超区件无法送达。这种情况通常是客户所在地偏远，尚未设置物流服务网点造成的，可以与客户协商，是否可以自提或加钱送货或改其他快递公司。

④ 不可抗力自然灾害与节假日及特殊活动派件时间延长。这种情况，应告知客户实际情况，寻求客户谅解，并及时跟进。

⑤ 快递丢失或破损。客户出现这种情况时，通常情绪急躁，不满，客服要做好安抚工作，然后及时与快递公司确认情况，如情况属实，要及时回复客户，做好后续补发工作。

（2）收到货后，部分客户并不会马上确认收货，而是第一时间向客服咨询，这个时候的咨询一般是包括了商品相关问题的咨询和平台相关问题的咨询，客服做好相关问题处理，可以增强客户购物体验，提升回购率。

① 商品相关问题的咨询。客户在收到商品时，可能因为不会使用，而向客服咨询具体的使用方法；或者收到商品后，会进一步确认所购商品在保修期内可以享受的售后服务。

② 平台相关问题的咨询。客户收到货之后，可能出于各种原因需要退换货或者操作退款，这个时候客户会向客服咨询如何发起相关操作和具体的操作流程；或者出于活动、售前承诺等各种原因，在收货时需要退差价，这时需要客服从旁协助和授权，辅助客户顺利完成相关操作。

针对以上问题，客服可以从客户的角度，不断完善产品使用说明书、录制说明短视频、编写电子手册，来进一步增强客户的直观体验感。

2. 投诉类问题处理

课堂讨论2-4

请问你有投诉商家的经历吗？你会因为什么投诉商家呢？投诉商家后，你希望商家如何处理你的问题呢？

一般而言，客户在收货以后，会因为缺货少件、货不对版或者长时间未收到货、活动差价退款等情况而投诉商家，当然也有客户会因为购物过程中客服的态度、服务等情况进行投诉。处理投诉时，要坚持“及时安抚、语言得当、避免升级、合理调节”的原则，掌握倾听的艺术，分析投诉的原因，与客户确认问题，协商解决方案，做到尊重客户，让客户满意。

三、退款退换货处理

微课2-10

退款退换货

正常的退款、退换货处理都属于普通的售后问题。通常是客户主观上对商品或服务不甚满意，但是愿意用沟通、协调的方式来解决售后问题。这类问题是售后客服每天的重点工作内容，也是售后客服的主要工作内容之一。

1. 正常退换货

正常退换货是指客户在收到商品后，由于商品质量问题、发错商品、7天无理由退换货等要求网店在不低于原价格的基础上退换商品。退换分为同款退换和不同款退换。一般来说，正常退换货的相关信息在商品详情页中必须有所说明，尤其是运费的说明，如图2-18所示。

图2-18 正常退换货说明信息

（1）退货。退货是客服经常会遇到的一类问题，退货的原因也五花八门。合理且及时地处理和跟进，通常可以避免一些退货。当售后客服遇到退货客户时，应根据客户的要求先查明原因，及时为客户解决问题，尽量挽留或者引导客户取消退货，同时一定要备注跟进。

案例2-1

客户：这是什么质量啊！才穿了2天就破了一个洞，赶紧给我退了！

客服：亲，麻烦您提供一下照片，方便我核实哦！可能是由于缝制时不太精细。您看这样行吗？您自己缝制或去当地裁缝师那里缝制，我这边为您提供补偿。

客户：嗯，等一下。

从上面案例中的对话可以看出所购商品质量出现问题，所以客户要求退货。客服在处理时先要求客户提供证据，再给出处理方案，目的是给客户提供一种其他的处理方法，引导客户取消退货。如果客户同意，则这个订单会正常完成；如果客户坚持退货，也一定要满足客户的要求。

（2）换货。如果售后客服遇到发错货、商品质量问题、7天无理由退换货等原因导致的换货问题，可以根据客户的要求先查明原因，符合换货条件的则立即给客户换货，同时也一定要备注跟进。

案例2-2

客户：我要的是蓝色的，怎么给我发成红色的呀？

客服：亲，真是抱歉！您先拍个照片给我看一下。如果发错的话，我这边马上安排今天帮您把蓝色发出来。您先把红色退回来，可以吗？麻烦您了！

从上述对话可以看出，造成换货的原因是卖家发错货。此时需要先确认商品是否发错，确认发错后应先表达歉意，然后根据客户需要进行换货。

案例2-3

客户：在吗？今天收到货了。我还是觉得这条黑色的牛仔裤和我的衣服不太配，给我换成蓝色的吧！

客服：好的，亲。请保证包装、吊牌完好，没有清洗哦！同时写清楚您的千牛

ID、联系方式、换货原因，然后寄到×××××××。我们为您的宝贝投付了运费险，但需要您先行垫付运费！拒收货到付款哦，谢谢！

从上述对话可以看出，造成换货的原因是客户主观原因，这种情况下，应同意换货，并说明换货的条件。

2. 退款

当客户因为货物破损、丢件、质量问题、描述不符、收到假货或其他主客观情况，需要退款时，客服应根据客户的要求查明原因，掌握客户的实际意图，找到问题并解决问题。对于可退可换的客户，应通过沟通尽量将退款转化为换货，以降低退款率。同时，应总结相关问题，反馈给店铺其他岗位人员，提高店铺商品、服务质量。退款原因及处理办法见表2-2。

表2-2　**退款原因及处理办法汇总表**

常见问题	售后客服处理办法	后续跟进
货物破损、丢件等问题	◆ 联系客户提供实物照片，确认商品情况 ◆ 向物流公司核实是谁签收的包裹 ◆ 如果非本人签收，且没有客户授权，建议客服直接给客户退款，并联系物流公司协商索赔，避免与客户之间产生误会	◆ 发货前严格检查商品的质量 ◆ 选择服务品质高，尤其是对签收操作严格、规范的物流公司 ◆ 提前约定送货过程中商品破损、丢件等损失由谁承担
质量问题	◆ 联系客户提供实物照片，确认问题是否属实 ◆ 核实进货时商品质量是否合格 ◆ 如果确认商品质量问题或无法说明商品是否合格，可直接与客户协商解决	◆ 重新选择优质的进货来源 ◆ 进货后保留好相关的进货凭证
描述不符	◆ 核实商品详情页的描述是否有歧义或容易让客户误解的信息 ◆ 核实是否发错商品 ◆ 如果描述有误或发错商品，可以与客户协商解决，如换货、退货、退款等，避免与客户发生误会	◆ 确保商品描述内容通俗易懂，不让人产生歧义 ◆ 确保发出的每一件商品与客户购买的商品一致
收到假货	◆ 核实进货时的商家是否具备相应资质 ◆ 如无法确认，可直接联系客户协商	◆ 选择有品牌经营权的供应商 ◆ 进货后保留好相关的进货凭证或商品授权书
退运费	◆ 核实发货单上填写的运费是否低于订单中客户所支付的运费 ◆ 如有误，将超出部分的金额退还给客户	◆ 邮费模板要及时更新，如果有特殊情况应及时在千牛中通知客户

微课2-11

维权纠纷

四、维权纠纷

纠纷是指买卖双方对具体的某事/某物产生了误会或者一方刻意隐瞒事实，导致双方协商无果的情形。客服一旦与客户发生纠纷，就比较难与客户沟通了，处理起来也比较麻烦。此时，客服不仅要熟悉平台售后规则，还要与客户“斗智斗勇”，尽自己最大努力化解网店危机。

1. 纠纷产生的原因

客户在购买商品的过程中，与网店产生纠纷的原因主要有质量因素、价格因素、快递因素、货源因素、人员态度因素5种。

（1）质量因素。在网店中，因商品质量引起的纠纷统称为质量因素。所谓商品质量，具体是指商品本身规定的或潜在要求的特征和特性的总和，是客户衡量商品使用价值的主要标准。质量因素主要包括外观质量、使用质量和客户心理预期3个方面。

①外观质量。商品的外观质量是指商品在外形方面的性能，主要表现为商品的光洁程度、造型、颜色等各个方面，客户在收到商品后能够通过肉眼进行感官识别。商品的外观质量又可从商品缝制质量、商品局部瑕疵和商品颜色偏差等方面评价。

小提示2-3

商品外观质量因素是由商品制作工艺的精细程度与客户的需求不同造成的，在网购过程中难以避免。在面对因外观质量因素造成的纠纷时，客户要在收到商品后于规定的时间内拍照说明情况，客服则要分辨照片的真伪以及是否属于人为造成的损坏。

②使用质量。商品的使用质量即商品在使用过程中表现出来的质量，直接影响客户的商品使用感受。客户使用商品时通常会考虑商品的使用便捷性、商品的耐用性、商品的可靠性、商品的功效性等多个方面。客户始终坚信高使用质量的商品应该是方便、耐用、可靠、使用效果好的产品。

小提示2-4

面对由于质量因素而引起的纠纷，客服要尽可能满足客户的需要，倾听客户的抱怨和意见；在客户的购买阶段，要降低客户对商品质量的心理预期；在纠纷发生之后，要让客户以图为证；在向客户解释时，要为自己留有余地，尽可能不用“一定”“肯定”等确认性的词语。

③客户心理预期。网上购物非常显著的一个特点就是客户在选购商品时无法通过直观接触来衡量商品的质量，只能通过卖家所提供的商品信息、图片信息、“买家秀”来建立自己对商品的期待值。客户对商品的这份期待值即为客户心理预期。客户为什么会觉得某件衣服的质量不好呢？一是客户可能对比网店其他商品的质量或者其他网店同款商品的质量；二是客户对商品的期待值太高，如果客户通过浏览商品详情页和其他广告、评价等，认为自己所购买的商品是零瑕疵、零污迹、耐用性极佳的一款商品，可实际收到的商品远远低于心理预期，就会形成巨大的心理落差，很容易因为商品的质量和网店产生纠纷。“期望越小，失望也就越小”，客服在引导客户购物的过程中，除了客观地介绍、销售商品，还要适度降低客户的心理预期，这样可以为后续减少一些不必要的麻烦。如在导购过程中，应适时给客户一些提醒，“温馨提示：因测量方式不同，相关数据仅作参考，会有1~3厘米误差，以收到实物为准”“商品

的使用时间以正常使用为参照，实际使用时间因人而异”等，这些提示不仅可以让客户感受到客服的诚实，也让客户对商品的瑕疵有一定的心理承受力。这样，即便客户在收到商品后有一些不满、疑问或者商品确实存在一些小问题，客服在处理类似纠纷时也能化被动为主动，以理服人，赢得客户信赖。

小提示2-5

客服需要诚实地向客户反映商品存在的瑕疵和缺点，也可向客户说明一些其他客户经验性的反馈信息；学会一些降低客户期望值的温馨提示话术，提高客户对商品缺点的接受能力；不随意向客户承诺，为自己处理纠纷留有余地。

（2）价格因素。价格是客户在整个购物过程中较为关注的内容。如果客户刚买的商品突然降价，而且降价的幅度还很大，他们就会认为自己受到了欺骗，觉得客服不够诚信，甚至会因此投诉。

其实商品的价格变动是很正常的事。就像线下商店常有打折活动一样，网店的商品价格也会出现浮动变化，尤其在一些特殊节庆期间，网店更是会推出一些优惠来促进商品销售。客户购买商品是有时间差异的，有的客户购买商品正好在低价打折期间，有的则是在商品价格高位期间购买，那么客服应如实相告，以减少因价格变化而产生的纠纷。

当客户咨询商品、有意愿购买时，如果网店商品价格有较大变动或者网店有什么活动，客服需要如实告知客户，让客户选择购买时间，提前避免因价格造成的纠纷。如果客户购买之后发现是高价购买，又因网店活动规则要求退差无果，那么客服可以通过赠送小礼品的方式进行补偿。虽然商品价格浮动是正常的，但是客服要学会站在客户的角度体谅客户的心情，千万不能说“亲，降价是很正常的，我们的商品涨价了，也没让你补差价啊”，这样的回复无疑是火上浇油。

（3）快递因素。当售前客服将商品成功地销售给客户、客户拍单付款之后，商品便进入快递环节，具体表现为由售后部门确定订单、打包装箱、通知快递确认发货，再由快递公司进行运输。在这个环节中，快递公司的操作方式是网店不能控制的，所以一些由快递因素引起的纠纷往往难以避免。

快递纠纷中尤以发货延迟、快递速度过慢和商品破损的纠纷率最高。

① 发货延迟。发货延迟主要是指卖家在客户付款后未按约定的发货时间发货，主要涉及网店的售后环节。发货延迟常常导致客户要求退款，网店损失交易额。发货延迟的原因有很多，包括库存问题、与售前的工作交接问题、售后遗漏问题等。库存问题主要是货源缺货断货等暂时性“无货可发”导致发货延迟，售前客服在销售商品时需要留意商品库存，及时与仓库工作人员取得联系，确认是否可以如期发货，若不能按时发货，要第一时间告知客户，请求客户谅解；与售前的工作交接问题通常发生在大型网店中，售后客服在处理待发货订单时需要与售前客服交接信息，对较为急迫的订单优先发货，同时注意售前客服承诺的发货时间，尽可能按时发货，避免纠纷；售后遗漏问题是伴随着订单量的增加，客服工作量明显增加，难免偶尔遗漏一些订单，随着网店管理软件的日益完善，客服要注意掌握对这类软件的应用，尽量避免此类问

题发生。

② 快递速度过慢。快递和网络购物密不可分，相辅相成。网络购物的迅速发展给快递带来了旺盛的生命力，但同时也意味着更大的挑战。特别是在电商大节时，订单量暴增，快递公司的压力很大，有时会出现“速度慢”“态度差”等问题。虽然网店和快递公司是彼此独立的个体，网店并不能决定快递运输的快慢和服务的好坏，但是客户对快递的不满通常只能向网店表达，快递的选择大多时候是网店决定的，对于客户而言，确认收货前的所有环节都属于网店的职责范围，这一点客服需要理解，可以从客户和快递两方面着手，将快递过慢的纠纷降至最低。

③ 商品破损。客户经常反映的另一个问题就是在收到商品后发现商品有破损，花钱买个破东西，超级不满意，从而引发纠纷。商品的破损有可能和发货时网店检查不严有关，即商品本身就有破损，还有可能是快递运输配送过程中对商品造成了损坏。作为最终收到商品的第三方，客户并不清楚到底是快递的过错还是商品本身就存在破损，此时客户只能联系网店进行投诉或维权。

为避免此类问题的出现，客服在发出商品时要对客户和快递公司进行说明与交代。首先，一定要提醒客户务必亲自检验商品后再签收，在收货时如果对商品有异议，如包装损坏、浸湿污染等，要有承运人的书面签字确认；其次，客服在发出商品时要对商品进行检查，在寄送商品时包装要规范，将商品交给快递公司时要让快递员检查商品，确认商品完整性，最好拍照留存，以便后查，避免与快递公司推诿责任。

（4）货源因素。客户通过网络平台购物，目的是要购买到自己喜爱的商品。倘若客户付款后得知卖家方面的货源出了问题，未能及时发货或者根本不能发货，难免会激起心中不满，由此引发的纠纷即为货源因素导致的纠纷，主要为缺货和断货两种。缺货是商品生产跟不上销售导致的暂时性库存不足，但是可以通过再生产补足库存，这需要客服对补货的时间有一个预估，并且要将预估的时间如实告知客户，倘若客户无法接受等待时间，则需要为客户进行换货或者退款处理。与缺货相比，断货的情况比较特殊，具体是指商品在售卖的过程中不再进行生产，卖完即止，在网店清仓活动中表现得尤为明显。客服在面对因为断货产生的纠纷时，一定要及时向客户道歉并说明情况，及时退款，换货，降低客户的不舒适感。

（5）人员态度因素。客户网络购物能够接触到的人员包括两类：客服和快递员。客服回复时没有耐心，甚至与客户发生争执，或者回复语言粗俗；快递员暴力配送，故意摔坏商品、对客户冷漠，对快件不负责等都会引发客户投诉。如果是客服人员因素，网店可以提高客服准入门槛，加强客服培训和考核，强调客服态度的重要性；如果是快递员态度因素，网店可以和快递公司反馈，告知情况，调整快递员甚至更换合作快递公司。

2. 纠纷类型分析

（1）严重退款纠纷。严重退款纠纷，是指客户在申请退款后发现卖家不同意退款，遂要求平台介入的情况，当平台介入后，无论怎么判决，最后都会产生退款纠纷，严重的退款纠纷将使网店受到平台的相关处罚。

严重退款纠纷会影响网店的纠纷退款率，从而导致网店出现全部商品单一维度搜索默认不展示、客户保证金翻倍等情况。如淘宝平台规定，“近30天内纠纷退款率不超过网店所在主营类目纠纷退款率均值的5倍或者纠纷退款笔数<3笔”，否则将被暂停淘宝直通车软件服务14天。

小提示2-6

淘宝介入核实商品是否存在问题时，将对描述不符的一方进行处罚。若核实卖家未履行承诺，将给予卖家违背承诺的处罚。若未履行7天退货服务，则给予网店违背承诺扣4分的处罚。

（2）未收到货物纠纷。快递的运输时间受到多方面因素的影响，而且卖家无法控制，由此产生的物流纠纷也很多。遇到客户提出的未收到货的纠纷时，作为卖家该如何处理呢？此时需要通过物流跟踪信息判断货物风险到底是属于客户还是卖家。淘宝争议处理规范中明确说明，收货人有收货的义务；卖家发货或客户退货后，收件人应亲自签收商品；收件人委托他人签收或承运人已按收件人指示将商品置于指定地点的，视为收件人本人签收。具体来说，货物在到达签收地被签收前，货物风险由卖家承担，由卖家向快递公司索赔；而货物一旦被签收，货物风险将转移至收件人。

客户未收到货引发纠纷存在两种情况：客户未签收和客户签收后发现少货。客户未签收，指的是物流跟踪信息上显示客户已签收，但客户说自己未签收过商品，此时需要提供签收底单进行判断，比如客户本人未签收，委托第三方签收，卖家提供了授权第三方签收的盖章证明，这样货物风险由客户本人承担。有的客户在签收前没有打开包装查看货物，回家拆开包裹后发现货物少件。遇到这样的情况，客服应该第一时间和派件公司取得联系，首先确认签收人与客户订单上的收货人是否一致，然后要求当地快递公司提供客户本人的签收底单，同时要求物流公司提供相应包裹装箱前的照片或视频数据以及包裹重量等信息，以便待查。

（3）货不对版纠纷。货不对版纠纷主要分为商品与描述不符、销售假货、赠品纠纷3种情况。下面分析各种纠纷的处理方法。

① 商品与描述不符。关于描述不符，淘宝平台有明确的规定：“描述不符是指客户收到的商品或经淘宝官方抽检的商品与达成交易时卖家对商品的描述不相符，卖家未对商品瑕疵、保质期、附带品等必须说明的信息进行披露，妨害客户权益的行为。”经核实，商品存在质量问题或与网上描述不符的，进行退货、退款处理，由卖家承担运费，并给予卖家扣12分的处理。

② 销售假货。淘宝平台严令禁止出售假冒商品，一旦客户提起申诉，卖家不但要全额退款，而且将面临被平台关闭店铺的处罚，因此，卖家千万不能冒险销售假货。

③ 赠品纠纷。部分卖家可能会困惑，赠品是网店的小小心意，为什么还有客户会因为赠品问题与自己发生纠纷呢？实际上，从有些客户的角度来看，虽然赠品是免费的，但是“羊毛出在羊身上”，付款金额里面应该有一部分是赠品费用，因而他们对赠品可能会有所期待和要求，所以，卖家遇到赠品纠纷也就不难解释了。卖家应尽力避免赠品纠纷，可以从以下几个方面着手：

• 卖家挑选赠品时要慎重，质量太差容易使客户出现不满情绪，甚至引发纠纷。

• 保证赠品库存，严格按照订单约定发货；若无法按照约定发放赠品，应在发货前与客户沟通，征求客户意见。

• 卖家应在详情页里提示客户，赠品属于额外礼物，不要因为赠品引起纠纷；若介意，提示客户勿拍等。这个提示可以在一定程度上降低客户因赠品引起纠纷的概率。

• 因为赠品引发纠纷时，卖家需提供发货前与客户协商的沟通记录，提供详情页有关赠品的说明等信息，第一时间安抚客户情绪，同时引导客户取消相关申诉。

（4）严重投诉与维权。严重投诉与维权，是指商品存在的争议较大，而买卖双方的争议点依然集中在发货、换货、退款、补差价等问题上。针对这些问题，双方各执一词，再加上售后客服与客户的交流不顺畅，导致客户出现诸多不满，从而申请平台介入，一旦客户投诉、维权成功，网店将面临严重的处罚。售后客服在处理严重投诉与维权时，一定要注意对时间的把握，所有的投诉应争取在3个工作日内让客户撤销维权，严格执行及时跟进制度。此外客服还应了解平台争议受理范围，以免网店遭受处罚，最大限度降低网店损失。

3. 纠纷处理流程

处理客户纠纷是技巧性比较强的工作，需要长时间的经验积累，尤其是对交易纠纷的处理，将最大限度地锻炼售后客服的心理承受能力和应变能力。售后客服在处理与客户之间的纠纷时，应坚持有理、有节、有情的原则，按照图2-19的流程来处理。

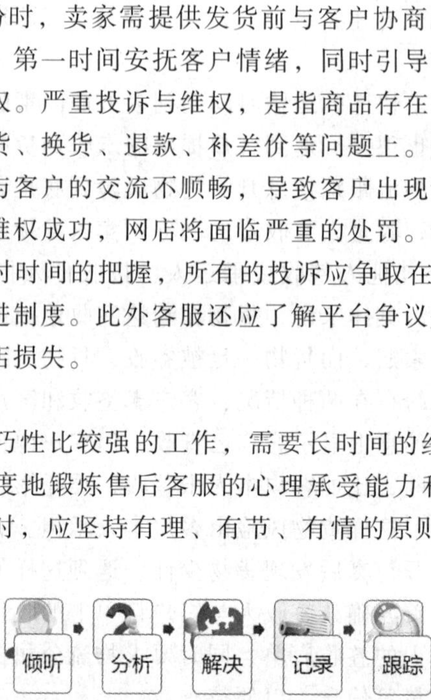

图2-19　处理纠纷的流程

（1）倾听。当客户收到自己期盼已久的商品，却发现商品和心理预期相差甚远时，客户难免会觉得不舒服，自然会找客服抱怨。这时客服要充分理解客户的心情，耐心倾听客户的抱怨，给予客户发泄的机会。

当客户发泄时，客服不要着急辩解，此时最好的应对方式就是闭口不言，保持倾听的态度，即站在客户的立场让客户把话讲完，肯定并认同客户的感受。当然，不要让客户觉得你在敷衍他，要保持情感上的交流，认真听取客户的话，把客户遇到的问题判断清楚。耐心倾听客户的抱怨之后，无论纠纷的原因是什么，客服首先应该道歉，让客户知道已经了解了他的情况。

（2）分析。售后客服认真倾听客户的抱怨之后，需要对客户抱怨的内容进行分析、归纳，然后找出客户抱怨的原因。客户抱怨的原因是多种多样的，有的抱怨只是针对一两个方面，有的则涉及多方面。一般客户抱怨最多的原因主要有4个方面，见表2-3。客服要弄清楚客户抱怨的中心点是什么、客户急需解决的问题是什么。客服还要理解客户在不满意的情绪驱使下，对客服、网店都会产生很强的抵触情绪，认为自己是“受害者”，从而指出网店和商品的种种不足之处。

表2-3 客户抱怨最多的原因

商品与描述不符	发货速度太慢	客服服务态度差	快递员的服务态度不好
商品质量有问题	商品到达时间过长	客服回复客户疑问时没有耐心	快递员对快件不负责任
商品尺码不标准	耽误了客户的应急使用	客服与客户发生争执	快递员故意摔坏商品
商品与客户预期差距太大	超出客服所承诺的时间	客服用粗俗话语辱骂客户	快递员辱骂客户

客服需要给客户一个宣泄不满和委屈的机会，来分散心里积压的不满情绪，如果放弃这个机会，就不利于投诉最终的处理。用提问题的方法，把投诉由情绪带入事件。通过提问题，用开放式的问题引导客户讲述事实，提供资料。当客户讲完整个事情的过程以后，客服人员要用封闭式的问题加以总结。

（3）解决。客服在了解了客户抱怨的真实原因之后，就要竭尽全力为客户解决问题。是退，是换，还是赔偿，这也是处理纠纷的关键步骤。很多客服人员往往是直接提出解决方案，而未考虑到当客户失去了选择的余地时，他会没有做上帝的感觉。真正优秀的客服人员是通过两步来做：第一步是先了解客户想要的解决方案，客服人员主动提出"您觉得这件事情怎么处理比较好？"第二步才是提出客服的解决方案，迅速对客户投诉的问题进行有效解决。这样一来，不管客户是否已有解决方案，网店在解决问题时都会居于主动地位。

（4）记录。售后客服在与客户就纠纷事宜达成一致意见后，要对客户产生抱怨的原因、责任的认定、纠纷解决方案等进行如实记录。这些情况的记录不仅可以为客服积累一些处理纠纷的经验，还可以帮助网店各个部门进行自省，使网店做得更好。

客服在记录客户抱怨与解决方案时可以参考表2-4来执行。

表2-4 纠纷记录表示例

昵称	处理时间	购买商品	抱怨原因	责任认定	处理方案	客户满意度

（5）跟踪。做好纠纷处理记录，并不意味着纠纷处理的结束。一名优秀的客服，除了能解决纠纷并提出客户所认可的解决方案，还要对纠纷处理进行跟踪调查，这往往是被很多客服所忽视的工作。一方面跟踪客户纠纷处理的进度，及时告诉客户采取了什么样的补救措施，现在进行到了哪一步，让客户了解处理的具体情况，当客户认为所提出的解决方案得到了落实，店铺也十分重视的时候，客户才会放心；另一方面要了解客户对纠纷处理的满意度，在解决了与客户的交易纠纷之后，还应该进一步询问客户对此次解决方案是否满意，客户对执行方案时的速度是否满意，通过这些弥补性的行为，让客户感受到店铺的诚心和责任心，用实际行动去感动客户。

五、评价管理

微课2-12

评价管理

信用评价不仅是网店升级的标志，也是客户判断商品质量的标准之一。一般情况下，好评率越高的商品购买的人越多。商品一旦出现中差评，就会使很多客户望而却步。因此，售后客服要积极响应客户的中差评，找准原因，进行沟通，尽量避免或减少中差评的出现。

1. 评价规则

评价积分的计算方法，具体为：“好评”加1分，“中评”为0分，“差评”扣1分。计分规则（含匿名评价）如下。

（1）每个自然月中，相同买家和卖家之间的评价计分不得超过6分（以淘宝订单创建的时间计算）。超出计分规则范围的评价将不计分。

解释：每个自然月相同客户和卖家之间评价计分在［-6，+6］之间，每个自然月相同买家和卖家之间总分不超过6分，也就是说，总分在-6分和+6分之间。例如客户先给卖家6个差评，再给1个好评和1个差评，则7个差评都会生效计分。

（2）若14天内（以淘宝订单创建的时间计算）相同买家和卖家之间就同一个商品进行评价，多个好评只加1分，多个差评只扣1分。

（3）交易成功后15天内买家若不主动评价，系统会自动默认好评，不会给中差评。另外，系统默认的好评只要符合评价计分规则，都会为双方增加相应的信用度。

2. 好评处理

客户的评价会直接展示在商品详情页，在很大程度上会影响其他客户的选择，因此引导客户进行好评十分必要。可以在发货后、妥投后以及客户确认收货后委婉提醒客户进行好评。卖家提供优质的产品和用心的服务，如果客户收货后对产品和服务都满意，一般都会给卖家好评。对于卖家，收获好评并不意味着这个订单完美收尾。一条评价在页面中展示，其他客户除了能看到这条评价外，还能看到卖家的解释。因此，对于给好评的客户，卖家也可以回复评价给客户，做出合适而又有亲和力的回复，对于客户的复购以及店铺形象的口碑传播都非常重要。如图2-20所示。

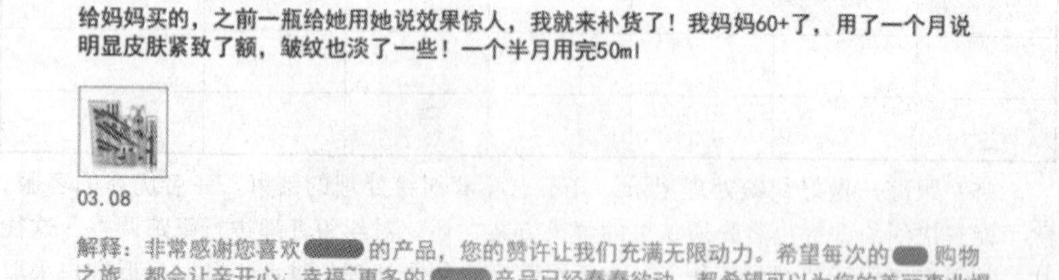

图2-20 好评回复解释

3. 中差评处理

一般情况下，好评率越高的商品，购买的人越多，一旦出现了中差评，就会使很多客户望而却步，不仅影响转化率，还会影响到店铺商品搜索排名以及后续活动申报。因此，卖家要不断提高自身素质，对商品的质量、销售、发货和服务进行完善。虽然无法保证让每一位客户都满意，但是可以尽量避免或减少中差评出现的概率。

小提示2-7

淘宝规定：若评价方做出的评价为中评或差评，在做出评价后的30天内有一次修改或删除评价的机会。若出现了中差评，卖家应尽量在有效时间内采取措施进行处理，减少中差评对网店的影响。

（1）分析确认引起中差评的原因。客户的中差评不但直接影响产品的转化率，还会影响店铺的口碑甚至会影响品牌的声誉。一般来说，导致中差评的原因主要有以下5种。

① 关于商品的问题：客户收到的货少了、破了、有色差、有气味、有线头、质量不好、怀疑不是正品等导致的中差评，占中差评总数的一半。

② 客户主观感受问题：客户觉得尺码不标准、买贵了、收到后不想要了、没有想象中的好等客户感受不好而导致的中差评。

③ 服务售后相关问题：售前售后态度反差大、回复不及时，退货退款无法达成共识产生纠纷，出现问题客服不予处理等店铺服务的原因导致的中差评。

④ 恶意中差评。与交易无关的同行或者职业差评师想要勒索而给的中差评。

⑤ 职业差评师。网上有一种专门以给网店差评为手段索要钱财的人，被称为职业差评师。他们为了牟取利益，人为地找一些因素，列一堆不合理的问题，给予商家中差评。

（2）中差评对网店的影响。中差评对网店的影响是非常大的，特别是对等级不高的网店来说，中差评可能给网店带来致命性的打击。中差评对网店的影响主要包括以下4个方面。

① 严重影响转化率。评价是潜在客户挑选商品时的一大考虑因素。如果某个热销商品中出现几个中差评，会严重影响潜在客户的购买欲望，使本来打算购买该商品的潜在客户放弃购买行为，导致商品转化率下降，使网店盈利受到损失。

② 影响商品搜索排名。商品好评率的高低对商品的自然搜索排名有很大的影响。一般来说，中差评越多，好评率越低，搜索排名越靠后，导致商家在其他同类商品竞争中处于劣势。

③ 影响活动。淘宝中很多活动都对商品的好评率有一定要求，如聚划算、天天特价等要求DSR评分每一项不低于4.6分。活动是宣传推广网店和商品的重要途径，不仅可以引入大量的流量，提高网店商品的销量，对网店的形象也起到一定宣传作用。若无法参加这些活动，网店的发展将受到限制。

④ 资源浪费。网店的竞争越来越激烈，推广成本也越来越高，为了使自己的商品让更多客户看到，网店还要花费巨额引流成本，这些流量吸引来的潜在客户如果因为商品中差评而流失，将造成网店巨大损失。

（3）中差评的处理。当店铺出现中差评时，卖家一定要第一时间通过客户的评价内容判断出是什么导致了中差评，并且根据中差评的原因，及时联系客户，快速给出解决方案。根据淘宝网的评价管理，在客户对某笔订单做出评价后的30天内，客户可以对中差评进行修改或删除。要注意，好评和店铺评分一旦做出均不可再修改或删除。中差评的修改路径是"我的淘宝"—"我的评价"—"给他人的评价"。评价修改或删除后即时生效，页面显示会有30分钟的滞后。中评或差评只能修改为好评或删除，且只有一次机会，如差评修改为好评后，将不能再删除或修改。

对于恶意的中差评，如竞争对手中差评，就要通过专业话术进行回复，让关心评价的客户知道这个中差评是恶意的，而不是由于商品质量、服务态度等因素造成的，打消客户对商品和服务本身的疑虑，尽最大努力消除中差评带来的影响；如遇到职业差评师，客服应该以退为进，先假装妥协，然后搜集聊天记录后进行投诉。同时，客服还可以通过一些专业话术进行解释，揭露这些不法利益者的行为，增加客户购物的信心。

（4）中差评处理注意事项。卖家客服在修改中差评时还需要注意如下一些细节。

① 在修改评价前需要看客户和卖家之前的聊天记录，以及客户的评价内容，对客户的性格有一个大概了解，根据客户性格采用其最能接受的态度和方式进行沟通，选择对应的解决方式。

② 不管什么原因，客服都要先致歉。

③ 客户如果答应修改，要保证时效性，及时跟进。

④ 避免和反应过激的客户有言语冲突，最好是安静倾听，然后协调。

⑤ 无论客户是否答应修改中差评，客服都要表示感谢，并对麻烦客户帮忙修改中差评一事表示歉意。

（5）中差评回复。很多时候，店铺里总会有部分中差评是无法修改或删除的，原因可能是联系不上客户，或者和客户协商不一致。这个时候，作为客服，必须做的一项工作就是对中差评的回复解释。对中差评回复解释时需要注意的是根据中差评的原因，有针对性地回复客户，因为这也能打消后面看到该中差评的其他客户的顾虑，避免中差评影响产品的转化率，把解释变成宣传的机会。中差评回复解释如图2-21所示。

买了这么多年的[redacted]这次还真的搞笑，S面霜图片上写的赠礼至臻系列小样，物品是3700，用款后3500，那首先你的物品达不到这个价格的赠礼，为什么要写上去，首先写的实际付款3880送至臻，我自己又在预售里买了套花香拼单，预售界面点进去就是付款，两笔预售我付款完了，实际订单金额4000多，却说我没合并付款？搞笑吗？你上面哪句话写了要合并付款，明明写的实际付款，那我的不是实际付款4000多？专柜买送护理，买官网不就是比专柜多点小样，你们这样玩套路的吗？以后不会再买官网了，专柜一样香，服务态度还比你们好

06.06

解释：尊贵的顾客，感谢您的选择！非常抱歉未能给您带来美好的感受，查看您的订单详情后了解到我们售后专员已经为您跟进解答回复。同时我们悉心听取您的声音，重视您在线上购物时的体验，后续会加强改进为您带来高效的体验。【[redacted]官方旗舰店】

图2-21　中差评回复解释

六、售后客服处理禁忌

对于网店来说，售前客服是提高网店转化率的关键，但是售后客服能起到提高客户回购率和维护网店形象的作用，同样也很重要。有些客服由于不小心触碰了禁忌点，导致售后问题升级，那么售后客服在工作过程中应该要注意些什么样的禁忌呢？

1. 客服要温柔，不能有情绪

客服会遇到形形色色的客户，尤其是售后客服，接待的客户大多都是带着情绪来的。客服一定要管理好自己的情绪，在遇到脾气不好的客户时，要做的不是回骂，而是以理服人。

2. 不要随意给出承诺，但要信守承诺

客户购买商品后，最关心的就是快递是否及时送达。售后客服对于快递送达时间的回答不能过于精准，可以用“没有特殊情况下、大概、左右”等不确定词语回复，不要因为一句话把自己的后路堵死。除非客户购买了准时保险，否则不要随便给客户承诺。

3. 不能乱说极限词，要用含蓄的词语表达

作为一个售后客服，对极限词必须做到了如指掌，如“最、第一、最佳”等。使用这些没有数据证明的极限词，属于夸大宣传，一旦客服说出口就违反了广告法，违反后容易被客户举报、被平台处罚。所以淘宝客服在沟通时，一定切记千万不要说出极限词。

4. 中差评不能不处理，但要处理得当

大家都知道售后问题是一大难题，处理不好容易引发投诉和差评。客服一定先了解情况再处理，对于不能及时处理的问题也要告知客户售后时间。若售后问题一直未被解决，就需要持续关注售后解决进程，催促尽快解决。

5. 尽量不用专业术语，语言通俗易懂

很多售后客服为了展示自己的专业性，在和客户沟通时会用专业术语，其实效果并不好，专业术语会让客户感觉自己是在和机器人对话，有种被看不起的感觉。毕竟很多购买商品的客户只是想使用商品，对商品的制作过程和一些专业术语并不了解。

实践中，售后客服禁忌远不止这些，在这里提醒所有的售后客服做好客服工作并不简单，一定要谨慎。

直通职场 2-2

网店客服应具备的品格素质

作为一名网店客服，除了要具备基本的心理素质外，良好的品格素质也是不可缺少的，如爱岗、真诚待人、敢于担当等。爱岗：一名优秀的网店客服应该对其所从事的客服岗位充满热爱，忠于网店事业，兢兢业业地做好每件事。真诚待人：网店客服每天可能会面对形形色色的客户，有的下单爽快，有的不懂网购，有的会不断提出各种问题。无论对待何种类型的客户，网店客服都要不厌其烦地去处理，真诚对待每一位客户，并为每位客户提供令人满意的服务。敢于担当：敢于担当也是网店客服不可缺少的品格素质。网店客服在与客户沟通时，难免会有说错话或者给客户解答错误的时候，一旦出现这种情况，逃避或推卸责任都是不理智的做法。此时，网店客服要直面问题，敢于担当，一个真诚的道歉或许就能消除客户的不满，并获得客户的原谅。

思政园地

明天的中国，力量源于团结

“明天的中国，力量源于团结。”新年前夕，国家主席习近平发表二〇二三年新年贺词，从波澜壮阔的历史长河中，总结“一代又一代人接续奋斗创造了今天的中国”，强调“我们要一往无前、顽强拼搏，让明天的中国更美好”。回望过往的奋斗路，我们依靠团结奋斗创造了辉煌历史；眺望前方的奋进路，在党的旗帜下团结成“一块坚硬的钢铁”，无数个“我”将凝聚为休戚与共、息息相关的“我们”，无数蜿蜒小溪将汇聚成新时代中国的大江大河。

走过2022年，在时代前行的足迹里，“同舟共济、众志成城”的团结奋斗，总能激发无坚不摧的中国力量。面对疫情，从耄耋院士到90后、00后青年，医无私，兵无畏，民心齐，党员干部冲锋在前，社区工作者奋战一线，形成了抗击疫情的强大合力；奥运圣火再次闪耀北京夜空，背后是全部参与者“一刻也不能停，一步也不能错，一天也误不起”的共同努力，是志愿者和工作人员“困难再多也嚼嚼咽了，一切付出与奉献都值得”的一起坚守；天和、问天、梦天在太空中呈现一场场高难度的“太空之吻”，构筑中国人自己的“太空之家”，背后是政府部门、企业、高校、科研机构多方参与、深度融合，用高效协同激发创新活力。波涛蓄势，起于涓滴之力；事业成败，在于人心聚拢。可以说，无数人的辛勤付出和汗水，凝结成今天来之不易的成绩；广大干部群众继续手拉着手、心连着心一起向未来，将创造明天的更多奇迹。

资料来源 李拯．明天的中国，力量源于团结［N］．人民日报，2023-01-04.节选。

思政元素：团结互助

学思践悟：不论在学习、工作还是生活中，我们都要秉持着团结互助的精神，互相帮助、互相支持、密切配合，关心和帮助他人，处处尊重和爱护他人，大家心往一块想，劲往一处使，这样才能战胜困难，共同进步，共同发展。

项目小结

客户接待是网店客服的重要工作，在充分了解客户接待的流程、掌握客户接待的技巧后，才能正确解决接待过程中出现的各种问题。客服只有掌握了本项目内容，才能做好关联销售、订单催付、售后处理等各个环节，进而提高店铺的转化率、客户回头率。

项目测试

一、单项选择题

1.客户收到产品后觉得不喜欢要退货，通常可以（　　）为由。

A.七天无理由退货　　B.与描述不符

C.做工问题　　D.质量问题

2.商家购买了运费险，退货产生的运费险赔付是（　　）支付。

A.客户　　B.商家　　C.保险公司　　D.快递公司

3.购买（　　）时，建议客户使用购物车。

A.一件产品　　B.两件产品

C.一件以上产品　　D.两件以上产品

4.（　　）不属于天猫一般违规行为。

A.虚假交易　　B.延迟发货　　C.违背承诺　　D.泄露他人信息

5.售后工作是一次交易的最后过程，也是（　　）的开始。

A.保修　　B.安装　　C.再销售　　D.关怀

二、多项选择题

1.客户服务的意义包括（　　）。

A.塑造店铺形象　　B.提高成交率　　C.提高回头率　　D.更好地服务客户

2.客服必备的能力包括（　　）。

A.观察能力　　B.沟通能力　　C.应变能力　　D.学习能力

3.对店铺不利的评价，客服要做出解释，不恰当的有（　　）。

A.交易成功后，客户无理要求退部分货款，因店铺没退，客户给了差评，客服A公布了客户的个人信息，指责客户讹诈货款

B.客户在评价中写衣服尺码标注不准确，收到的衣服比标的尺码大，客服B解释：描述中的尺码为手工测量，允许有2~3cm误差，在国家标准误差范围内

C.客户在评价中写道："快递速度慢，且服务不好。"客服C解释快递公司不是他们开的，所以干涉不了快递公司的事，请客户多担待。

D.客户在评价中写道："东西还不错，就是价格太贵了。"客服D解释一分价钱一分货，要便宜，去别人家买。

4.搞活动的时候客户关注的问题包括（　　）。

A.产品情况　　B.物流情况　　C.售后情况　　D.纠纷情况

5.（　　）属于产品知识范畴。

A.规格型号　　B.风格潮流　　C.材质面料　　D.功效功用

三、判断题

1.在进行交易的过程中，如果客服与客户存在不同的看法，可以进行建议，改变客户的想法。（　　）

2."说"和"问"是在推荐产品时候最重要的两个技巧，应该用"说"来结合

"三分问、七分听"的方式，去引导客户表达出他内心真正的想法和需求。（　）

3.一名优秀的客服，除了能解决纠纷并提出客户所认可的解决方案，还要对纠纷处理进行跟踪调查。（　）

四、简答题

1.简要回答客服关联销售的流程。

2.简要回答订单催付五部曲。

五、实训题

1.关联营销场景训练

任务目标：

（1）能根据常见关联营销场景，从客户角度挖掘关联营销相关问题；

（2）能针对关联营销问题设置关联营销话术，并完成关联营销场景训练。

任务背景：

李然通过淘宝生意参谋对店铺的运营数据进行分析，发现近1个月的人均成交件数为1.1~1.3件，客单价为70~100元，相较于同级别、同类目的其他店铺客单价略低。近1个月的人均成交件数为1件左右，说明关联营销做得不好。通过与同行业的比较，店铺页面的关联营销设置没有任何问题。问题在于店铺客服没有关联营销意识，沟通过程中不能激发客户的进一步需求。

于是，李然决定从替代关联、互补关联、潜在关联三个方面入手，丰富、优化关联营销话术库，帮助客服提升关联营销技能，提高店铺的客单价。

任务分析：

因为线上获客成本越来越高，所以如何让有限的流量贡献更大的价值成为每个店铺追求的目标。而提高客单价最直接、最有效的方法就是关联营销。

替代关联通常刺激客户对同款商品一次买多件，主要面向的是犹豫不决的感性客户，以引起客户对商品的注意。互补关联强调搭配的商品和主推商品有直接的相关性，以唤起客户对同场景商品的需要。比如，主推商品是拉杆箱，那么可以搭配双肩包等同场景商品。潜在关联重点是强调潜在互补关系，在推荐过程中不仅要考虑商品之间的共性，还要站在客户的角度考虑是否实用。

任务操作：

（1）确定关联商品。通过分析替代关联、潜在关联以及互补关联的使用条件，确定店铺中的5种商品之间的关联方式，见表2-5。

表2-5 **店内商品关联方式分析表**

商品	单肩包	双肩包	手提包	拉杆箱	钱包
单肩包	—				
双肩包		—			
手提包			—		
拉杆箱				—	
钱包					—

（2）分析关联营销话术内容。根据不同的关联营销适用的条件，分析每种关联营销场景话术的构成要素，见表2-6。

表2-6 **关联营销场景话术内容要素表**

关联营销场景	替代关联	潜在关联	互补关联
考虑要素			

（3）关联营销场景训练。围绕关联营销的使用场景，从客户角度拓展相关问题，设置有情感的营销话术，提高智能回复话术精准率和商品的客单价，见表2-7。

表2-7 **关联营销场景训练表**

<table>
<tr><td colspan="2">问题场景：替代关联</td></tr>
<tr><td>问题列表</td><td>回复话术</td></tr>
<tr><td></td><td rowspan="3"></td></tr>
<tr><td></td></tr>
<tr><td></td></tr>
<tr><td colspan="2">问题场景：互补关联</td></tr>
<tr><td>问题列表</td><td>回复话术</td></tr>
<tr><td></td><td rowspan="3"></td></tr>
<tr><td></td></tr>
<tr><td></td></tr>
<tr><td colspan="2">问题场景：客户咨询活动商品</td></tr>
<tr><td>问题列表</td><td>回复话术</td></tr>
<tr><td></td><td rowspan="3"></td></tr>
<tr><td></td></tr>
<tr><td></td></tr>
</table>

2.评价问题场景训练

如果客户给了好评，说明客户对本次购物比较满意。如果客服能及时回复，客户会感到被重视，并且有可能成为店铺回头客。如果客户给了差评，就说明客户对本次购物不满意，客服应及时与客户沟通，了解差评原因，并采取相应改进措施，提升商品质量与服务质量，避免后续再出现中差评，见表2-8。

表2-8 **评价问题场景训练表**

问题场景：好评	
问题列表	回复话术
问题场景：中差评	
问题列表	回复话术

任务思考：如何打消客户对售后服务的疑虑？如何有效避免客户的中差评？

项目三
维护客户关系

学习目标

知识目标：

- 了解CRM的概念，明确CRM的发展前景；
- 认知CRM的重要性，熟悉主流客户互动平台；
- 掌握客户分组的方法及其流程；
- 了解客户关怀的重要性。

技能目标：

- 能够利用主流客户互动平台对客户进行维护；
- 能够根据不同标准对客户进行分组，根据客户的不同等级进行营销；
- 能够根据客户情况对客户进行个性化的客户关怀并进行营销；
- 能够利用专属客户与客服维护客户关系。

素养目标：

- 培养"客户至上"的服务理念；
- 培养爱岗敬业、团结互助、开拓创新的职业素养。

【知识导图】

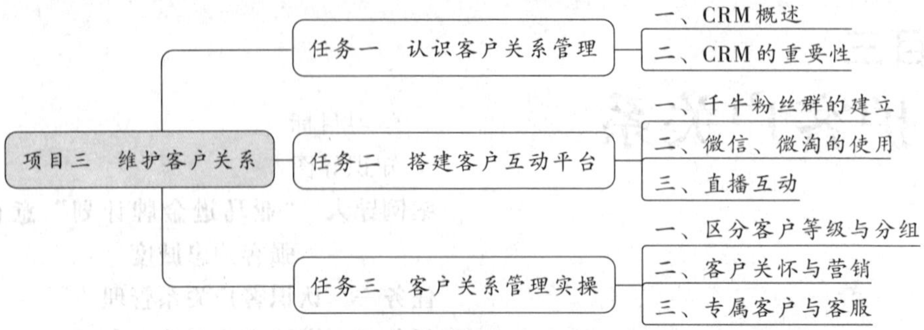

【案例导入】

“亚马逊金牌计划”意在增强客户忠诚度

露丝·廷斯利（Ruth Tinsley）是亚拉巴马州伯明翰市一名平面设计师。2021年，她的生活迎来两大重要变化。12月，廷斯利生了一对双胞胎女儿。几星期后，她注册成为“亚马逊金牌计划”（Amazon Prime）的会员。按照这一计划，廷斯利只需向亚马逊公司交付几十美元的年费，即可享受两天内保证送货到家的免费邮寄服务。两个转变加在一起，让廷斯利成为亚马逊网购的忠实客户，电脑软件、珠宝首饰盒以及生日礼品都是她的选购目标。她2022年在亚马逊的网购活动就像是一头扎进了“购物节”，一共买了150件商品。2020年，她只从这一网站购买了82件商品。“现在，只要我从别处得知了什么好东西，总会先去看看亚马逊网站上有没有。”廷斯利说。

案例分析：在电子商务乃至整个零售领域，“亚马逊金牌计划”可能是最明智、最行之有效的增强客户忠诚度的项目。这一计划让那些像廷斯利一样漫不经心的购物者转变成亚马逊的“网购迷”，他们近似贪婪地享受着“金牌计划”带来的购物喜悦：下订单不过两天后，选购的商品就能摆在眼前。在财经分析师眼里，“金牌计划”是推动亚马逊股价上涨的主要因素之一。这家公司的股票价格在过去两年中上涨296%，这一计划也是亚马逊销售额上涨30%的主要原因之一。同一期间，其他零售商饱受经济不景气之苦。同时，事实证明“亚马逊金牌计划”极难被竞争者复制：亚马逊公司应有尽有的选购商品类别、低廉的价格、广泛的第三方供货网络和遍布各地的配送系统等优势在这一计划中发挥得淋漓尽致。

任务一　认识客户关系管理

随着电子商务的发展，人们选择可替代商品的成本越来越低，客户的忠诚度和黏性逐渐降低，怎么留住老客户并提高老客户的忠诚度，是各商家最头痛的问题，基于此，客户关系管理越来越受到重视。

一、CRM概述

1. CRM的概念

客户关系管理（Customer Relationship Management，CRM）的概念产生于美国，由Gartner Group公司首先提出，20世纪90年代以后伴随着互联网和电子商务的大潮得到了迅速普及。它是指企业为提高核心竞争力，利用相应的信息技术以及互联网技术协调企业与客户在销售、营销和服务上的交互，从而提升其管理方式，向客户提供创新式的个性化客户交互和服务的过程。

微课3-1

CRM概念

无论如何定义CRM，“以客户为中心”都是CRM的核心所在。CRM通过满足客户个性化的需要、提高客户忠诚度，实现缩短销售周期、降低销售成本、增加收入、拓展市场、全面提升企业盈利能力和竞争能力的目的。任何企业实施客户关系管理的初衷都是想为客户创造更多的价值，即实现客户与企业的“双赢”。

2. CRM的发展现状

CRM管理理念及其价值被越来越多的企业所重视，自1997年开始，全球的CRM市场一直处于爆炸性的快速增长之中。国内CRM起步较晚，但却依然显示出强劲的发展势头，其显著的价值提升能力已经得到业界的认同，即将进入发展的蓬勃期并将形成新的追踪热潮。一份最近的研究报告显示，在受调查的企业中有2/3以上期望在未来的五年内改变其客户关系的管理模式，而有3/4以上的企业计划集成“面对客户”的信息管理系统。

3. CRM的发展前景

CRM产品的未来走向预测：未来的CRM产品前台和后台的信息系统将进一步融合；呼叫中心的功能将大大扩充，真正地实现电话、网络、E-mail、传真、无线通信、直接接触等的融合，成为联系中心；基于网络的自助服务将成为企业向客户提供服务的重要方式。作为一个跨知识管理、业务运作和电子商务等系统的融合概念，客户关系管理正以前所未有的速度发展，并且扩大着客户群体，在激烈的市场竞争中，CRM正逐渐成为现代企业生存的根本和制胜的关键。

二、CRM的重要性

微课3-2

随着市场竞争的日趋激烈，越来越多的企业意识到了CRM的重要性，借助CRM对企业资源进行有效组织和调配，实现基于客户细分的一对一营销，并以此来提高利润和客户满意度。其最终目标是吸引新客户、保留旧客户以及将已有客户转为忠实客户。

CRM重要性

1. 帮助销售人员更好地开发和维系客户

CRM系统可以设置许多关键字段，包括客户基础信息、交易信息、服务信息等，销售人员只要打开CRM，就可以清晰地看到每个客户的基本特征是什么。在开发的时候就可以根据这些特征分析客户的需求，为其提供针对性的服务，从而提升客户满意度，进而提升成交率和重复购买率。

2. 进行科学的数据分析，帮助企业进行科学决策

数据让管理决策更加科学。CRM的数据分析系统包含了员工线索数据分析、员工客户分析、员工商机分析、销售漏斗分析、商机趋势分析、员工的工作日志/沟通日志/电话记录分析等。系统自动从多个维度、多个方面对数据进行分析，管理人员可以从数据分析的结果得出企业的经营状况以及主要客户的特征，进而对企业下一步的规划做出调整。

3. 提升员工的工作效率

通过CRM的办公管理系统，员工每天都可以自发地添加工作日志，更好地梳理自己的工作，不需要领导进行催促。销售人员也可以自发地添加客户沟通日志，显示客户的沟通状况，便于对客户进行跟进。而领导在后台可以随时随地查看员工的日志，了解其工作开展的状况，无须频繁召开各种会议，也无须向员工索要各种报表。对于外勤工作人员，还可以对其进行定位签到，以及位置轨迹查看，形成一种有效的监督，确保员工是在积极地工作。

4. 帮助企业做好客户关怀，促进二次成交

CRM可以将客户关怀贯穿到售前、售中和售后的各个环节，随时记录客户的需求，服务人员和销售人员都可以从多个维度了解客户，有针对性地开展工作。

任务二　搭建客户互动平台

互动平台是商家和客户沟通交流的非常有效的工具，通过互动平台进行沟通可以有效缩短与客户的距离，提高沟通效率、信息传达时效和客户满意度。

一、千牛粉丝群的建立

千牛群聊是与客户直接沟通，方便发布店铺咨询的一种方式。将群聊做好，再加上其他的一些营销手段，可以达到一种比较好的引流、转化的效果。那么我们应该怎么创建千牛粉丝群呢？其实关于群聊的创建操作起来还是比较简单的，想要创立群来管理和储存粉丝的商家可以进入店铺后台找到客户-社群运营-淘宝群，在淘宝群中填写群聊的相关信息就可以创建成功了。具体步骤如下：

微课3-3

旺旺群、QQ群建立

1. 登录千牛

打开下载好的千牛并登录，进入千牛工作台（如图3-1所示）。

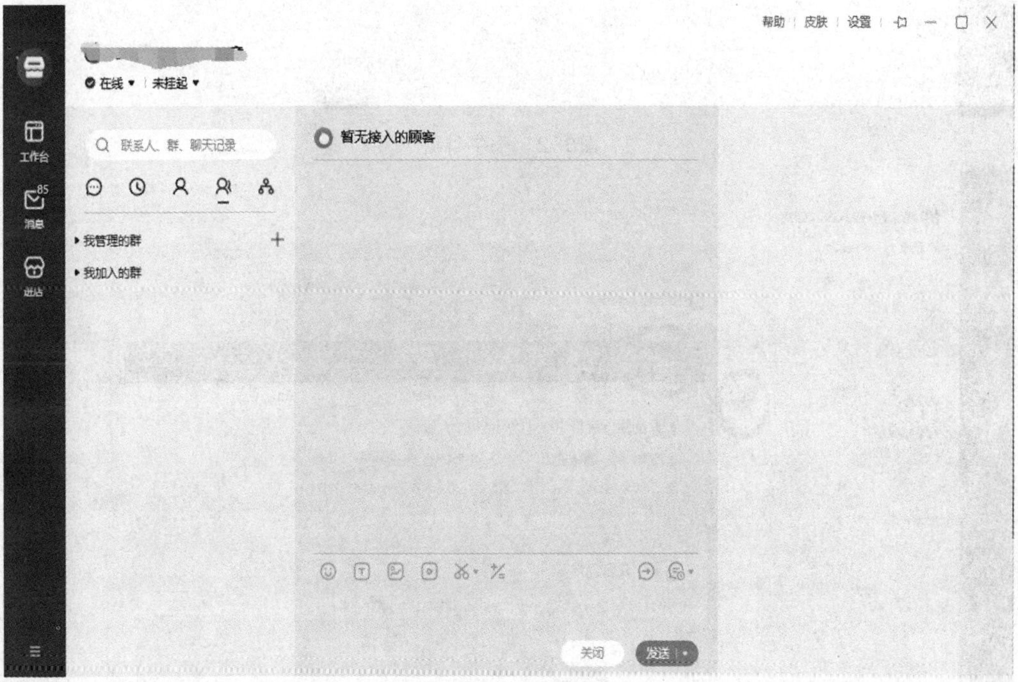

图3-1　千牛工作台

2. 加入群

在好友栏目边上就是群栏目，单击一下，可以看见拥有的群和已经加入的群（如图3-2所示）。

3. 创建群

单击“＋”号将会弹出“创建群”对话框（如图3-3所示）。

图3-2 千牛群聊

图3-3 创建群对话框

单击【开始创建】，弹出“创建淘宝群”对话框，然后进行参数设置。

在创建群的时候需要注意的是：如果你想要创建一个5 000人的群，那就一定要去填写群组。不然系统就会默认为创建10个500人的子群，这样就会分散粉丝，从而不利于管理（如图3-4所示）。

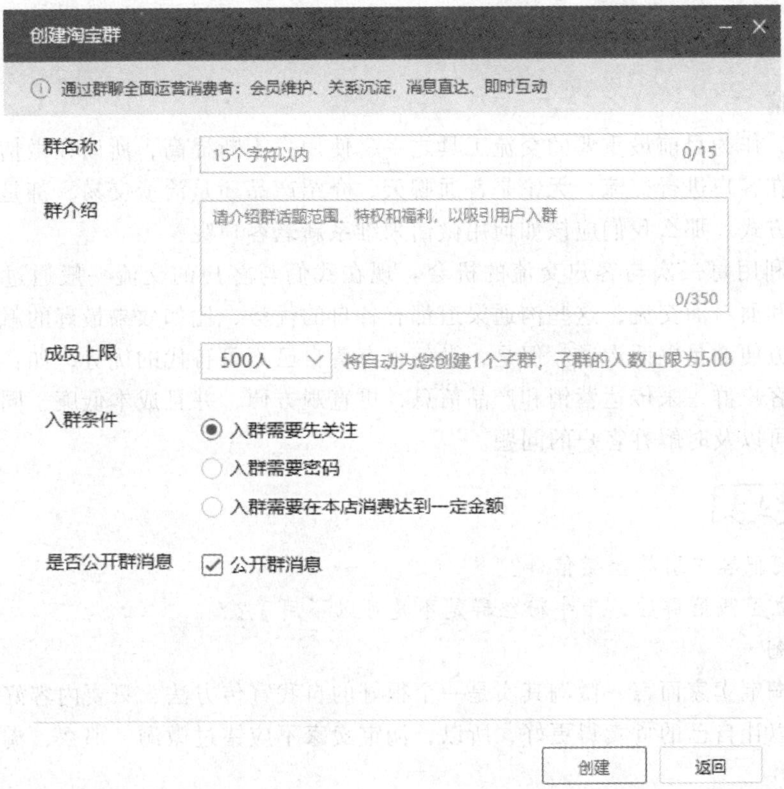

图3-4 群设置界面

在创建群的时候，可以设置进群的门槛，关于这个门槛很多商家都会选择去设置成“消费后进群”。这样在客户付款成功后就可以看到店铺的群聊讯息。加入群聊中的客户基本上都是在店铺进行消费的，对于这种有消费基础的人群可以暂时归纳进有复购潜力的消费人群，再通过群聊的运营，就比较容易打造成店铺的忠实粉丝。在设置的时候，切记不要将消费的金额这个门槛设置得太高，可以根据店铺的实际情况来打造一个进群福利，这样更有利于帮助店铺积累粉丝。

在群聊建成后，群的作用就不仅仅是帮助商家去管理粉丝了，还体现在可以通过群聊进行店铺活动的开展和新品的测款。通过在群里发布新品资讯来测试即将上架商品的潜力值。因为相较于公众流量来说，老客户的反馈还是比较有参考价值的，在群聊人数比较多的情况下，对于想要把新品打造成爆款也是有帮助的。可以通过在群中发布限时活动、老客优惠、粉丝折扣等一些促销活动促进店铺客户来进行二次消费，时间的限制促使客户快速下单。这样可以帮助新品快速地突破销量为0的状态，缩短新品起爆的时间。群聊可以帮助商家与店铺的客户直接对话，方便对客户回访。发布店铺上新预告和相关资讯也能帮助新品快速地进行流量积累，发布店铺活动还可以将活动效果发挥到最好，提升商品的转化率以及粉丝的黏度。

二、微信、微淘的使用

1. 微信

微课3-4

微信的使用

微信，作为目前最重要的交流工具之一，使用率不断提高，所以在微信上与普通客户或潜在客户进行交流，无论是普通聊天、介绍产品还是洽谈交易，都是一种非常好的营销方式。那么我们应该如何用微信来维系新老客户呢？

充分利用每一次与客户交流的机会。现在我们与客户的交流一般通过电话、微信、短信和面对面交流，这些沟通渠道都有各自的优势，比如效果最好的就是面对面沟通，最方便的是电话沟通。但是，微信也有着自己不可替代的优势，如：通过建立粉丝群和客户群，来传达营销和产品信息，更直观方便，并且成本低廉，同时，通过微信群也可以及时解答客户的问题。

课堂讨论3-1

1. 如何把客户引导至微信群？

2. 建立了微信群后，千牛粉丝群是不是可以不用了？

2. 微淘

对于淘宝卖家而言，微淘其实是一个很好的自我宣传方法，只要内容好，运营得好，就可以让自己的货卖得更好，所以，淘宝卖家不应错过微淘，那么，淘宝微淘怎么用呢？

具体操作如下：

（1）我们先申请一个微淘账号，可以直接用自己的淘宝账号开通；

（2）可以先进入账号状态，在我的角色下面【申请认证】，认证通过后会有角色标识，更容易找到合作对象（如图3-5所示）。

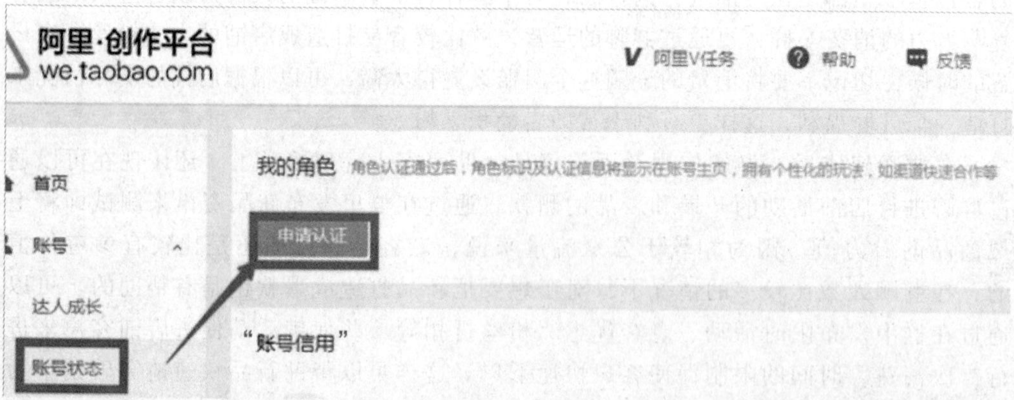

图3-5 申请微淘

（3）可以发布新微淘，可以发帖，比如可以发布商品推荐、店铺推荐等，也可以发布短视频。图3-6所示即为发布短视频的示例。

（4）插入商品可以先点选【素材中心】，找到自己需要的类别，单击【去选品】，选择至少其中的一个，单击【加入我的素材】（如图3-7所示）。

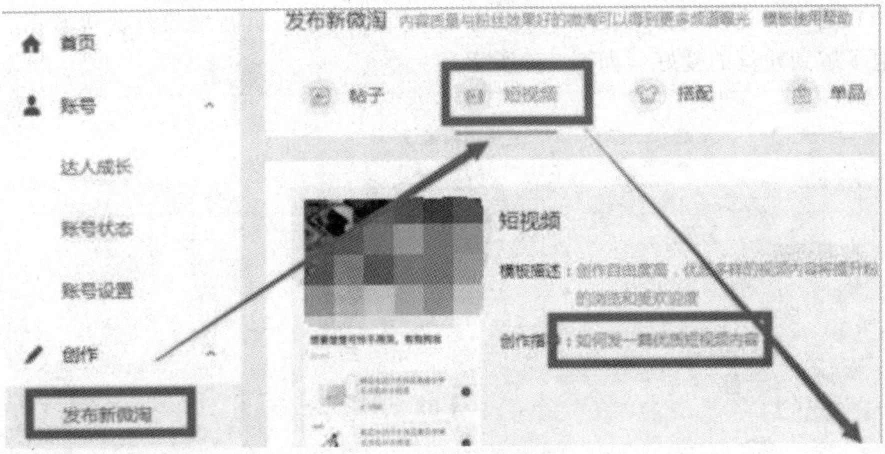

图3-6　微淘发布短视频

图3-7　素材中心

(5) 在【创意中心】中，可以看到粉丝喜欢看的、关注点等数据，根据热词指数可以帮助您创作出更受关注的内容（如图3-8所示）。

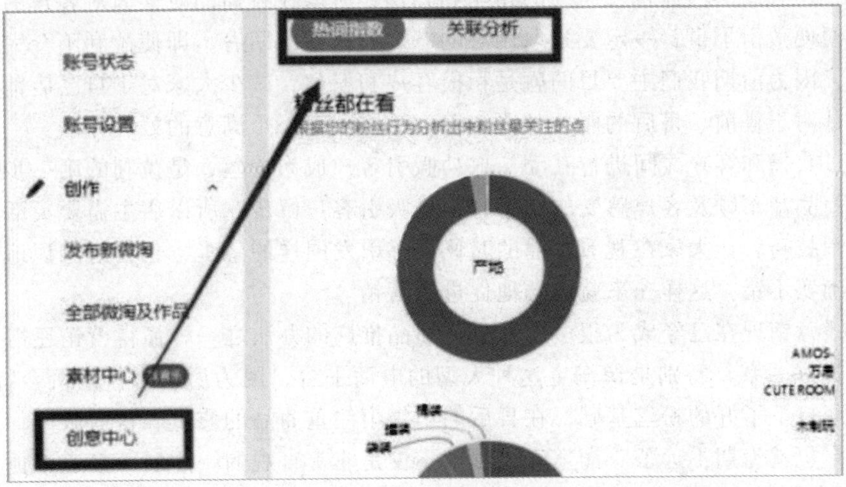

图3-8　创意中心

（6）还可以进入【主页运营】，查看主页点击率、主页新增粉丝数等数据，能够更好地了解到粉丝的爱好（如图3-9所示）。

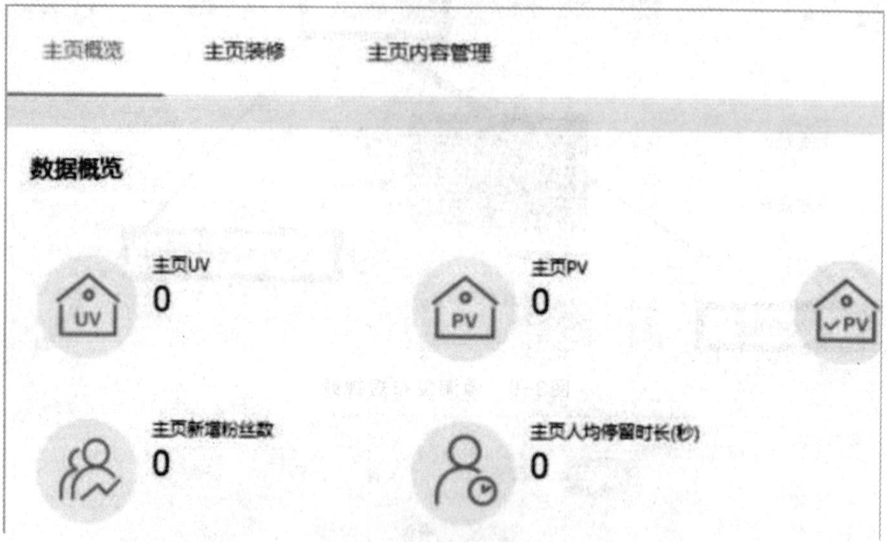

图3-9　主页运营

三、直播互动

现在的淘宝已经今非昔比，它不仅仅可以单纯卖货，还可以通过直播方式拉近和客户的关系。只有和客户建立了良好的合作关系，日后才有助于产品销售，直播恰好是和客户建立良好关系的一种非常有效的沟通渠道，因为直播可以直观地了解到卖家的产品怎么样，所以更能激发人们的购买欲望，客户在使用产品上有什么不明白的地方，卖家也可以通过直播的方式进行详细的解答，及时解决客户的问题，因此有助于卖家维护好与客户的关系。

淘宝店主在淘宝上进行直播营销的时候，利用多种多样的策略不仅有助于快速卖出产品，还有助于增加自己店铺的粉丝和客户，所以在直播的时候面对客户的问题不要随随便便敷衍了事，一定要采取用心的态度和诚恳的回答，即使盈利不会太多也没有关系，因为前期我们主要目的就是积攒客户和粉丝，减少大家对于自己店铺负面的印象，针对于售前、售后的服务都要完善，给予大家一个满意的处理方法。

通过直播和客户之间进行互动，成功吸引客户成为粉丝，是盈利的第一步，一味地推荐商品却不顾及客户感受的商家，很难吸引客户留步，所以店主需要灵活地利用一些营销技巧，让大家在观看直播的时候能够引发同样的感受，也会潜意识地认为你的产品确实不错，这样一来就成功地促进了营销。

直播营销现在已经成为很多商家进行商品推广的办法之一，懂得营销还需要懂得和客户打好关系，特别是像淘宝这种大型的电商平台，因为后续合作的机会特别多，只要前期打下了好的粉丝基础，在日后的销售中注重商品的质量和售后服务，那么下单转化率也就为期不远了。淘宝直播营销不仅是非常直观的一个展示渠道，更是一个维护客户并与客户互动的良好渠道。

任务三　客户关系管理实操

企业的资源往往是有限的，企业要想获得较大的产出，就必须把有限资源更多地投入到能产生较大价值的客户身上。这就是客户分级的思想。

一、区分客户等级与分组

微课3-5

区分客户等级与分组

市场竞争日趋激烈，越来越多的企业把“以客户为中心”作为自己的口号，在研发、设计、市场、销售、服务等各个环节，越来越强调了解客户需求、满足客户需求。但是，客户这么多，需求也各不一样，到底应该以哪个客户为中心？

1. 客户分级管理的定义

“以客户为中心”并不代表以所有的客户为中心。企业的人力、物力资源总是有限的，要实现最大的产出，就必须把资源投入到最能够产生价值的客户身上。

所以客户应该是分层次的，中心也应该是多层级的：具有最大价值的客户在最核心的位置，对他们需求的了解和满足也是最重要的，具有次要价值的客户则处于次核心的位置，对他们需求的了解和满足也处于次重要的位置。这就是所谓“客户分级”的概念。

2. 客户分级管理的应用

客户分级，在平时的生活中，应用非常广泛。信用卡有白金卡、金卡、普通卡，各种会员卡也常常分金卡会员、银卡会员，不同级别的卡代表了不同的客户级别，意味着发卡企业将会提供不同的服务，这些都体现了对客户进行分级管理的思想，客户分级的思想同样适用于电子商务客户关系管理。

小提示3-1

客户这么多，需求也各不一样，到底应该以哪个客户为中心？

- 哪些企业可以考虑进行客户分级；
- 面向已有客户的客户分级和面向潜在客户的客户分级；
- 如何进行客户分级；
- 分级之后怎么办；
- 客户分级和客户分类的区别和联系；
- 客户分级和销售机会分级的区别和联系；
- 客户分级和营销团队建设。

3. 进行客户分级管理的条件

只要满足以下三个条件，企业就可以考虑对客户进行分级管理：

（1）客户数量已经超出营销管理者所能管理的幅度。就像企业内部管理存在最佳管理幅度一样，对客户的管理也存在着管理幅度，即管理者所能够进行有效的营销管理的客户数量。

一个营销管理者所能够管理的客户幅度是有限的，超过管理幅度的客户需要通过客户分级分配给企业内部不同层级的人员去开发或维护。其中，最重要的客户可能由营销管理者亲自主导销售或提供服务，或者由最高水平的销售人员、服务人员进行销售或服务，同时营销管理者会重点关注，而较次要的客户则可以交给次一层次的销售人员或服务人员。

行业不同、产品或服务不同、面向的客户不同，企业营销活动的复杂性也差别巨大，营销管理者所能管理的幅度也会相应不同。营销活动越复杂，营销管理者的管理幅度就越小。一般来说，就单笔交易而言，对企业客户的营销活动比对个人客户的营销活动复杂，针对工业品/工业服务的营销活动比针对消费品/消费者服务的复杂，耐用消费品的营销活动比快速消费品的复杂。

（2）同一客户可能带来两次或两次以上的销售或服务。如果一个客户的销售或服务机会只有一次，那么客户分级就转变为销售机会分级或服务机会分级，客户的价值也等同于销售机会的价值或服务的价值。

只有客户可能带来两次或两次以上的销售或服务时，客户价值才会不同于单个销售机会和服务机会的价值，才会需要对客户进行专门的分级。

（3）不同客户间的价值差异明显。客户分级的主要目的在于区别出价值最大的客户，客户价值的层级差异越明显，客户分级的意义也就越大。反之，如果客户之间的价值差异不大，则客户分级就不必要了。

不同企业的客户分级可能有两种情况，分别是面向已有客户的客户分级和面向潜在客户的客户分级。对于前者而言，可能只有成交的客户才叫客户，才会进入他们的分级体系，对于后者来说，从被企业作为开拓业务和进行销售的对象开始，（潜在）客户就已经被分级了。其具体情况如下：

其一，为提高客户满意度、忠诚度而进行的分级，主要面向已有客户。在这种情况下，企业在经过初创时期大量拓展新客户的阶段之后，会将更多的精力花费在存量客户身上。为了区别不同存量客户的价值，保证重点客户重点维护，很多企业会考虑建立客户分级。

实施和应用已有客户分级的部门，主要是企业内的服务性部门，包括以服务为主要交付物的企业中的服务提供部门，也包括以产品为主要交付物的企业中的商务部门（如保证更短的交货期、提供货到付款或信用期等更优惠的商务条款）。

其二，为提高成交概率，保证销售资源利用效率的分级，主要面向潜在客户，某些企业与客户建立关系和达成交易的过程非常复杂，这体现在时间长、参与人员多、资源投入大等多个方面。为了保证资源投入的有效性，避免大量销售投入花费在无效或低产出的客户身上，这些企业可以考虑对潜在的客户进行分级，分析其潜在价值，对重点潜在客户重点攻关，对次要客户一般攻关。

实施和应用潜在客户分级的部门，主要是企业的销售部或市场部（在不同企业，因为提供产品或服务的不同，提供方式的不同，对应部门的名称也各异）。

如果企业与客户的交易只是一次性的，那么对潜在客户的分级就等同于对销售机会或服务机会的分级。如果企业与客户的交易是多次性的，那么为了建立客户关系和达成初次交易而进行的潜在客户的分级，也可能在成交之后，变成已有客户的分级。

4. 进行客服分级及其管理方法

同样是客户分级，面向已有客户的客户分级和面向潜在客户的客户分级的区别在于，前者通常以客户已经创造的价值为依据，常常有现实的交易数据作客户价值判断的客观基础，而后者主要以客户未来可能创造的价值为依据，更多的是对客户需求的主观分析。如下案例：这是一个淘宝卖家近3个月交易的客户数据（如图3-10所示），卖家根据客户的黏性、客单价对客户分了五个等级并进行相应的客户营销：

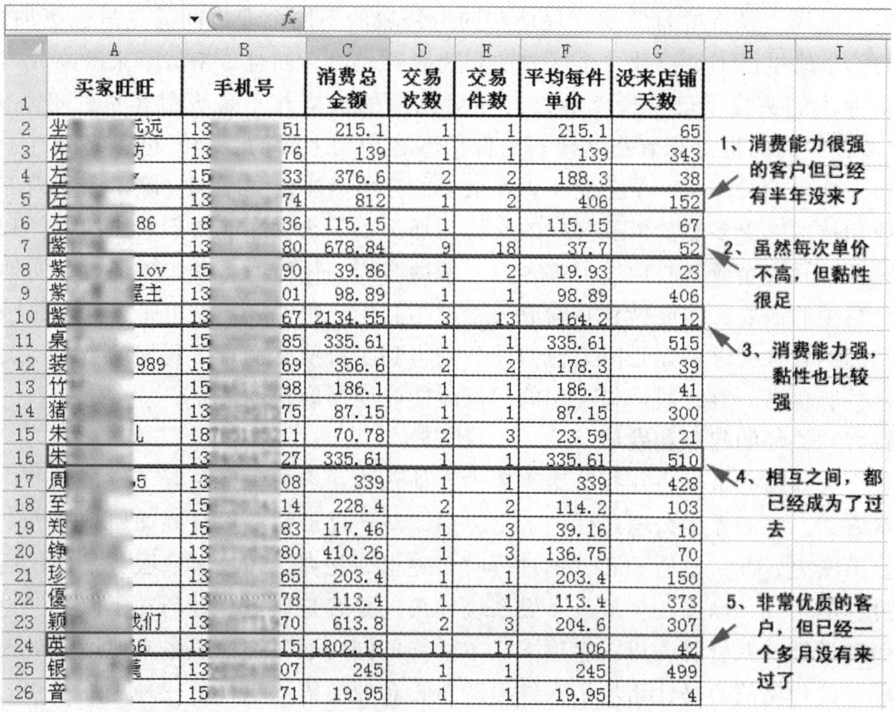

	A	B	C	D	E	F	G
1	买家旺旺	手机号	消费总金额	交易次数	交易件数	平均每件单价	没来店铺天数
2	坐[redacted]远	13[redacted]51	215.1	1	1	215.1	65
3	佐[redacted]	13[redacted]76	139	1	1	139	343
4	左[redacted]	15[redacted]33	376.6	2	2	188.3	38
5	左[redacted]	13[redacted]74	812	1	2	406	152
6	左[redacted]86	18[redacted]36	115.15	1	1	115.15	67
7	紫[redacted]	13[redacted]80	678.84	9	18	37.7	52
8	紫[redacted]lov	15[redacted]90	39.86	1	2	19.93	23
9	紫[redacted]主	13[redacted]01	98.89	1	1	98.89	406
10	紫[redacted]	13[redacted]67	2134.55	3	13	164.2	12
11	桌[redacted]	15[redacted]85	335.61	1	1	335.61	515
12	装[redacted]989	15[redacted]69	356.6	2	2	178.3	39
13	竹[redacted]	15[redacted]98	186.1	1	1	186.1	41
14	猪[redacted]	13[redacted]75	87.15	1	1	87.15	300
15	朱[redacted]	18[redacted]11	70.78	2	3	23.59	21
16	朱[redacted]	13[redacted]27	335.61	1	1	335.61	510
17	周[redacted]5	13[redacted]08	339	1	1	339	428
18	至[redacted]	15[redacted]14	228.4	2	2	114.2	103
19	郑[redacted]	15[redacted]83	117.46	1	3	39.16	10
20	铮[redacted]	13[redacted]80	410.26	1	3	136.75	70
21	珍[redacted]	13[redacted]65	203.4	1	1	203.4	150
22	優[redacted]	13[redacted]78	113.4	1	1	113.4	373
23	颖[redacted]们	13[redacted]70	613.8	2	3	204.6	307
24	英[redacted]6	13[redacted]15	1802.18	11	17	106	42
25	银[redacted]	13[redacted]07	245	1	1	245	499
26	音[redacted]	15[redacted]71	19.95	1	1	19.95	4

图3-10　某店铺近3个月的客户交易数据

第一级是客单价高、黏性强的客户；第二级是客单价高、黏性一般的客户；第三级是客单价低，黏性强的客户；第四级是客单价高但是没有重复购买的客户；第五级是客单价低、黏性弱的客户。针对于不同级别的客户进行如下维护：

第一级客户是店铺非常优质的客户。卖家要花费更多的心思来维护这类客户，卖家每月都会给客户提供相应面值的优惠券，并提醒客户优惠券即将到期，促使客户购买；针对第二级客户，卖家把他们直接定义为"皇冠会员"，在客户过生日的时候送上生日礼物，并给予八折优惠；针对第三级客户，卖家每次会把打造爆款的信息发送给他们；第四级客户消费能力高，但是没有回购，卖家会借"双11"或者平台一些大型活动的机会，向客户发送优惠和促销信息唤醒客户购买；第五级客户对于店铺的价值有限，卖家会根据需要发送促销信息，来促进客户等级的转化。

5. 客户分级和营销团队建设

前面提到，如果一个客户的销售或服务机会只有一次，那么客户分级就转变为销售机会分级或服务机会分级，客户的价值也等同于销售机会的价值或服务的价值。

客户分级往往带来组织的差异化，常见的一种情况就是由不同水平的人员担任不同类别客户的客户经理，客户级别越高，对负责该客户的售前、产品和服务提供、客户关系维护的人员能力要求就越高。

所以实际上，客户的分级也对应着销售或服务人员的分级，而这种分级其实也可以是营销团队管理的一种方式，是营销团队建设的一种架构。

二、客户关怀与营销

微课3-6

客户关怀与营销

当今时代，经济的日益发展促使在同一领域的不同企业之间的竞争也更加激烈，传统的价格战早已不足以让一个优秀的企业脱颖而出，而且价格战带来的高成本往往也让企业家们头痛不已。所幸的是，相对低廉的价格并不是吸引客户的唯一因素，“客户关怀”的问世意味着在这样一个都信奉客户为上帝的企业圈里，终于有了对客户更加人性化的关怀。一个企业要想在众多的竞争者中屹立不倒，除了公司内部的优秀管理和技术，更多是要依靠客户的支持，那么要怎么做才能得到客户的信任和支持呢？关怀。只有企业真心地去了解客户，帮助客户，用实际行动去关怀，务实地去了解客户真正的需要，才能做到有的放矢，物尽其用。都说客户是上帝，并不是因为他们是我们的衣食父母，而是因为他们使我们得到了价值，实现了我们的目标。关心客户就是关心自己，有时候一句小小的问候就能改变与客户的关系。

1. 客户关怀的起源和发展

客户关怀理念最早由克拉特巴克提出，他认为：客户关怀是服务质量标准化的一种基本方式，它涵盖了公司经营的各个方面，从产品或服务设计到如何包装、交付和服务。事实上，在讨论后勤和营销过程时，克里斯托弗论述：客户服务是连接后勤和营销过程的主线，原因在于最终后勤系统输出的是客户服务。技巧在于以某种方式管理营销和后勤这双臂膀，以图在追求成本优势的同时通过客户服务来使增值最大化。

单一的价格战容易让市场陷入红海竞争，企业急需寻求另外一种更加平和的竞争方式，一些跨国性质的大公司率先开始掠夺客户资源，它们设立了单独的客户关怀部门，利用数据库存储所有客户及潜在客户信息，分析客户偏好，在合适的时候推荐合适的产品，目的是在留住老客户的同时抢夺更多新客户。这明显缓解了价格战带来的恶性循环。

随着客户管理体系不断完善，客户关怀的门槛逐步降低，在互联网发达的今天，小公司、个体商户也开始花费较小的成本更细致地管理自己的客户，一系列店铺管理软件、会员管理软件直接推动了客户关怀的普及，其中比较有代表性的软件是“生意专家”，这是一款综合的店铺管理软件，帮助店主记账并且分析记账数据，找出会员的消费喜好，将会员管理与短信营销功能相结合，让店主能够在客户生日当天第一时间送上祝福。

2. 客户关怀的目的

（1）提高客户忠诚度。客户关怀能够有效提高客户消费体验，具体表现在以下几方面：①高度满意的客户会更加、更久地忠实于企业；②主动尝试企业更多的新产品并购买价值更高的产品；③对企业及其产品说好话，形成良性口碑；④忽视竞争品牌及其广告并对价格变化反应平淡；⑤由于更加熟悉以及交易的程序化而降低服务成本。

（2）延长客户生命周期。所谓客户生命周期指一个客户对企业而言是有类似生命一样的诞生、成长、成熟、衰老、死亡的过程。成长、成熟和衰老这三个阶段往往伴随着消费，尤其是成熟期，是客户消费的黄金时期，有效延长客户生命周期将提高客单价，从而提高总盈利。

（3）改进产品和口碑传播。忠实客户是最好的产品设计师，通过使用产品，他们会发现那些不好用、不方便的地方，客户关怀其实为企业建立了聆听建议的渠道，让企业发现改进空间，设计出更符合客户要求、更有市场的产品。也可以称之为品牌效应。当你的产品或服务超出了客户的期望，他们会习惯性地向周围的朋友分享。很显然，熟人传递的产品信息更加可信，成交概率也更高。

3. 客户关怀方案

客户关怀管理真正体现了“以客户为中心”的现代经营理念，贯穿了电子商务客户关系管理的所有环节，也是增强客户满意度与忠诚度、实现可持续发展的基本要求。

（1）短信关怀。收集客户使用情况的数据，在特定的节假日、天气变化的日子、客户生日当天发送短信祝福，力求在产品和客户之间建立、保持和发展一种长期、良好的氛围，增强客户对产品服务的满意度。

例如：

中秋节：让最圆的明月陪伴你和我，让明月传达我的心愿与祝福……母婴乐园祝您中秋佳节快乐，月圆人圆事事圆满！大寒：过了大寒，又是一年；新的一年，钞票大赚；健康身体，开心笑颜；烦恼不找，幸福无边；好事不断，福运连连。母婴乐园提醒您，大寒将至，注意保暖。

此外，还可以结合本地一些新闻热点甚至针对客户的年龄、性别、职业等更有针对性地发送关怀短信。

（2）电话关怀。通过电话回访与客户深入沟通，倾听客户的意见，随时关注客户的新需求，挖掘客户更多更深层的功能，为客户提供更多更新的功能，保持长久友好、激励的氛围。我们在做电话关怀的时候，如果不注意方式方法，不仅起不到好的效果，反而会让客户产生反感，因此一定要找到好的切入点。如：母婴乐园的核心是“健康”，我们就可以根据最新的健康咨讯，或者客户本身的一些健康问题展开，这样电话关怀的效率就达到最大化了。

（3）优惠关怀。在一些有特殊意义的日子，如母亲节、产品几周年庆典等推出开通返利的优惠活动。如：开通3个月返10元话费，赠送其他的增值业务，开展一些公益性的知识讲座，等等。

制订、执行客户关怀计划，反映企业对客户的关怀情况，了解客户对产品的反馈意见，并对客户的反馈意见进行处理，可以降低客户的退订率，同时借助关怀活动，增进客户关系，为业务的开展提供一个良性平台。

课堂讨论3-2

1. 客户关怀方式还有哪些？

2. 在客户关怀时，有哪些方面需要规避？

4. 客户关怀管理

在以客户为中心的商业模式中，客户关怀是客户维护的重要方面。随着竞争的日益激烈，企业依靠基本的售后服务已经不能满足客户的需要，必须提供主动的、超值的、让客户感动的服务才能赢得客户信任。

有一个真实的故事：苗先生在某国攻读博士，不久后他的妻子前往伴读，半年后，他的妻子怀孕了。在临产前的3个月内，他家定期收到附近一家商场的有关孕妇用品的广告，孩子出生前后那几天，又陆续收到婴儿用品广告及免费试用的几种小包装奶粉。苗先生对此很奇怪：来美国时间不长，常来往的也只有几个中国人，当地的商家是如何得知他妻子怀孕的呢？后来才得知，他妻子常去购物的这家商场，是根据她以前购买卫生巾的频率及间隔这么长时间没有购物的记录，而推断出她怀孕的。这简直太贴心了！苗先生夫妇深受感动，从此成了该商场的固定客户。

这个故事实质上表明了客户管理中的客户关怀就是对客户细微的关心，不仅表现在厂家对客户言语上的关心，更表现在行动上的关心，这才真正体现了客户管理营销"想客户之所想"的思想。客户关怀发展的最初领域是服务领域。由于服务的无形特点，注重客户关怀可以明显地增强服务的效果，为企业带来更多的利益。于是客户关怀不断地向实体产品销售领域扩展。

中国有一句古语："投其所好。"这句话用在客户关怀上最贴切。企业要对客户表示关怀，一定要分析客户的需要与偏好，在营销活动的不同时期围绕客户需要与偏好，提供有针对性的关心。

企业应该根据自身产品的特点，制定自己的关怀策略。企业应该区分不同规模、贡献层次、地区甚至民族、性别，采取不同的策略，从关怀频度、关怀内容、关怀手段、关怀形式上制订计划，落实关怀。例如：企业为金牌客户每年安排一次旅游，为银牌客户送上节日礼品，为普通客户发送贺卡等，体现关怀的区别。例如：北京云峰营销管理公司在为南阳红都做策划的时候，就注意从客户关怀着手进行客户关怀管理。从客户数据库中了解到客户的生日、结婚纪念日等信息后，就把握时机为客户送上祝福，加强与客户的情感交流。以下是为客户送上的结婚纪念日祝福的内容：

尊贵的××先生和××太太：

你们好！

有了爱情的生活总是灿烂而忙碌的，不知不觉一年过去了，今天是一个值得用美酒和鲜花纪念的日子——你们的结婚纪念日。在这个温馨而幸福的日子里，请接受红都这一份深情的祝福：祝你们爱情甜蜜、比翼双飞、白头偕老！你们经过相识、相知、相爱，最后步入了爱的神圣殿堂，徜徉在浓浓的爱河之中。时光可以流逝，但年年的今天都会留下永恒而美好的记忆。那是幸福美满的见证，那是人生中最美丽的风景。一段段美好的记忆在今天想起，会显得更加温馨、浪漫而富有诗意。爱，在你们共度的这个日子里表达得更为尽致、更为完美。茫茫人海中，你们找到了自己的真爱、自己的幸福和自己的追求。在人海中能够与你们有缘结识，这也是我们莫大的收获。在以后的日子里，让我们共同来分享生活的快乐。我们希望红都能以一个知心朋友的形象步入你们的生活，让我们共同寻找生活中更为美丽的风景！

祝：花常开、月常圆！

××××××××××××公司

董事长（总经理）偕夫人

×年×月×日

5. 评价客户关怀

无论从客户角度还是从公司角度来看，客户关怀的程都是很难衡量与评价的，而不同企业客户关怀的效果肯定存在差异，因此，可以从三个角度评价客户关怀的程度：

（1）寻求特征。寻求特征是指客户在购买产品之前就能够决定的属性，如产品的包装、外形、规格、型号、价格，等等。客户关怀首先应该满足客户的寻求特征。

（2）体验特征。体验特征是指客户在购买产品后或消费过程中才能够觉察到的属性，如口味合适、礼貌待人、安排周到和值得信赖，等等。企业可以站在客户的角度亲身体验，或者进行客户调查获得客户体验特征的满足程度。根据国际流行的体验理念，国内很多服务器厂商纷纷开设了“体验中心”，以便更加贴近客户。如联想集团在研究院和工业设计中心专门设立了客户体验中心，一是使联想更加确切地了解客户的需求，并提供有针对性的解决方案；二是让客户切切实实地体会到联想具有为他们量身定做解决方案的实力。联想产品从设计、开发到升级拓展的各个阶段都是经过客户的试用和多方调研、反馈后才进行的。客户选购服务器产品和PC有所不同，对PC产品可以随意更换配置或品牌，但服务器却不能说换就换，服务器的特点是安全、长久、可靠、兼容。客户在购买前可以先到联想的“体验中心”，通过切身的体验，提出相应的要求，同时联想会根据客户的使用习惯来定制联想产品的功能、特色及系统方案设计，这样把客户的需求准确及时地反映到产品端，并把产品第一时间送到客户端，使客户体验到联想为他们量身定做的技术和服务，给客户耳目一新的感觉。

（3）信用特征。信用特征是指客户在购买了产品或者是消费了产品和服务后仍然无法评价的某些特征和属性（原因在于客户难以具备这方面的专业知识或技巧），因此必须要依赖提供该产品或服务的公司的职业信用和品牌影响力。

企业可以根据自己产品的特点，按照上述三个特征，设计出自己的评价体系，营销人员与服务人员对客户的关怀进行评价。具有寻求特征的变量可以称为“硬件”部分，企业可能通过不同的定量方法管理识别出客户期望，进而能够设定出合适的规范、规则。具有体验特征和信用特征的变量是客户关怀中的“软件”部分，这部分的改变则要通过对接触客户的员工进行训练和考核才能够改善。有的企业已经用定量技术来测量这些软件部分，例如麦当劳就明确规定店门每天必须至少擦拭两次；有些银行也规定了每笔业务的等候时间、账单查询时间，等等。这些都依赖于员工在工作中的规范行为。企业通过制定严格的业务操作程序和行为规范，将大大地提高服务水准。

总之，客户关怀管理真正体现了“以客户为中心”“以营销为整体”的现代企业经营理念，是电子商务客户关系管理的重要组成部分，也是企业打造持续的市场竞争力、实现可持续发展的基本要求。

三、专属客户与客服

为了能够做好相关的工作，一些卖家会设置专属客服，那么大家是否了解专属客服的作用和功能呢?

淘宝卖家开通了淘宝专属客服服务之后，可以轻松召回老客户并且和老客户建立专属关系。淘宝平台会自动对店铺的老客户发出邀请，不需要商家费心思去邀请老客户。当客户接收到邀请的信息之后，买卖双方就确立了专属的关系，而且专属客服允许群发且发消息免费，已读率高，强势召回老客户。和客户建立了专属关系之后，商家客服可以随时随地维护、联系专属客户，不受30天的限制，只要客户不主动取消关系，那么买卖双方的关系会长久存在。店铺每一次上新商品，都会直接通知专属客户，或者在搞活动期间，提醒客户回店铺购买，并且享受老客户优惠价格。

淘宝卖家可以通过专属客服和客户保持有效的互动、营销，让客户持续关注店铺，提前收藏、加购，为店铺蓄水，最后在大促当天对客户进行下单催付，实现大卖；为专属客户提供一系列优质的体验，包括更低的折扣和专人服务，优先退货，以增强客户对店铺的黏性。

专属客服具体功能如下：

1. 高效触达客户

（1）专属客服支持一键提醒全部客户商品上新信息和活动信息，并且还配有相关广告运营。

（2）客户在订单服务中支持自动发送商品使用说明，确认收货后可进行自动回访。

（3）模拟客服口吻，批量推荐商品和专属优惠券。

2. 洞察销售商机

（1）客户下单后自动提醒客服跟进推荐关联商品，产生交叉关联销售。

（2）客户购买产品后，达到复购周期后将自动提醒客服跟进提醒复购。

（3）对评价活跃的客户，自动提醒客服进行邀请评价。

3. 无上限客户池

（1）通信录无上限。

（2）在购买支付完成页、订单详情页内都允许自动添加关系，在客服满意度邀评后4星以上的客户都会自动收到邀请卡片。

（3）支持在通信录多维度筛选出自己想要联系的客户。

4. 优质服务

（1）专属客服只分流给建立关系的客户。

（2）建立关系的客户会优先提示，并优先置顶接待。

5. 绩效统计

（1）在专属客服中可以查看客服个人的专属服务绩效数据。

（2）可展示跟进客户后的引导效果数据。

（3）可展示维护关系总体效果数据。

直通职场 3-1

提升复购率的方法

1. 建立会员管理体系

启用会员管理，通过准确的会员档案能识别出哪些会员是可能产生复购行为的，可以进行精准的营销刺激和客户关怀。

2. 巧用优惠券精准营销

在商家后台系统中，商家每月可对自己的会员发放直送到账户的优惠券。

（1）按店铺等级进行会员发券。店铺会员中五星会员是购买力较强或者黏性很强的客户，对他们的优惠力度要比较大。以此类推。

（2）按下单渠道进行会员发券。根据客户下单渠道的不同，可以分析出客户的购物习惯，特别是微信端，在使用优惠券系统时，针对微信、手机端客户发放优惠券的额度要更优惠。

（3）按会员等级进行会员发券。会员等级非常准确地反映了客户的消费行为与能力。等级越高，网购消费行为越成熟，对网店的认知度越高，消费能力越强。可以针对不同等级的客户发放优惠券，等级越高，优惠力度越大。

（4）按平均客单价进行会员发券。对于平均客单价高的会员，商家发放优惠券的门槛可以提高，减少的金额比例可以不变，对于商家提高店铺的平均客单价和店铺销售额有很大帮助。

3. 赋予会员专享的权益

通过令牌实现会员专享满减，令牌是面向商家新开通的功能，令牌是定向关联会员与特有促销的通道。令牌价不会显示在商品详情页中，在加入购物车后方可生效，是一个用来进行会员专享价格活动的神秘促销工具。

4. 会员娱乐式互动

（1）会员签到：店铺签到。

（2）口碑营销：面对面口述传播、社群营销、微信粉丝营销。

思政园地

坚持人民至上

2022年10月16日出版的第20期《求是》杂志上发表了中共中央总书记、国家主席、中央军委主席习近平的重要文章《坚持人民至上》。

文章强调，我们推动经济社会发展，归根到底是为了不断满足人民群众对美好生活的需要。要始终把人民安居乐业、安危冷暖放在心上，用心用情用力解决群众关心的就业、教育、社保、医疗、住房、养老、食品安全、社会治安等实际问题，一件一件抓落实，一年接着一年干，努力让群众看到变化、得到实惠。中国共产党把为民办事、为民造福作为最重要的政绩，把为老百姓办了多少好事实事作为检验政绩的重要标准。各级领导干部要树立正确的权力观、政绩观、事业观，不慕虚荣，不务虚功，不图虚名，切实做到为官一任、造福一方。

文章指出，我们党要做到长期执政，就必须永远保持同人民群众的血肉联系，始终同人民群众想在一起、干在一起、风雨同舟、同甘共苦。党的十八大以来，我们一以贯之全面从严治党，坚定不移反对和惩治腐败，坚持不懈整治“四风”，进行党的群众路线教育实践活动、“不忘初心、牢记使命”主题教育，就是要教育引导广大党员、干部始终同人民群众同呼吸、共命运、心连心。要坚定不移反对腐败，坚持不懈反对和克服形式主义、官僚主义。

资料来源：《求是》杂志发表中共中央总书记、国家主席、中央军委主席习近平的重要文章《坚持人民至上》[N]. 人民日报，2022-10-16. 节选。

思政元素：客户至上

学思践悟：网店客服在工作中要坚守“客户至上”的服务理念，以客户为中心，想客户之所想，急客户之所急，满足客户之所需。人的情感总是相互的。当你给予客户关心、理解和尊重时，往往同时也赢得了客户的关心、理解和尊重。

项目小结

随着社会营销观念的发展，以生产为中心、以销售产品为目的的市场战略逐渐被以客户为中心、以服务为目的的市场战略所取代。而由于互联网的迅猛发展、市场的不断成熟，世界经济开始进入电子商务时代。客户是企业最珍贵的资源，是企业利益的来源，也是企业存在的价值，在以服务客户为中心的时代，谁能掌握客户的需求趋势、加强与客户的关系、有效发掘和管理客户资源，谁就能获得市场竞争优势，在激烈的市场竞争中立于不败之地。

项目测试

一、单项选择题

1. 在日益激烈的市场竞争环境下，企业仅靠产品的质量已经难以留住客户，(　　) 成为企业竞争制胜的另一张王牌。

A. 产品　　B. 服务　　C. 竞争　　D. 价格

2. 经济学中著名的二八原理是指（　　）。

A. 企业 80% 的销售额来自 20% 的老客户

B. 企业有 80% 的新客户和 20% 的老客户

C. 企业 80% 的员工为 20% 的老客户服务

D. 企业 80% 的利润来自 20% 的老客户

3. 在客户满意度公式 C=b/a 中，b 代表的含义是（　　）。

A. 客户满意度　　B. 客户对产品或服务的实际体验

C. 客户忠诚度　　D. 客户对产品或服务的期望值

4.（　　）是指客户对某一特定产品或服务产生了好感，形成了偏好，进而重复购买的一种趋向。

A.客户满意度　　B.客户价值　　C.客户忠诚度　　D.客户利润率

5.客户忠诚度是建立在（　　）基础之上的，因此提供高品质的产品、无可挑剔的基本服务，增加客户关怀是必不可少的。

A.客户利润率　　B.客户忠诚度　　C.客户满意度　　D.客户价值

二、多项选择题

1.在客户关系管理里，客户满意度的两个决定性因素是（　　）。

A.客户的期望　　B.客户的感知

C.产品的质量和价格　　D.抱怨和忠诚

2.客户关系生命周期可分为（　　）阶段。

A.潜在　　B.开发　　C.成长　　D.成熟

E.衰退　　F.终止

3.客户满意度可以从三个维度来衡量，它们是（　　）。

A.客户知识和经验　　B.客户所获利益

C.产品或服务所支持的个人价值　　D.产品使用价值

4.客户的让渡价值是指（　　）与（　　）之差。

A.客户总价值　　B.客户总成本

C.客户期望值　　D.客户得到的实际价值

5.影响客户终身价值的因素包括（　　）。

A.客户价值　　B.客户关系生命周期

C.贴现率　　D.客户基础规模

6.客户投诉的需求包含（　　）。

A.被关心　　B.被倾听　　C.服务人员专业化　　D.迅速反应

三、判断题

1.只有大企业才需要实施客户关系管理。（　　）

2.客户是分层次的，不同层次的客户需要企业采取不同的客户策略。（　　）

3.忠诚的客户来源于满意的客户，满意的客户不一定是忠诚的客户。（　　）

4.向客户传送超凡的价值无疑可以带来经营上的成功，因此只要实现“所有客户100%的满意”，就一定能为企业带来利润。（　　）

5.维持老客户的成本大大高于吸引新客户的成本。（　　）

四、简答题

1.试以忠诚度为基础的管理模式为理论依据，举例说明实现客户、员工和投资者三位一体的价值创造过程。

2.选择一个你熟悉的行业，分析企业如何为客户提供增值服务。

五、实训题

1.实训目标

树立客户划分理念，练习客户划分技巧。

2. 实训要求

能够根据要求为店铺进行客户划分。

3. 实训内容

某网店的客户划分

某网店老板要求以回头率来划分客户，其中，重度客户是一个星期来消费一次的；中度客户大约一个月来消费一次；而半年消费一次的算是轻度客户。重度客户占全部客户的30%~40%，到这家网店购物已成为他们生活的一部分。

对于重度客户，要保有他们的忠诚度，不要让他们失望；而对于轻度客户，要保证有吸引客户消费的利益点。

请为这家网店设置一个客户划分方案。

项目四
科学管理客服

学习目标

知识目标：

- 掌握网店客服各项分析数据；
- 熟悉网店客服的激励机制；
- 掌握客服绩效考核指标。

技能目标：

- 能够进行客户服务数据分析；
- 能够从询单人数中寻找问题和方法；
- 掌握客户服务数据监控的渠道；
- 能够制定客服成长短中长期规划。

素养目标：

- 培养文明礼貌、遵纪守法、诚实守信、办事公道的职业素养；
- 培养爱岗敬业、团结互助、开拓创新、客户至上的职业素养。

【知识导图】

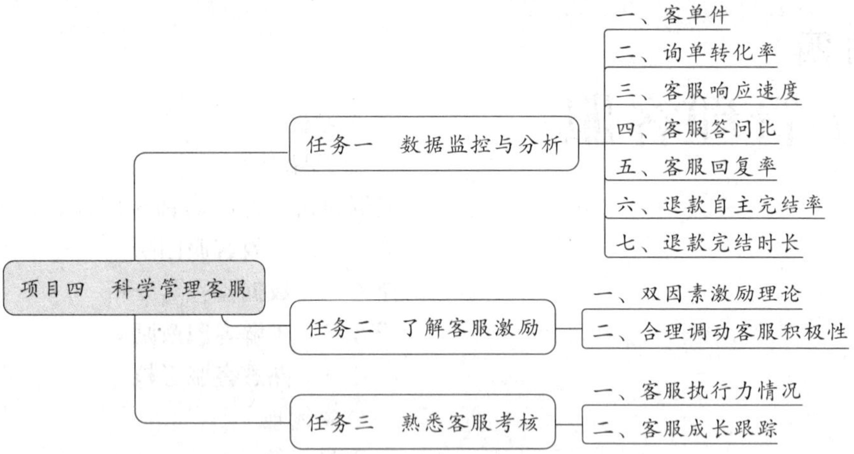

【案例导入】

直面店铺客服问题，打造高效客服团队

对于店铺来说，客服是至关重要的一环，询单转化、售后服务、投诉信息处理，客服工作不仅和店铺的转化率密切相关，更起到了店铺与客户之间的桥梁作用。无论在哪个平台上开店经营，都不能忽略客服的重要性。客服服务的各项数据是否达标，决定着一家店铺可以走多远。

表4-1是某服装店铺10名客服的数据，你能看出什么问题吗？

表4-1　10位客服数据对比

员工	岗位	咨询人数	接待人数	答问比	最大同时接待数	回复率	首次响应（秒）	平均响应（秒）	平均接待时长	业绩/销售额	客单价	客单件
客服1	售前客服	821	283	134.10%	32	100%	19.46	30.36	6分46秒	18 260.93	¥368.80	1.22
客服2	售前客服	688	195	120.87%	26	100%	25.32	25.15	8分20秒	10 723.22	¥368.80	1.28
客服3	售前客服	967	206	183.93%	55	100%	7.96	23.46	7分35秒	21 539.96	¥567.80	3.16
客服4	售前客服	791	246	186.91%	29	100%	21.17	21.05	7分17秒	15 133.27	¥378.45	1.48
客服5	售前客服	865	216	149.05%	34	100%	8.52	15.72	6分59秒	16 267.27	¥406.69	1.3
客服6	售前客服	782	265	132.99%	22	100%	37.13	41.34	8分8秒	17 598.97	¥411.30	1.42
客服7	售前客服	28	5	156.07%	2	100%	3.02	23.47	3分18秒			
客服8	售前客服	262	36	138.1%%	32	100%	5.68	30.81	2分33秒			
客服9	售前客服	536	8	276.43%	45	100%	0.06	0.33	53秒			
客服10	售前客服	45	13	139.83%	3	100%	0.51	11.15	3分26秒			
汇总	10名客服	5 785	1 473		280							
均值		579	147			100%	12.88	22.28				

从10名客服的数据可以看出：

首先，各名客服的客单件和客单价还需要进一步提升，需进一步培训客服主动推荐商品的技巧，抓住客户需求引导下单，进行关联销售。重点放在产品知识方面的培训，帮助客服从主动给客户推荐至少一款以上的产品开始，到能够给每个客户主动推荐三款以上的产品。

其次，转化率的提升是重中之重，重视转化，把每个客户都当成潜在的大客户去对待，一定要深挖需求。

最后，客户的接待时长反映的是对客户的耐心、仔细、用心程度，可在接待过程中做互动，杜绝一问一答的模式，要全方位地为客户详细讲解，尤其是把产品的属性、优势和活动的力度介绍到位。

案例分析：做好客户服务统计数据分析，网店商家不但可以方便地计算客服人员的工作绩效，还能够发现客服人员在销售、退货工作中存在的问题，从而总结每个数据的影响因素，对相关客服人员予以培训与指导，实现精细化管理，提高工作效率，从而打造高效的客服团队。

本项目将对客服工作相关的各个数据进行分析，如客单件、询单转化率、客服响应速度、客服答问比、客服回复率、退款自主完结率、退款完结时长等，帮助商家从实际的数据出发，不断提升客服服务质量。

任务一　数据监控与分析

网店客服数据监控是为了优化管理，合理安排人力，提升客服服务水平，对影响店铺运营和管理的各项服务数据，如接待人数、销售额、客单件、询单转化率等进行监测，帮助商家对数据进行深入分析，并在数据分析的基础上提出决策，从而提高工作效率的活动。

商家可以通过员工日常工作数据来了解一个店铺的运营和管理情况。一方面数据更能反映服务中存在的问题，及时根据数据中反映的问题进行调整修改，在提升客服服务能力的同时，也能为店铺带来更多收益；另一方面通过监测客服数据，可以帮助商家及时调整商品上下架时间、营销计划等，如客服发现某款商品咨询量很多，但在询问商品特性后却大量流失，客服主管可与营销人员沟通，查看分析商品特性是不是不能满足客户需求，从而进行改进。

一、客单件

1. 客单价与客单件的关系

微课4-1

客单价

客单价与客单件都是衡量店铺运营的重要指标，主要用于衡量客服关联销售能力，两者密不可分。

客单价（per customer transaction）是指店铺每一个客户平均购买商品的金额，客单价也就是平均交易金额。客单价的计算公式是：客单价=客户下单总额（除去打折等优惠之后）÷下单客户总数；或客单价=商品平均单价×平均每一位客户下单件数。

案例4-1

某店铺2022年10月7日全天的销售额为136 524.5元，当天下单客户数是963人。则：该店铺10月7日的客单价=客户下单总额÷下单客户总数

=136 524.5÷963

=141.8（元）

由此可见，店铺销售额是由客单价和客户数（客流量）决定的，因此，要提升店铺的销售额，除了尽可能多地吸引进店客流，增加客户交易次数以外，提高客单价也是非常重要的途径，而提高产品的价格和每位客户的下单件数就能提高客单价。

但是不同的产品，价格敏感度不同。一般来讲品牌产品溢价水平较高，大多数产品是通过区分客户来提升产品的平均单价，比如看中某个商品直接购买和通过对比寻找最低价的比价客户，在系统里面的标签是不一样的。所以直接提高价格并不是最优途径，如何提升每位客户到达店铺后的下单件数就成了店铺运营思考的重点。

客单件是指店铺平均每个客户下单购买商品的数量，是衡量平均每个客户到达店铺或商品页后消费多少件商品的指标。客单件的计算公式是：客单件=客户下单总件数÷下单客户总数。

比如做护肤类商品的店铺，很多客户在第一次购买护肤商品的时候，一般会缺什么就买什么，这时如果客服人员主动向其推荐商品，客户就有可能购买更多的商品，

客单件提升了，从而提高了店铺的客单价，一个店铺客单价比较高的话，那么店铺的利润也会相对较大。因此，客服人员在提高客单价方面起着重要的作用。

需要注意的是客单价与客单件都是在规定的“一定时期”内有效，超过这个时间规定，则没有任何意义。

2. 影响客单件的因素

在店铺的日常运营中，影响客单件的因素有很多，如店铺页面设置、商品质量与价格、门店评价、促销活动、客户服务态度，对专业知识的熟悉程度、推销技巧、竞争对手等。

（1）价格因素。当客户在与客服议价的时候，就说明了客户对我们的商品比较认可，这时候客服就可以慢慢地引导客户下单。但当客户觉得产品“可有可无”时，通常情况下是由于没有对产品本身的使用价值充分认可，因此会认为可买可不买。作为客服人员，通常可以根据客户心理尝试以下几种方法引导客户下单：

① 转移法。当客户的注意力在价格上的时候，客服要去转移他的注意力到价值上。比如当客户问你“你家的产品为什么比其他家的贵”，那么你可以去讲一分钱一分货，你要告诉你的客户买的不是价格是安心，客户就会把注意力转移到安全或品质，这个就属于价值层面了。

② 拆分法。当客户觉得产品价格比较贵，不能一下子接受的时候，我们可以把这个价格给他拆分计算。把一个高客单价、客户接受不了价格的产品变成一个相对而言他非常能接受，而且觉得能省钱的一个产品。如一瓶维生素C价格120元钱，可以吃一个月，那么我们可以问他，“为了健康你愿不愿意每天花4元钱？”

③ 礼品法。礼品法是我们经常用到的一个方法。比如说一个客户一直要优惠。这个时候你可以跟他讲：“我可以让仓库的师傅给您私下送一份价值×××元的礼物（赠品），比直接给您减价还要优惠很多！您不考虑吗？”那么客户就会感觉到被重视。因为现在很多客户砍价不是为了优惠，而是为了成就感。此时，既满足客户的成就感又没有把价格拉低的礼品法是最合适的。

④ 关联法。当有客户问有没有优惠的时候你就可以回答：“您好，我们现在有活动。满68元可以立减10元！您现在已经有48元了！只要随便搭配一个产品就可以享受我们的活动。”然后立刻要推荐一些产品，并说：“大部分客户买这款产品的同时也买了这些，您可以看看需不需要？”

（2）客服服务水平。客服人员应具备敏锐的洞察力，如果你能确定对方是潜在客户，你所推荐的产品也确实能满足他的需求，但他依然拒绝签单的话，就证明你并没有完成销售过程中“说服客户”这一环节。

每个客户的脾气秉性各有差异，说得太多反而会招惹客户的厌烦。如果他真的对此产品有兴趣，你需要试探性地询问，看看是否遗漏了某些促使客户最终做出决定的产品信息，从而及时对销售陈述做出调整以促成订单。

有些经验不足的业务人员会苦于没有恰当的推销技巧，而一味向客户灌输大量信息，这种方法不仅收效甚微，还容易流失订单。在语言上业务人员要充满自信，用确信无疑的口吻陈述产品，语气要坚定，因为客户买的是保证，而非疑问。在恰当的时候提出问题会让对方思考并做出回应，要让客户从被动的听转化为有效的参与才会更有希望说服他们购买。

（3）店铺评价。店铺评分代表的是群众口碑，高评分相当于客户的下单加速器。评价就是站在客户的角度检视整个店铺中可能会出现的问题，是影响客户决策的重要因素。

因此商家需要重视评价对于提升客单件的影响。一方面，商家要主动控制好交易，完成每一个环节；另一方面，对于客户的评论，商家需要保持足够的重视，不论是好评、中评还是差评，都要在一定时间段内回复，这其实也是商家与客户互动的契机。

（4）促销活动。促销是一把双刃剑，做得好可以名利双收，做不好则身败名裂。很多品牌不愿意做促销的一个主要原因就是促销活动容易破坏品牌的定位，并带来价格的波动或更不利的后续影响。

因此在设计促销内容的时候我们一定要考虑到一个问题，就是即使明明就是降价但却让客户感觉不是单纯的降价，不是价格战，使我们的美誉度不下降。客户为什么要在促销期间来选择你的品牌购买你的产品？根本原因就是你给了他利益。当然，利益最大化不一定就是最大的让利，而是你给客户的感觉是让利很大，这个“感觉”既有实又有虚，目的是满足客户“占便宜”的心理。

比如，在很多活动中，我们通常用特价产品或套餐来代替全场××折，不直接打折；在促销中选择某几款来关联促销，保证整体的稳定性。

总之，作为客服人员，对待犹豫不决的客户要有自己的策略，你的策略做得好，你的成交率才会高，客单件才会提升。

另外，需要说明的是，客单价只有在客服之间的销售量和销售金额相差不太大的情况下，才有指导作用，否则将失去意义。比如某店铺有一位客服月销量仅为80件，客单价为75元，其他客服的月销量均为200件，客单价为50元。虽然这位客服的客单价比其他客服都高，但销量和销售金额都不高，还有很大的提升空间。

3. 提升客单件的途径

任何一个客户在选择成交之前都有一个不得不买的理由，所以商家一般有两个工作要做：一个是挖掘需求，另一个就是解决需求。那么在挖掘需求和解决需求之间，客服人员有一个重要的任务，就是引导需求。只有激发了客户的欲望，相对来说才更容易达成交易。

（1）激发客户求“名”的欲望，打造身份标配。要想让一个人购买你的产品，最好先给他一个购买产品的身份。只要他认可了这个身份，就自然会认同你的产品。宝马汽车营销总监曾说过一句话：“我们所有的工作，就是让年轻人觉得，成功之后的第一件事，就是买辆宝马。”宝马在自己与成功人士之间画了等号。

① 让客户感觉到身份带来的优越感。比如客户看中了某款按摩仪，可以这样回答：这个产品是我们家的旗舰款产品，对生活品质有追求的人都会选择这个系列，您能一眼看中我们家的这款产品，一定也是一个对生活品质有要求的人，它一定适合您。

② 给予及时的鼓励和肯定。如果你的客户在“名”上表现出来一些兴趣和爱好，你一定要及时做出鼓励与肯定，让他知道他的选择是对的。

③ 权威推荐。客服人员在销售商品的过程中会发现一个特点，那就是有时自己对商品优势的各种介绍还不及权威人士的一句话。由此可见，客户对权威人士的认可已经转移到了对商品的认可上。既然客户有这样的购买心理，那么客服人员的销售工作就变得简单多了。

（2）激发客户求“利”的欲望，让客户感觉得到了较大的实惠。求“利”的欲望往往体现在“多、快、好、省”四个字，多——赠品多、服务多、附加值多；快——见效快、送货快、速度快；好——体验好、品质好、口碑好；省——省力、省心、省钱、省时。

① 制造紧迫感。相对于得到，人们对失去的感知更为强烈。所以要给客户带来“紧迫感”。比如这两个广告文案“原价3 900元，特价1 900元，立省2 000元，错过就要多花2 000元”“活动赠品有限，先到先得，错过将失去价值298元的赠品且再等1年”。

② 强调唯一性。活动多了，客户就会有一种“反正商家会经常搞活动，等下次活动吧”。要打消客户的这个“等下次”的想法，我们就需要向客户传递“机会只有一次”的信息。比如客服告诉客户我们的产品原材料有限，所以只能生产这些，错过就没有了。比如我们可以告诉客户产品生产的工艺难度很大，这批货只有这么多，下次就不一定什么时候有了。这就像某手机品牌，总会告诉客户，产品数量有限，大家要买就需要抢购。

③ 制造稀缺性。要想让客户感受到你的稀缺，首先你要给产品制造稀缺性，制造稀缺的方法有三种：限时、限量、限条件。为了提高商品的销售量，网店往往会参加电商平台举办的一些规模较大的商品特卖活动，如聚划算、天天特卖等。客户往往会被这些活动中较低的商品价格所吸引，此时客服人员要做的就是不断向客户讲解活动力度的前所未有、活动时间的紧迫性、库存数量的有限性等，以激发客户的购买欲望。比如“活动仅剩12小时”，又如“限量款篮球鞋，全世界仅300双”。

案例4-2

如何合理设计促销活动?

提升客户购买数量有很多种方式，比如捆绑销售、满赠、满减、关联陈列等等，比如有的店铺里面经常宣传“满×××减××”，比如“满100减20”，那么问题来了，“满100元减20元”和“满100元送20元”有区别吗?

这两个设计区别还是很大的，“减20元”是这次活动投入的20元的成本，而“送20元”是送价值20元的商品，20元商品的实际成本肯定是不到20元的。

那么活动到底该怎么设计呢?

首先满减的档次必须是客户稍微努力一下就能够着的，不用努力就够满减了，那这个活动肯定是赔钱了；如果客户普遍都够不到，那么活动就没有意义了，并且能享受到活动的人也不是受到活动的刺激才购买的，而是他本来就要买这么多的东西。

那么这个时候客单价该出手了，制定满减肯定要参考客单价，要稍微高于客单价来定，而客户为了满减多购买这些东西的利润要高于满减的成本，实现提高客单价的作用，并且增加了利润。比如一个店面的客单价是100元，那么满减的档次最好设在130元左右，让客户大部分都能够得着，那么赠的那个部分可以是20元（如果利润率差额大的话可以减指定货架商品），满129元赠20元，或者满139元赠20元，然后根据活动效果，调整后面的活动方案，最终形成符合这个店面的促销活动。

（3）激发客户的情感欲望，让客户情不自禁地购买。

①放大配套效应。所谓“配套效应”就是当你获得一件新的物品后，你就会自觉或不自觉地不断配置与其相匹配的物品，以达到心理平衡的现象。比如当你有了鸟笼，你就会想要买一只鸟，所以配套效应也叫“鸟笼效应”。

A.免费赠送+配套消费。有了鸟笼，客户才会想去买鸟。所以要想让客户产生欲望，首先要让客户拥有一个“鸟笼”。我们可以用免费赠送或低价销售“鸟笼”的方式，让客户先拥有一个“鸟笼”，通过这个“鸟笼”催生客户的配套消费。比如某剃须刀，经常做免费赠送刀架的活动，当你得到刀架，你就会进入商家为你设计的“鸟笼”，会不由自主地去买它的剃须刀片。

B.多次下笼，增加复购。下笼是为了让客户购买配套产品，那么想让客户一直购买产品，就需要在客户每次消费之后，都给他下一个“鸟笼”。比如你开了一家花店，客户结账时你送他一个优惠册，优惠册包含7个花色的优惠券。7个花色对应着星期一至星期日每天特价优惠的鲜花。凭这个优惠券即可享受9.9元换购。这个优惠券，就是鸟笼。

在电商上，我们每次购买一个产品后都会获得一个抽奖机会或直接送一个优惠券。这个优惠券就是鸟笼，让你总有一种“不用就可惜了”的感觉。

C.关联产品，更换鸟笼。当客户购买一双皮鞋的时候，那么他在配套效应的影响下，接着会购买西服、领带、衬衫等产品。客户每一次购买之后，无形中就进入了一个新的“鸟笼”，希望接着买配套的产品。此时他们的消费欲望是最强烈的，我们可以轻松引导他们购买相关联的产品。

比如很多店铺在商品详情页下面都设有搭配推荐，如西装搭配领带，长裤搭配皮带等；再比如当客户只询问购买护肤霜时，可以向客户推荐同一系列的护手霜、眼霜等护肤产品。这是因为当客户询问某款产品时，其实对于该款产品的品牌是比较认可的，因此向他推荐同品牌的系列产品，成功率较高。

二、询单转化率

1. 询单转化率的概念

微课4-2

询单转化率

询单转化率是指客户进入网店后，通过咨询客服人员完成的商品交易的情况，即咨询客服人员后下单成交的客户数与询问的总客户数的比例，其计算方法如下：

询单转化率=咨询后下单购物的客户数量÷接待询单的客户总人数

有购买意向的客户到店询问客服以后，不一定会下单购物，有可能会出于各种原因不购买而离开。因此，询单转化率研究的是网店客服究竟能够引导多少询单客户下单，引导得越多，说明该客服的服务能力和销售能力越强。成功率的高低直接影响着店铺对优质流量的转化能力。

询单转化率是一个比较考验客服综合能力的指标，如果一名客服人员的询单转化率比较稳定，而且保持在较高水平，说明该客服人员的工作能力是比较值得信赖的。

需要注意的是，网店客服接待的客户中，有购买意向的客户才是询单客户，不包括那些已下单，询问售中、售后服务的客户。

课堂讨论4-1

询单占比一般在什么区间比较正常？为什么？

提示：询单占比指的是在所有流量里面，有多少人来咨询的比例。一般店铺的询单占比在0.6%到2%之间，服装都会在1.3%到1.5%之间。如果询单占比超过2%，产品一般相对复杂或者尺码规格不明确，导致客户必须咨询才敢下单购买，客服需要和客户沟通很详细的产品细节。这时候需要重点关注客服团队的人员素质和服务转化能力的提升。

一般客单价比较低的产品，询单占比也低，销售这类产品可以使用客服机器人。如果低于60元这个客单价，询单占比还很高，那证明这个店铺的产品详情页没有做好，包括尺码细节、使用方法、安装方式，等等。如果客单价低于30元，询单占比还超过3%，那这种店铺问题是非常大的。产品利润低，还要很多客服人员，盈利空间就很小。

类目不同，询单占比差别较大。比如导航类目和木地板、家具类目的询单占比一般都会超过5%，而且几乎90%的业绩通过客服产生。此时必须重视客服部门的人员提质和技能培训问题，从而提高整个客服部门效率和接待质量。

询单占比低的还有一种店铺，就是风格非常明显的店铺类型，比如汉服唐装等，流量高，但是咨询少，因为衣服很美，但是真正穿的人不多，大家都是为了一饱眼福，而不是真正地去咨询购买。这类店铺需要增加询单的数量，策划一些活动刺激喜欢这类产品的客户去咨询客服并购买。

2. 影响询单转化率的因素

当客户进店主动咨询时，说明他已经产生了购买意向。无论客户有没有确定的购买目标，客服都应该有技巧地引导客户，尽量促成交易。一般来说，网店客服人员的询单转化率要达到60%才算合格，如果询单转化率低于30%，店铺经营的重点就不是抢流量，而是先提升网店客服服务水平。

客服的回复速度、服务态度、销售技巧、专业知识以及商品促销信息等，都是影响询单转化的关键。

（1）客服的回复速度。客服的回复速度慢一是会使客户体验变差，让客户感觉到被怠慢，从而降低转化率，增加差评率，降低店铺综合权重，导致客户流失；二是系统就会向你的客户推荐响应快的同行同款商品，直接影响客户咨询与购买决策。客服回复客户时间差的平均值，一般不要超过15秒。

（2）服务态度。服务态度也是影响询单转化的重要因素，网店要经常检查客服的聊天记录，是否存在机械式回复、一问一答的情况，这种回复显得生硬，很难带动客户消费。另外要关注回复的质量，客服管理者在聊天记录中仔细抽查检验，发现话术言语不当的，及时纠正。要让客户感到自己受到了认真、热情的对待，从而对客服和店铺产生好感，这样客户下单购物的可能性也就增加了。

（3）销售技巧。网店客服要熟练掌握销售技巧，要能够准确地探寻客户需求，判断客户的类型，推荐相应产品，解决客户疑虑。否则就无法有针对性地引导客户下单。

比如客户让客服推荐一款晚霜，客服直接给客户发几个链接过去，让客户看看，然后就没有下文了。首先，没搞清楚客户究竟需要什么功能的，是保湿的、润肤的，还是美白的？其次，客户的肤质也没搞清楚，是油性，干性，还是混合性？最后，没有问清客户有没有过敏的情况就进行推荐，成功率肯定会很低。所以在推荐产品之前，必须弄清楚客户的需求。要什么功效的，是什么肤质，了解客户需求再进行推荐才能起到事半功倍的效果。

（4）专业知识。客服必须熟练掌握关于商品的专业知识，这是最基本的要求。当客服能够快速清晰地回答客户的问题时，就能够在客户心中建立起可以信任的感觉，从而增加下单的可能性。

在推荐晚霜的案例中，我们要有针对性地进行推荐，不能推荐一些不相关的产品。要符合客户需求，而且推荐的时候要注意我们的话术，为什么推荐这款，这款有什么作用，能给客户带来什么好处，最好事先编辑好对应的产品话术。

推荐之后，客户也会随之而来有很多疑虑，例如你说的到底是真的还是假的，怎么保证质量，效果怎么样。这时候我们可以提供一些权威凭证。是经过检测合格的产品，可以放心使用，同时也可以配合“买家秀”，让客户看看以前买过的客户评价，打消客户的疑虑。

（5）商品促销信息。客服要熟悉店铺促销信息。当客户犹豫是否购买商品时，客服就要看准机会，抛出店铺促销信息，促使客户下定决心购买。

3. 提升询单转化率的方法

询单转化作为电商流程中的一个重要环节，对最后的成交影响巨大，并且掌握有效的技巧对整体订单流程都有正向的影响。

（1）在技能方面提升客服响应速度。一个好的客服，往往体现在协调和应变能力方面。并且，客服在回复客户问题的时候要分清楚问题先后处理顺序，以节省时间。提升客服响应速度可以参考以下小技巧：

① 3分钟回应率。考核客户当天首问语的反应速度，善用表情，优先回应客户第一问，安抚客户，以免流失。

② 推荐使用千牛快捷短语等接待器。将常用的接听话术批量输入，降低打字输入的成本，大大提高效率。

③ 优化客户服务绩效考核。将响应速度计入客户服务考核指标，提升客服回复客户咨询的积极性。

（2）在基础知识方面提高客服对商品的熟悉程度。对网店客服来说，应尽早熟悉商品，不断提高自己的综合能力，这样才能够让自己的服务水平提升，从而更好地提高转化率。

① 整理客户答疑技巧。在日常的工作中，不断地总结经常遇到的客户问题，学习一些客户答疑技巧，提升自己的服务效率和质量。

② 向前辈请教。在遇到不懂的问题时，一定要学会向前辈请教，通过他们的指点，提升自己的服务水平和能力。

③ 学会换位思考。在客户咨询问题的时候，要学会站在客户的立场上去回答客户的问题，这样才能够通过换位思考，给客户更多满意的答复。

④ 店铺主管对商品记忆进行适当的考核和抽查。

（3）在技巧方面提升客服的销售技巧。通过查看一些数据和客服自己在这段时间完成的工作事项，进行查漏补缺。同时学习销售引导技巧和关联销售技巧。

案例4-3

某品牌网店客服A一周接待询单客户1 367人，其中付款客户有1 089人；而客服B一周接待询单客户960人，其中付款客户有768人。两者的询单转化率都为80%，但两人的工作量是不一样的，销售业绩也不同，客服A为店铺带来的利润明显高于客服B。如果出现这样的情况，网店主管应该考虑什么？

分析：主管应该考虑为什么客服B接待的客户数量要少于客服A。

首先，当客服之间分配的客户数量相差太大时，首先就要检测店铺的分流设置是否合理，店铺设置的总分流、组分流规则会影响客户的分配。其次，查看客服接待客户时间的长短。如果客服人员接待一位客户所用的时间较多，在同样的时间内，该客服接待的客户数量就会比其他客服少。当出现这样的情况时，该客服需要有针对性地训练自己的聊天技巧。

所以，在考核客户的询单转化率时，也要将他们的询单人数进行比较，这样才能比较全面地看出问题。

（4）在基层管理方面提升，以制度管人。要制定能够有效运行并持续改进的管理制度和工作流程，帮助客服形成良好的工作习惯，确保不会出现混乱的局面或客服无人响应等情况。同时，要健全考核机制，发挥激励作用。

三、客服响应速度

客服响应速度会影响店铺的权重排名，如果整体的接起速度慢，单位时间处理客户的数量就少，呼入量少问题不大，呼入量大就会造成呼损。客户满意度会降低，投诉率会上升。

微课4-3

响应时间与回复率

通常客服响应速度衡量指标包括客服人员首次响应时间和客服人员平均响应时间。客服人员首次响应时间是指客服在回复客户的过程中，从客户咨询到客服回应第一句的时间差；客服人员平均响应时间是指客服人员每次回复客户所用时间的平均值。

客服响应速度考核的是客服人员的工作态度及状态。它是客服人员是否在线、是否以最佳状态迎接客户最有力的证据。一般来说，客服人员的首次响应时间应控制在20秒左右，平均响应时间应控制在50秒左右。响应时间越短，留住客户的概率就越大。

1. 影响客服响应速度的因素

（1）店铺接待压力。店铺接待压力是指在某一个时间段内客服人员同时接待客户的人数。接待客户人数越多，客服人员的接待压力也就越大。所以，客服人员接待压力的大小将直接影响客服平均响应时间。

（2）客服人员的首次响应时间。客服人员的首次响应时间是指客户向客服人员进行咨询时，从客户发送消息进行咨询到客服人员回应第一句的时间差。客服人员首次响应时间越短，留住客户的机会也就越大。想要缩短首次响应时间，除了客服人员自身反应速度要快以外，客服人员还可以设置快捷回复来快速回复客户的咨询。

（3）客服人员对商品的熟悉程度。客户向客服人员咨询的问题，主要是和自己所要购买的商品有关，这就要求客服人员对所销售的商品要非常熟悉。当客户向客服人员咨询有关商品质量、功能、材质、颜色、尺寸等问题时，客服人员必须以最快的速度做出回应，这样才能保证较短的客服平均响应时间。

（4）客服人员的打字速度。客服人员的打字速度对客服平均响应时间的影响也很大，一般情况下，打字速度越快的客服人员平均响应时间越短。客服管理人员需要定期对客服人员的打字速度进行培训和测试，鼓励和帮助他们提高打字速度。

2. 提升客服响应速度的方法

对于客户而言，购物时，希望能够快速得到卖家的回应，这也对卖家客服提出了很高的要求，那么要怎么做才能更好地提升客服的响应速度呢？

（1）准备好快捷回复短语。客服可以根据平常客户比较常问到的一些问题去准备好快捷回复的短语，若遇到相关的问题，则可以马上复制粘贴，但注意之后也要适当用一些其他话语进行回复，否则会给客户太过生硬的感觉。

（2）设置自动回复。这一项操作是各位卖家都不可错过的，这样可以帮助在人多的时候缓解一下。自动回复的话，尽量是一些买家比较关心的如发货、包邮等问题。

自动回复虽然能提升客服的响应速度，但无法做到一问一答，所以客服也还是要及时进行人工回复，来提升客户的体验。

（3）售前、售后客服岗位分工。如果店铺客服的工作是接待所有客户，这样无疑会降低回复效率。应该对客服的工作进行分工，分配好是负责售前还是售后。不同岗位的客服之间的转接规范和流程制定好，遇到不是自己岗位的问题，快速转接对应客服解答。

（4）提前做好人力预估。对于大促活动等咨询量大的场景，要提前做好人力的预估，配置好客服机器人、机器人及人工结合服务，结合平时活动和往年大促的常见问题，整理成FAQ（Frequently Asked Questions），即“经常问到的问题”，将其配置成自动回复。对于个性的问题，要进行人工服务。条件允许的话，可以使用一些具有多种功能的第三方软件来提升客服的响应速度。

四、客服答问比

1. 什么是客服答问比

微课4-4

客服答问比

客服答问比是指统计所选周期内，客服回复次数与咨询客服次数之比。这项数据反映出客服和客户之间的沟通比例。如果客服答问比是1.0就是客户问一句，客服回一句，如果低于1.0就是客服说得比客户还少。

客户：你好，在吗？

卖家：您好，我在。

答问比100%

客户：你好。

客户：在吗？

卖家：您好，我在。

答问比50%

客户：你好，在吗？

卖家：您好。

卖家：我在。

答问比200%

一般来说客服答问比最低控制在1.3，最高不建议超过2.0。过于冷淡让人感到怠慢，过于热情会让客户觉得太啰嗦，产生反感。

2. 客服答复时的注意事项

（1）语言能力。注意礼貌用语，不能得罪客户，任何情况下都不能说脏话和激怒客户的话，避免出现口头语。在客户咨询的过程中，要多介绍产品的好处，尽量多说几句话，这样有助于提高客服的转化率。比如客户说：拍下了，尽快安排发货。这个时候我们可以回：好的呢亲没问题的，放心好了，今天肯定给您发出的。发货前我们会细心检查的。亲耐心等待会儿就能看到物流单号。

（2）专业能力。一个合格的客服，必须对店铺的商品了如指掌，这样才能做到胸有成竹，解释起来才更有说服力，而不是当客户咨询一些专业的知识时，回答得牛头不对马嘴，这不仅会让客户笑话，更有可能直接导致退货或中差评。

（3）心理素质。网店客服会遇到各种各样的客户，任何情况都有可能发生，没有一个良好的心理素质是很难胜任的。心理素质不仅是指自己的心理，还要洞察客户心理，随时抓住客户的心，了解客户的想法和动机，这就要求客服具备敏锐的洞察分析能力，从而引导交易成功。

（4）服务态度。作为一名客服，态度是非常重要的。由于买卖双方均是在虚拟的环境下进行交易，整个过程都只能通过语言文字交流来进行，其中客服的态度会给客户最直接的印象，是决定客户是否愿意购买的关键因素。

关于产品介绍的回复，最好在15个字以上。如果有快捷短语也是可以的，最后再加上几个表情。客户5分钟没有回复的，一定要有一个结束语。

比如：

亲，您可以看看我们家店铺有您需要的宝贝吗？

有什么问题随时咨询我们。

我们会一一回答您的问题。

我们家宝贝质量都很不错的，发货非常迅速。

有需要记得找我哦。

最后再加上几个表情就可以了。

（5）应变能力。客服综合素质是否过硬，应变能力相当重要，对于客户所提出的问题，除了要真实客观地进行回答外，有时候也需要客服灵活应对，思路清晰，在与客户的对话中，可以积累与各种各样客户打交道的经验，实际中灵活运用。

只要有客户发来消息，要快速回复4个字再发一个表情。如果咨询的客户比较多，建议先使用一个表情，再回复4个字。比如：在的呢亲~ 好的呢亲~嗯好的呢~等等，一定要记得每次回复最少要4个字。

（6）规则制度。客服自己心里必须很清楚平台规则，处置问题的时候才会沉着，思路清晰，不然，就很容易中恶意客户设下的埋伏，要学会抓对自己有利的证据，引导客户说出对自己有利的话语。

五、客服回复率

微课4-5

售后服务综合指标

客服回复率即客服人员回复客户咨询人数的比例，如果当日所有客户的咨询，客服人员都回应了，那么回复率就是100%。回复率主要考核客服的工作态度及状态。

客服回复率多少算达标并没有一个特别固定的标准，主要取决于以下几个因素：生意是否繁忙、店内是否做促销活动、客服的工作量如何、是否在流量高峰期、非人为原因等。

课堂讨论4-2

面对广告事件，客服一般都选择不回复，这会不会影响回复率的统计呢？

分析提示：如果面对发广告的不回复，这不仅仅会影响千牛回复率的统计，也同样会影响客服正常绩效包括询单流失人数、咨询成功率等统计。在选择客服绩效管理软件时，需要考虑过滤掉广告事件，不计入淘宝客服绩效，让客服绩效考核更加精确。

六、退款自主完结率

微课4-6

售后满意度

1. 退款率

开网店有两件事情是避免不了的，一是差评，二是退款。任何一个店铺都会有退款情况的发生。那么，统计退款率，找到问题所在并进行纠正，就很有必要了。

退款率是指网店在近30天成功退款笔数占近30天支付交易笔数的比例。其计算公式为：退款率=近30天成功退款笔数÷近30天支付交易笔数×100%。

客服人员的退款率就是经由客服人员服务成交后的退款订单数与客服人员总成交订单数的比例。

如果客户已经提交了退款申请，一般情况下，客服人员会先询问原因，给出合理的补偿，但是，当客户对订单不满意，并表现出强烈的退单愿望时，与其给出更有吸引力的补偿，倒不如顺从客户，帮助其完成退单。

2. 退款自主完结率

退款自主完结率是指近28天内，卖家自主完结退款笔数占全部退款完结笔数的比例，即卖家自主完结退款的占比。退款包括售中和售后的仅退款和退货退款。需要注意的是分子是按照退款完结时间在近28天内抓取，而非退款的申请时间。

退款自主完结指的是退款单状态为“退款成功”和“退款关闭”状态。如果客服处理状态为“客服处理完成”，退款状态为“退款成功”，那么同时符合以上两种情况就判定为纠纷退款。纠纷退款是当买卖双方未自行协商达成退款协议时，由平台客服人工介入且最终由平台客服操作退款的笔数。所以，当客户提出退款时，建议卖家主动联系客户协商，提升服务质量。

如果发现我们的纠纷退款高于同行，就要审视自己的售后权限是否给得太低，导致遇到纠纷的时候，有的订单把握不到位？如果自主退款完结率低于同行，那么就要思考是否因为客服的处理速度没有做好，这个时候，应该提高客服的处理速度。

七、退款完结时长

1. 什么是退款完结时长

退款完结时长是指从退款申请到退款最终完结的总耗时，分为仅退款自主完结时长和退货退款自主完结时长。

仅退款自主完结时长=近30天仅退款申请到退款完结总时长÷近30天仅退款完结总笔数

退货退款自主完结时长=近30天退货退款申请到退款完结总时长（剔除自商家同意起客户操作时长）÷近30天退货退款完结总笔数

自商家同意起客户操作时长，即从商家同意客户退货申请起，到客户上传单号/客户超时未上传单号退款关闭/客户取消退款的时长。

2. 缩短退款完结时长的意义

退货退款处理速度是售后服务中很重要的一项指标，直接影响客户对整个交易服务的满意度，进而影响店铺的运营（复购、转化等）。同时退款完结时长越短相应星级会更高，增强客户购买信心。

在沟通的过程中，客服人员需要重点做好如下两件事：

（1）告知退单事项。退单在客户看起来可能只是一个简单的动作，但是，真正完成退单却需要一个过程。在这个过程中，又包含了诸多环节。所以，客户对订单这件事的看法可能会与实际存在一些差距。

而这种差距的存在，有可能会让客户觉得店铺是在故意为难自己，所以才迟迟没有将事情解决。因此，为了让客户更加了解退单，客服人员有必要在沟通过程中将退单的一些事项告知客户，以免让客户产生不好的想法。

（2）承诺退还款项。退还款项的相关问题直接关系到客户个人的利益。因此，客服人员需要在沟通过程中对退还款项做出承诺，并对相关的一些事项进行说明。比如，客服人员可以对退还的金额是多少，多久之后客户可以收到退还的款项等问题进行具体说明。

3.降低退款完结时长的方法

（1）开通自动退款推荐策略。自动退款可以节省审核人力、缩短退款处理时长，能增加客户购买信心，有利于提升客户购买转化，提升退款处理效率，减少纠纷。

案例4-4

退款推荐策略设置举例

以快手为例，推荐策略已经配置好筛选条件，一键开启即可。

【极速退款】

适用条件。非虚拟类商品、订单金额小于300元、客户在订单支付完成后6小时内申请退款且订单还未发货，客户申请退款时将执行自动同意退款。

开启方式。网页端商家后台—售后管理—自动退款—推荐策略—极速退款—单击【去开启】。弹出提醒界面，单击【马上开启】。

【7天无理由自动退货退款】

适用条件。适用于已发货后、订单完成前，针对7天无理由退货商品，客户发起售后申请，配置后可以实现自动审核通过“退货退款”申请。

开启方式。网页端商家后台—售后管理—自动退款—推荐策略—7天无理由自动退货退款—单击【去开启】。这样就可以直接开启策略。

也可以手动配置策略条件后再开启：

商家可以根据店铺情况，编辑策略名称、策略有效期、指定执行时间、商品限定条件、适用订单状态、当日退款总额上限、单笔金额上限、申请退款时间限制、卖家退款原因、选择退货地址、风控条件、策略备注等信息。

【同意拒收后退款】

适用条件。商品刚刚发出，客户申请退款。如果同意客户申请，商品不能及时拦截，会钱货两失。如果直接拒绝，客户直接申请平台介入，导致纠纷介入指标上涨。同意拒收后退款可以一定程度上减少客户误解，提升售后服务体验，缩短退货退款时长。

开启方式。【网页端卖家后台】—【售后工作台】—【待卖家处理】—单击【同意拒收后退款】即可。

（2）提升售后处理人员专业能力，快速响应客户的售后问题，及时处理退款/退货申请。

（3）合理分配售后处理人员，可以根据退款申请时间分配处理人员，高效处理退款/退货申请。

微课4-7

评价管理

（4）合理拒绝退款申请，拒绝前一定要联系客户，在客户认可的情况下操作。

（5）商品详情页和直播中清晰说明售后条件，减少不必要的未约定售后场景退款产生。

（6）不夸大宣传、不虚假宣传，减少因描述不符产生的售后沟通及退款处理。

任务二　了解客服激励

能够成功激励员工的管理者一般都会获得高绩效，但这不是轻易就能实现的。其中，一个主要障碍就是管理者或组织不可控的环境因素会影响员工的积极性，而且这些因素还是不断变化的。同时，家庭和其他个人情况有时也会严重影响员工的工作态度和努力程度。然而，不管那些因素是否直接可控，管理者仍有很多机会影响共事的或是为他们工作的人，特别是在了解激励的一些基本原则和理论后。组织的生命力来自组织中每一个成员的热忱，如何激发和鼓励员工的积极性和创造性，是管理者必须掌握的技巧。

一、双因素激励理论

微课4-8

双因素激励理论

1. 双因素激励理论的提出

双因素激励理论是美国心理学家、行为科学家赫茨伯格提出的。20世纪50年代末，赫茨伯格对9个企业中的203名工程师和会计师进行了1 844人次的调查，想知道什么时候人们会对其工作感到特别满意或特别不满意。通过调查，他总结出人们在对工作感到特别满意的情况下所给出的回复，与在对工作感到特别不满意的情况下所给出的回复显著不同，某些特征总是与工作满意相关。根据调查结果，赫茨伯格提出了著名的双因素激励理论，也称激励-保健理论。

1959年，赫茨伯格出版专著《工作的激励因素》，指出最能调动员工积极性的因素在于“激励因素与保健因素”，即双因素。

2. 双因素激励理论的主要观点

（1）保健因素与工作环境相关，缺少保健因素会导致员工不满意。赫茨伯格发现，有一类因素涉及公司政策与管理、监督、工作条件、人际关系、薪酬、工作稳定性和个人生活等，这些因素都与工作环境或条件有关，即使改善了，也不能充分激发员工积极性，但缺少这类因素就会引起人们的不满，赫茨伯格把这类因素称为保健因素。

（2）激励因素与工作本身有关，能够使员工满意。赫茨伯格发现，当人们对自己的工作感到满意时，往往会提到一些诸如成就、赏识、挑战性工作、晋升和工作中的发展等因素，这些激发了员工成就感、责任感、荣誉感、自信心的因素，都是来源于工作本身的内在因素，有产生满意感的潜在能力，赫茨伯格把这类因素称为激励因素。他认为激励因素能增进人的满意感，促使其努力工作，不断进取。

（3）导致工作满意和不满意的因素彼此分离。赫茨伯格提出，存在一个二维连续体：“满意”的对立面是“没有满意”，而“不满意”的对立面是“没有不满意”。消除了工作中的不满意因素只能带来平和，并不一定会使员工对工作感到满意或者受到激励。而如果没有提供激励因素，也不一定会引起员工的不满，他们只是没有受到激励。

他分析指出，内在激励是从工作本身得到的某种满足，如对工作的爱好、兴趣、责任感、成长感等，能促使员工努力工作，积极进取。外在激励，是指外部的奖酬或在工作以外获得的间接满足，如劳保、工资等。这种满足有一定的局限性，它只能产生少量的激励作用。因为人除了物质需要以外，还有精神需要，而外在激励或保健因素只能满足人的物质需要，而不能满足人的精神需要，不能持久有效地激励人的积极性。

赫茨伯格的双因素激励理论，由于调查对象类型单一，缺乏代表性，调查手段只是简单的问答，因此缺乏信度和可靠性，但在现代激励理论中仍占有重要的地位。特别是他揭示的内在激励的规律，为管理者更好地激发员工动力提供了新的思路，即管理者要注重对员工的内在激励，同时要正确处理双因素之间的关系，在恰当改善保健因素的同时，要积极把保健因素转化为激励因素，如把奖励与工作绩效挂钩，就会产生激励作用。

案例4-5

华为的激励政策

华为十分重视对员工非物质的精神激励和长期激励。其情感激励体现在企业文化上，集体奋斗的核心是相互团结、相互扶持，让每一位员工都融入华为这个大家庭中，通过归属感和向心力迸发出强大的力量。

1.荣誉权激励

在华为，只要员工在某个方面取得了一定的进步就有机会获得相应的奖励和荣誉。华为为此成立了荣誉部，专门负责对员工进行考核、评奖，目的是挑选创新榜样。金牌奖是奖励为公司持续的商业成功做出重大和突出贡献的团队和个人，是公司授予员工的最高荣誉。金牌奖每年年末评选一次，获奖代表可以获得与公司高层合影的机会。

2.鼓励创新的精神激励

技术研发工程师占华为员工人数的50%，而企业研发是一项高投入、高风险的业务。为了最大化地激励员工研发热情和研发创造力，华为坚持将不低于年收入10%的资金用于高精尖领域的研发，在今后30年内这一比例还将继续增长到20%。同时为了避免研发失败挫伤工程师研发热情和研发创造力，华为规定，拥有基础科学研究30%的研发投入，允许50%的失败率。也就是说在研发项目论证中，只要有一半机会是可以成功的，这一项目就可以继续开展下去。这实际上是对员工创新精神的激励。

3.股权激励

"全员持股""员工持股""股权激励"这些词汇，让外界对华为充满了向往，也赋予了华为更多的神秘感。任正非在《一江春水向东流》一文中道出了此制度的产生过程："我创建公司时，通过利益分享机制团结员工，那时我还不懂期权制度，更不知道西方在这方面很发达，有多种形式的激励机制，仅凭自己过去的人生挫折，感悟到要与员工分担责任、分享利益。这种无意中插的花，竟然今天开放得如此鲜艳，成就了华为的大事业。"

二、合理调动客服积极性

微课4-9

合理调动客服积极性

客服管理人员都希望自己所管理的客服能积极做好工作，更好地完成工作目标。任何激励的方式都必须从满足人们的需要出发，而人的需要又是多种多样的，激发客服人员的工作积极性的形式也必将是多样化的。

1. 目标激励

目标激励以目标为诱因，通过把组织的需求转化为组织成员个人的需求，设置适当的目标，进而激发成员的工作动机，调动其积极性。目标是活动的未来状态，员工在从事工作时，都期望取得一定的成就，得到一定的报酬，因而在调动客服人员的积极性时，可以设置适当的目标来激发员工的潜力。通常可用以激励的目标有两类：工作目标和个人成长目标。

（1）工作目标。首先，如果员工不明白自己的工作目标，那么就会造成工作成果不能按照预期实现。而不良的工作成果给了员工消极的反馈，使他们的积极性降低。一个整天都不知道自己工作目标的人，会有多大的热情投入到工作中去呢？店主应该时常向员工明确他们的工作内容和职责，以确保他们能按照正确的方法，而不是按照他们的习惯去工作。其次，要让员工知道工作内容和工作职责其实是不一样的。大多数的管理者只喜欢向员工明确工作内容，而不明确工作职责。当员工只明确工作内容时，他们会认为自己仅仅是一个执行者，没有什么成就感。而通过沟通，让他们为自己的工作职责努力，那么他们就会认识到自己工作的价值，进而能从工作价值中获得激励。

（2）个人成长目标。通过晋升机制的设立满足个人成长目标的需求。晋升机制是指规定员工晋升的条件、方法与流程等内容的制度。晋升是指员工由较低层级职位上升到较高层级职位。根据调查，在众多离职原因中，晋升机制不健全有很大的占比。客服人员的晋升一定要遵循以下几个原则：

① 规范管理人才的培养，规范选拔和任用制度，不断提高管理人才水平。

② 建立管理人才晋升通道，激励员工不断提高业务水平，以卓越的现场管理能力推动网店的发展。

③ 树立员工学习的榜样，不断引导其他客服人员终身学习，不断改进工作方法，促进网店的发展。

④ 职位空缺时，首先考虑晋升内部人员，只有在没有合适人选时才考虑外部招聘。

客服人员的晋升机制包括职务晋升和薪酬晋升，二者是不可分割的。

总之，目标的价值越大，它所起到的激励作用也会越大，让员工感到只要付出一定的努力，目标就有实现的可能，这样才能激励员工为实现这个目标而努力奋斗。

课堂讨论4-3

1. 如何帮助客服树立个人成长目标？

2. 如何调动客服工作的积极性？

2. 参与激励

参与激励是以让客服人员参与管理为诱因，调动客服人员的积极性和创造性。在实施参与激励的过程中，客服人员可以参加决策、发表意见，从而满足人们要求尊重、信任的心理需要；同时，在参与激励的过程中，店铺主管与员工之间可以增进感情，加深理解，使双方关系更加和谐，创造出一种良好的相互支持、相互信任的群体心理气氛，被领导者心情舒畅，容易产生满意感和归属感。

3. 竞赛激励

竞赛激励提倡组织内部各成员之间、部门之间通过有序的、平等的竞争达到优胜劣汰。竞赛是调动被领导者积极性的一种重要手段，竞赛中所采用的评比标准对引导竞赛具有重大的作用。竞赛可以激发员工的动机，使员工处于活跃状态，并且能够明确个人和集体的目标，从而调动员工的积极性，提高工作的效率。

在客服团队中形成积极、良性的竞争机制是网店科学管理客服人员的基础。竞赛激励在网店中一旦发挥了良性的作用，对网店的客服团队管理就有着不可小觑的力量，如促进客服人员通过不断提高自己的知识与技能来获得客户的满意。这种竞争机制一旦失衡，则会造成客服人员之间的勾心斗角、员工心理压力增大等各种负面影响。

4. 奖惩激励

俗话说，没有规矩不成方圆，奖惩机制是客服管理与考核的核心。奖励是对人的某种正确行为给予肯定与表彰，使其保持和发扬这种行为。惩罚则对人的某种错误行为予以否定和批判，使其消除这种行为。

在对客服人员的管理中，从绩效指标到压力设计，其“后台支持”都需要有一套完善、明确、可行的奖惩机制，这是客服人员服务质量的根本保障。无论是奖励还是惩罚，最终目的都是保障服务质量，获得更高的效益。

（1）奖励激励。网店一般采取精神奖励和物质奖励两种形式来调动客服人员的积极性，二者缺一不可。

① 精神奖励。精神奖励能够激发客服人员的荣誉感、进取心和责任心。从心理学上看，精神奖励对每一个人来说都能引起其愉快的感受，因为任何人都希望得到他人和社会的赞赏。

② 物质奖励。物质奖励是基于客服人员良好的工作表现而增加的薪酬、福利待遇，对于调动客服人员积极性有显著作用。奖励金额的多少、达到怎样的标准才有这样的奖励，这些都需要网店根据自己店铺的实际情况进行设置。

（2）惩罚制度。不能只有奖励没有惩罚，当网店出现不合格的客服人员时，一定不能抱着“睁一只眼闭一只眼”的态度，发现问题要及时解决。可以根据客服人员的工作失误、违规的严重性、销售额和询单转化率来权衡惩罚的轻重。参考的惩罚措施一般有警告、通报批评、降低级别、工资降级，甚至辞退等。这些压力会让客服人员改变现状，更热情地工作。

恩从奖赏而来，威从处罚而来。赏罚分明，就可以做到既有恩，又有威。恩让下属忠诚，威让下属服从。如果店铺主管该赏不赏，就会挫伤员工的积极性；该罚不罚，就会让员工对公司规章制度失去畏惧感，二者都是非常有害的。因此不论网店也罢，实体店也罢，都要做到赏罚分明。

5. 关怀激励

领导的关怀激励，是指领导者通过对员工多方面的关怀来激发其积极性。领导者经常与被领导者谈心，了解他们的要求，帮助他们克服种种困难，把组织的温暖送到员工的心坎上，可以激发他们热爱组织、热爱集体、热爱本职岗位的情感。常用的方法如下：

（1）认可和赞美。当员工完成了某项任务时，最需要得到的是店主对其工作的认可。店主的认可是一个秘密武器，但认可的次数很关键，如果用得太多，作用将会降低。只有在某些特殊场合使用，效果才会增加。对于员工来说，得到店主的表扬和肯定就是最大的精神奖励，可以增加员工的工作积极性，强化员工的良好行为。

赞美也是认可员工的一种形式。一般的店主大都吝于称赞员工，有些人甚至认为没有必要。其实，称赞员工惠而不费，可以让员工心情愉悦，提高工作效率，但前提仍然是不要用得太滥。

（2）多与客服人员沟通。很多管理者都是高高在上，发号施令，和员工缺乏足够的沟通。其实，要员工做好事情，不但要告诉他们怎么做，还要告诉他们这么做能得到的好处，让他们从心里愿意去做这些事。不太忙的时候，可以和员工聊聊工作之外的事情，关心一下员工有没有生活上的困难，要和员工成为朋友。但是，这也要有个度，不要成为过于亲密的朋友，以免出现因私废公的情况，比如有时候因为关系太好而拉不下脸来责备对方，会对团体有负面的影响。

（3）给予客服人员一对一的指导。指导意味着员工的发展，而店主花费的仅仅是时间，但传递给员工的信息却是店主非常在乎他们。很多时候，对于员工来说，上级能教给自己多少工作技巧还是其次，上级究竟有多关注自己显得更加重要。认为自己受到重视的员工，往往在工作中表现出更大的主动性，更愿意挑起重担。

（4）以团建活动增强团队意识。不定期的聚会活动可以增强团队的凝聚力和团队精神，从而会对工作环境产生影响，营造一个积极向上的工作氛围。如中秋节前夕的晚会、重阳节的爬山、员工的生日聚餐、团队庆功会等，这些都可以成功地将员工聚到一起度过快乐的时光。同时，最好将这些活动通过照片、录像等形式保留下来，放在网站上，让这些美好的回忆成为永恒，时刻给员工温馨的体验与团队归属感。

小提示 4-1

客服激励应注意的问题：

（1）明确激励理念。客服人员要有为他人服务的思想，需要一定的奉献精神。但人是社会人，员工也有自己的需求。只有先保证员工的个人利益，再强调奉献，才是合情合理的，而完全抛弃个人利益，一味地强调奉献显然不现实。激励的基本理念一定要很清晰。

（2）激励力度适中。在激励员工的过程中，力度要适中。太小起不到作用，太大则过犹不及。正如设立一个目标，如果目标太容易达到，员工工作热情就不饱满，潜力得不到发挥；而目标太高，员工怎么努力也达不到，就会产生厌烦情绪，长此以往，员工士气低落，企业的目标也无法实现。

（3）形式多种多样。激励并不等于奖励。对员工进行激励可以有很多种方式，包括物质激励和精神激励。物质激励包括长期收入、短期收入、稳定收入、风险收入、现金收入、实物收入；精神激励包括口头表扬、书面表扬、职位升迁等。

（4）激励要因人而异。要针对员工个人情况给予激励。要想达到激励的最佳效果，应对员工的需求认真、具体地分析，不能“一刀切”地对所有人采用同样的激励手段，否则达不到应有的效果。如对管理人员和普通员工就不能采用同样的激励方法，前者可能需要的不只是表扬和奖金，更是事业的成就感。同样，科技人员和工人的需求也是不一样的。因此，对于不同的人应具体分析，采取不同的激励方法。

任务三　熟悉客服考核

网店中的大多数岗位都需要进行绩效考核，将工作成果量化成数值，以便进行管理。如针对员工绩效中的弱项，有计划地培训员工的相关技能；根据员工绩效总分确定工资等级、发放奖金等。

对客服进行绩效考核，一方面是为了便于管理，另一方面也是为了提升客服的工作水平，提升整个店铺的销量。绩效考核可以让客服获得更高的收入，店铺获得更多的利润，是一种双赢的机制，对客服和店铺而言都非常重要。

一、客服执行力情况

微课4-10

客服执行力情况

客服执行力情况通常通过客服人员的绩效考核来反映。绩效考核，也被称为业绩考评或“考绩”，是针对店铺中每个客服人员所承担的工作，应用各种科学的定性和定量的方法，对客服人员行为的实际效果及其对店铺做出的贡献或价值进行考核和评价。

1. 确定客服执行力绩效考核指标

一般情况下，客服人员执行力的绩效考核标准会根据客服人员所创造的订单价值、商品推荐技巧、咨询转化能力、接待效率以及售后处理能力等几个方面来制定，每个方面所包含的数据都非常烦琐，执行力指标需要根据店铺的特点、发展阶段、不同的岗位及关注的重点来确定。如果某时期店铺关心的是自己的客服团队给自己带来多少营收及客服人员的工作态度如何，那么可以重点查看以下几个数据。

（1）客服人员的咨询转化率：客服人员接待的客户实际下单的比例。

（2）客服人员的日/月订单数量：客服人员落实下单的订单数。

（3）客服人员的日/月销售金额：客服人员落实下单的订单金额。

制定完善的绩效管理体系，不仅可以起到确定合理的薪资制度、分配绩效的作用，而且能通过这些绩效数据发现客服团队中存在的销售能力问题、服务意识问题以及工作态度问题，从而能及时、有针对性地逐个对这些问题排查解决。

2. 定期考查客服的执行力

客服人员面对客户时怎样推销，直接关系到商品的销量，客服人员如何解决客户的售前售后问题，也会间接影响到商品的销量。因此，客服人员的执行力是非常重要的一个考查方面，店主应重点进行关注。

店主对客服执行力可以通过客服的销售任务完成度、聊天内容抽查、商品熟悉程度等多方面来进行考查。

比如，某客服人员连续三个月没能完成销售目标，店主从销售数据、与客户交谈记录等方面进行检查，发现该客服人员对客户问题的回复速度太慢，常常导致客户流失，其原因在于对产品熟悉度不够，遇到问题不能快速回答，需要花时间去翻看笔记或者询问同事，店主认为该客服人员的执行力不够，于是有针对性地对其重新进行培训，提高其对商品的熟悉程度，从而让执行力得到提升。

3. 客服数据监控的渠道

数据最具有说服力，能提供科学化的考核标准。客服主管可通过数据快速分析客服的缺点，给予最大的帮助。客服主管可通过多种方式对客服数据进行监控，如抽查聊天记录、查看数据报表、使用第三方软件等。

（1）抽查聊天记录。客服日常工作的响应时间、服务态度、回答问题是否得当等，都可以从聊天记录中查看。所以，客服主管可通过抽查聊天记录的方式来判断客服人员的工作情况。

（2）查看数据报表。电子商务往往需要数据报表来体现，如日报表、周报表、月报表、季报表、年报表等。通过分析表内的流量、转化率和客单价等内容，可分析得出客服当日数据与前几日相比，有什么值得改进的地方。

（3）使用第三方软件。使用第三方软件来统计客服的销售额、转化率、客单价、流失分析、绩效管理。

微课4-11

客服成长跟踪

二、客服成长跟踪

客服在工作中可以不断成长，最终成为资深销售专家或客服经理。店铺主管作为管理人员，应该帮助客服制定短中长期目标，帮助客服成长。

1. 客服跟踪监督

客服跟踪监督是对客服人员工作情况的跟踪监督，从客服人员的工作状态、工作成效、客户满意度、员工认可度等方面进行监视、督促和管理，促使客服人员的工作达到预定的目标。

在对客服人员进行跟踪监督时，网店可以采用数据监控和问卷调查两种方式。首先利用数据监控对客服人员的工作成效、进度及质量进行评估，然后通过问卷调查的方式对客户反馈的问题进行有效监督。

店铺主管通过对客服跟踪监督适当地去引导自己的员工，给他们提供足够的发展空间，让他们安心地在自己的网店里学习和积累经验。比如，网店老板要多给员工提供锻炼的机会，对优秀的员工进行培训和提拔，让员工接触和学习网店的管理等，帮助客服人员成长。

2. 为客服制定成长目标

（1）短期目标

➢ 了解电子商务基本情况；

➢ 熟悉店铺商品；

➢ 熟悉相关行业；

➢ 熟悉网店工作流程，掌握相关软硬件操作；

➢ 进一步提高打字速度；

➢ 掌握基本话术。

（2）中期目标

➢ 作为售前客服，应了解产品卖点，熟练使用话术，能针对客户询问解答问题，会简单地推销，作为售后客服，应熟悉售后流程，并能与客户进行电话沟通，解决问题；

➢进一步提高普通话水平；

➢进一步提高打字速度；

➢能顺畅地与仓库沟通。

(3) 长期目标

➢咨询转化率进一步提高；

➢客单价进一步提高，熟悉搭配套餐，善于推荐关联商品以及单价高且利润也高的商品；

➢付款率进一步提高，熟练掌握催付技巧；

➢深入了解商品知识，对于关联商品也有相当程度的了解；

➢进一步提高打字速度；

➢进一步提高普通话水平，如能达到二级甲等证书水平更好；

➢遇到特殊的售后问题能主动跟进并解决，提高客户满意度；

➢能主动回访客户，提高客户回购率。

有了成长目标，客服才会有方向、有意识地朝着目标努力，按照店铺需要将自身一步一步“塑造成才”。

直通职场4-1

客服人员绩效考核的原则

客服人员绩效考核不是制定条条框框来管理限制客服人员，而是为客服人员制定目标和方向，帮助客服人员成长。

1.公平原则。公平是确立和推行绩效考核制度的前提。不公平，就不可能发挥绩效考核应有的作用。

2.严格原则。绩效考核不严格，就会流于形式，形同虚设。绩效考核不严格，不仅不能全面地反映客服人员的真实情况，而且会产生消极的后果。绩效考核的严格性包括要有明确的考核标准，要有严肃认真的考核态度，要有严格的考核制度与科学而严格的程序及方法等。

3.结果公开原则。绩效考核的结果应对被考核者公开，这是保证绩效考核具有民主性的重要手段。一方面，可以使被考核者了解自己的优点和缺点、长处和短处，从而使考核成绩好的人再接再厉，继续保持，也可以使考核成绩不好的人心悦诚服，奋起向上。另一方面，还有助于防止绩效考核过程中出现偏见和误差，以保证考核的公平性与合理性。

思政园地

我国网络诚信建设整体状况持续向好

2022年中国网络文明大会网络诚信建设高峰论坛在天津举行，会上首次发布网络诚信发展年度报告——《中国网络诚信发展报告2022》（以下简称《报告》）。

《报告》指出，随着互联网新技术新模式新业态不断发展应用，网络诚信建设也面临新的问题与挑战，主要表现在算法滥用、网络诈骗、不当竞争、直播领域良莠不齐、网络“饭圈”乱象频发等5个方面。《报告》从思想引领、法治保障、体系构建、加强监管等方面，提出加强网络诚信建设的4条思考建议：

一是推进网络诚信规范化建设。通过法治保障、标准规范、强化自律，形成政府、社会、企业等协同治理的网络诚信建设格局。

二是加强重点领域监管。以专项整治为抓手，进一步完善网络信息内容审核，依法加强个人信息保护，推进算法安全规范治理，强化网络直播监管，促进网络生态持续改善。

三是推进网络诚信建设示范工程建设。持续打造网络诚信品牌，拓展深化“诚信之星”和好网民评选，积极推进企业社会责任评估，推动诚实守信成为全社会的共同价值追求。

四是建立网络职业素养培训体系。创新方式方法，加大培训力度，不断提升互联网从业人员道德素养和业务技能，持续为网络诚信建设注入发展动力。

资料来源　靳博，金歆．我国网络诚信发展年度报告首次发布［N］．人民日报，2022-08-31．节选。

思政元素：诚实守信

学思践悟：良好的品质和人格是做人的根本，也是做事的基础。职业素养是每个客服所必须具备的素养。我们都要先做人后做事。一个优秀的客服应该具备的基本职业素养是诚实守信、善于学习、不断创新，要有高度的责任心和执行力。

项目小结

做好销售统计数据分析，商家不但可以方便地计算客服人员的工作绩效，还能够发现客服人员在销售、退货工作中存在的问题，同时可以总结每个数据的影响因素，对相关客服人员予以培训和指导，以提高其工作效率。

一家网店想要做大做强，往往需要一支专业化、规范化的客服团队，来专门负责营销与售后方面的工作。要创建一支专业的客服团队，就必须要有专业的招聘流程、完善的管理体系以及定期与不定期的客服岗位培训。

项目测试

一、单项选择题

1.（　　）不是评价网店售后服务的综合指标。

A.退款纠纷率　　B.退款自主完结率

C.询单转化率　　D.退款完结时长

2.（　　）是咨询客服人员后下单成交的客户数与询问的总客户数的比例。

A.客服答问比　　B.询单转化率　　C.销售比例　　D.客服回复率

3.（　　）不是影响客服响应速度的因素。

A.店铺接待压力　　B.客服人员的首次响应时间

C.客服人员对商品的熟悉程度　　D.店铺促销信息

4.一般来说客服答问比最低控制在（　　），最高不建议超过（　　）。

A.1.3；2.0　　B.2.0；2.5　　C.5.0；8.0　　D.9.0；10.0

5.（　　）是美国心理学家、行为科学家赫茨伯格提出的。

A.双因素激励理论　　B.需求层次理论

C.期望理论　　D.成就需要论

二、多项选择题

1.（　　）属于网店客服监管的指标。

A.客单件　　B.询单转化率　　C.客服响应速度

D.客服答问比　　E.退款自主完结率

2.影响客单件的因素包括（　　）。

A.价格因素　　B.客服服务水平　　C.店铺评价

D.促销活动　　E.竞争对手

3.赫茨伯格提出最能调动员工积极性的因素在于（　　）。

A.照明环境　　B.激励因素　　C.竞争环境

D.保健因素　　E.心理因素

4.（　　）属于关怀激励。

A.认可和赞美　　B.多与客服人员沟通

C.给予客服人员一对一的指导

D.惩罚制度　　E.以团建活动增强团队意识

5.客服数据监控的渠道包括（　　）。

A.抽查聊天记录　　B.查看数据报表

C.使用第三方软件　　D.客服跟踪监督

E.与客服人员沟通

三、简答题

1.客单价与客单件的关系是什么？

2.简述提升客单件的途径。

3.简述如何有效调动客服人员的积极性。

四、实训题

1.实训目标

为了更好地管理客服人员，要掌握对客服人员进行绩效管理的方法，激发客服人员的热情。

2.实训要求

掌握激励机制，通过具体的案例来加深对相关知识的理解。

3.实训内容

假如你是一家网店的店主，请你为网店制定一个有效且方便执行的客服人员激励机制，具体要求如下：

（1）建立良好的竞争机制，好的竞争机制将以有说服力的数据作为支撑。

（2）利用晋升机制来选拔网店中的客服人员。

（3）对客服人员合理使用物质奖励和精神奖励。

（4）利用监督机制来评估客服人员的工作情况。

项目五
开启智能客服

- 学习目标
- 知识导图

案例导入　店小蜜测试结果喜人

任务一　认识人工智能

任务二　智能客服应用实操

- 思政园地
- 项目小结
- 项目测试

学习目标

知识目标：

- 了解人工智能（AI）的概念；
- 熟悉人工智能在网店经营中的应用；
- 掌握店小蜜的概念。

技能目标：

- 掌握店小蜜的使用方法；
- 具备店小蜜训练师的思维能力和行动能力。

素养目标：

- 树立科技强国的民族自豪感，开拓创新思维；
- 构建解决实际问题的专业思维、专业方法和专业嗅觉；
- 培养良好的团队组织与个体学习能力。

【知识导图】

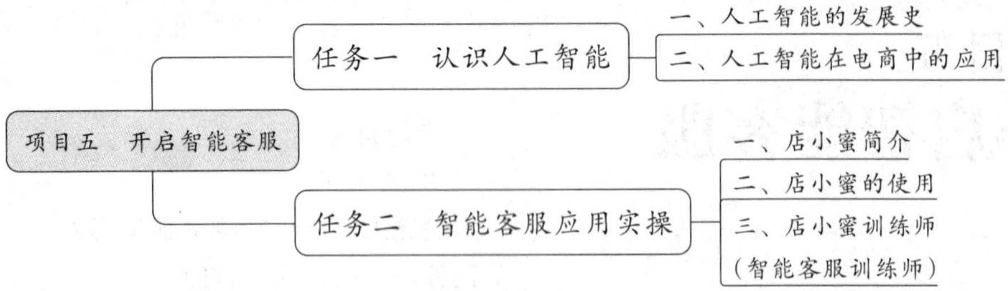

【案例导入】

店小蜜测试结果喜人

2016年“双11”前，某马服装品牌作为内测品牌参与了店小蜜的测试。

它起初只是抱着试一试的态度，挑了个无人值班的夜间开通了店小蜜，用某马数据部陈主管的话说，基本是随便设置了几下，没花什么心思。

但第二天上班时看到的数据让他吃了一惊，店小蜜居然完成了几千单的夜间销售额，比往常增加了一倍多。打开后台对话记录后，陈主管发现，这些订单几乎全部来自关于物流的询问，也就是说，店小蜜可以有效识别和物流相关的问法。

另外，没有成交的订单多是关于尺码的问题，而店小蜜的后台行业包里其实提供有这类设置的入口。很快，陈主管针对某马店铺的爆款商品进行了简单设置，让他惊讶的是，店小蜜不仅可以识别175cm、68kg这种尺码的问法，换成没有单位的“175 、68”也能识别，参数单位还能自动切换。越玩儿越觉得有意思，陈主管最后把常见问题设置了十几个，当晚的对话解决率一下子升到了30%左右。

参与内测之后，某马在2016年“双11”活动中把店小蜜由“夜间丫鬟”转正为“客服总管”，在白天也正式开启了店小蜜功能，在机器人和人工的自由切换中，机器人和人工客服构成的合作小组自动生成，并且专门分出一个4人组“训练”店小蜜。据悉，目前店小蜜对问题的解决率已经超过60%，相当于4个人完成了一半客服人员的工作量。

某马的工作人员说，店小蜜支持通用知识包和个性化知识，对店铺个性化问题的设置和平常培训人工客服差不多，只是平常回答一次问题只针对一个客户，而维护店小蜜一次，就能长久生效。遇到突发情况，原来做客服培训要半天，而现在只要更新一下店小蜜，压力就能降低。在刚刚过去的三八妇女节，一个店小蜜顶了某马45个售前客服。

某马电商客服经理表示：“店小蜜最大的价值不仅仅是帮助节省人工，还大大提升服务效果。”相比人工服务，店小蜜的接待速度快10倍甚至更高，客户体验会好很多。在流量高峰时段，店小蜜仍能快速处理客户请求，大大降低客户流失率。遇到无法回答的问题，店小蜜也能一站式无缝地转人工客服，保证客户体验。

“店小蜜”不仅仅是在帮助商家，更是提高了客户的购买体验。

案例分析：随着时代的不断发展，越来越多的企业开始使用智能化的客户服务系统。积极引导销售流程，通过客户提问积累问题与答案，快速响应，自动匹配知识库中的相似问法，实现精准营销。

任务一　认识人工智能

人工智能从诞生以来，理论和技术日益成熟，应用领域也不断扩大，可以设想，未来人工智能带来的科技产品，将会是人类智慧的“容器”。人工智能可以对人的意识、思维的信息过程进行模拟。人工智能不是人的智能，但能像人那样思考，也可能超过人的智能。

一、人工智能的发展史

1. 人工智能产生的背景

人工智能（Artificial Intelligence），英文缩写为AI，是研究、开发用于模拟、延伸和扩展人的智能的理论、方法、技术及应用系统的一门新的技术科学。随着AI技术的不断创新发展，AI已经进入到各行各业中，尤其在计算机领域内受到愈加广泛的重视，被誉为新科技革命。

而AI革命使机器更进一步去替代人的脑力工作，让人类有更多的精力和时间去从事有关创造力和情感的工作，因此衍生了人工智能机器人，帮助我们解决一些单调、重复、标准化的脑力服务工作，例如客户对商品属性、价格、售后流程等标准化答案的咨询。

2. 智能客服机器人产生的背景

AI的革命将使人类摆脱重复性高且标准化的工作，而这类工作正是机器人擅长的。人工客服可以去做更多需要思考、分析和有创造力的事。

人工客服：招聘、培训、管理成本高、流失率高；高峰期间人工忙不过来，夜间无人值守；每天回复大量重复咨询……

智能客服机器人：永不离职，回复可控；以一对万，永不爆线，永不下班，无须插电；重复咨询智能，个性问题无缝转接人工……

3. 智能客服机器人的发展

（1）智能客服机器人的工作原理。每个客户在咨询的过程中会有不同的问法，人工可以通过自身的知识储备并根据分析直接识别出客户需要咨询的问题，而机器人则需要通过大量的训练，例如很简单的一句“可以便宜点吗？”，人工经过识别，立刻判断出咨询的是价格优惠的问题，而机器人则通过独特的算法去分析交易平台上不同客户咨询价格优惠的对话记录。当获知“可以便宜点吗？”表达的是价格优惠的咨询时，机器人就会调取知识库中该问题对应的答案来回复客户的咨询，如图5-1所示。

（2）如何识别问题。智能客服机器人通过自动识别链接，读取咨询来源商品页，如图5-2所示。

①每个商品的答案都不一样，机器人如何选择性地回答呢？

机器人跟人工是一样的思维方法。人工要想知道客户问的是哪款商品，需要给客户提供商品链接，机器人也一样，不同商品的回复是不一样的；也会让客户提供宝贝

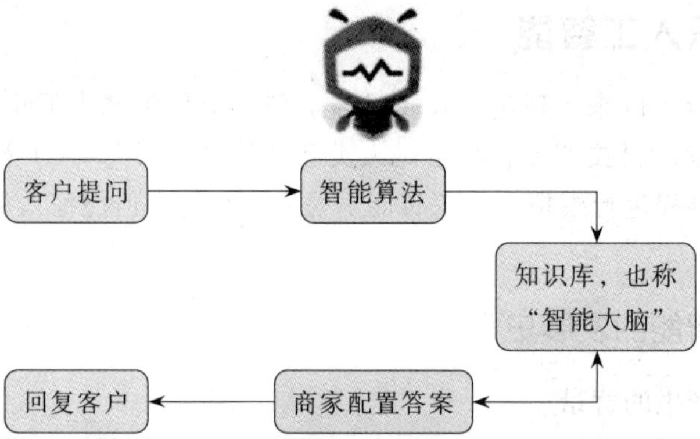

图5-1 智能客服机器人的工作原理示意图

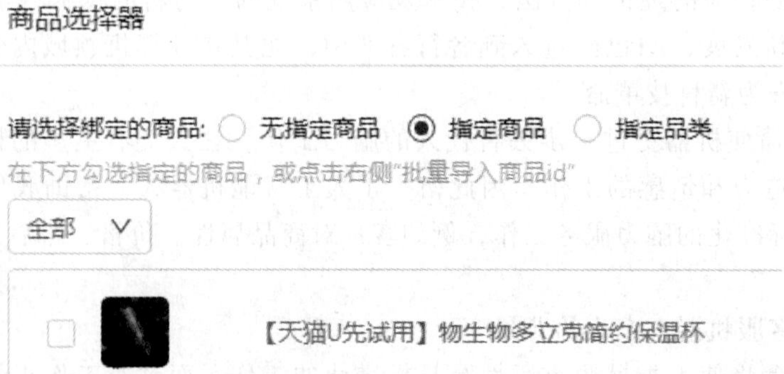

图5-2 关联商品

链接，然后匹配到知识库里关联不同商品的答案即可。

②如何自动判断客户咨询的是哪一笔订单并识别不同订单状态？

不同订单状态下回复不同的答案，系统每个客户的交易状态是有详细记录的，机器人不用咨询客户，就可以自动识别客户是否已下单，订单状态是已付款，还是已发货，所以当客户问是否有物流记录的时候，机器人就能自动识别是发货物流记录，还是退货物流记录。

③如何准确回答客户的问题？

机器人回答是否准确，取决于一个叫知识库的智能大脑（如图5-3所示），里面有不同场景问题，不同商品问题，不同订单状态问题的答案，通通都是人工配置的，这说明配置的那个人的服务水平就代表着机器人的服务水平，你等于复制了一个如何回复客户的“你”给机器人，让机器人帮助你去回答客户，而且机器人可以在1秒内回答上万个客户，等于原来需要20个像你一样的客服，现在只需要1个你+1个机器人就够了，而且机器人还可以做到不吃饭，不睡觉，无论客户怎么责骂，都没有负面情绪，永远笑脸相迎，而且无论多少人来咨询，都能做到1秒内回复，不再担心回复速度慢导致客户不满和丢单，而且你也不会再为每天回复重复单调的问题而苦恼，你需要做的只是：训练好你的智能客服。

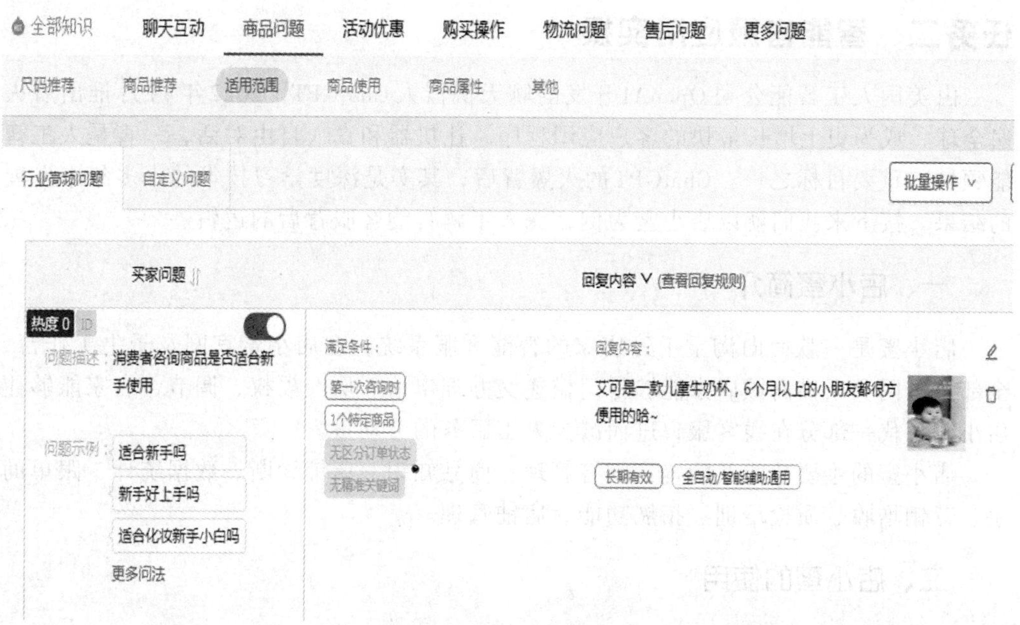

图5-3　知识库

二、人工智能在电商中的应用

1. 主要应用技术

（1）语义识别。

（2）知识库：解答产品参数、型号、活动等问题。

（3）客户参数：智能推荐，如衣服、鞋子的尺码等。

2. 程序设计

覆盖领域：40多个行业，超过1 300个业务场景，涵盖咨询承接、工单流转、质量监控、服务决策、服务管理……

3. 算法

（1）算法工程师：淘宝服务数据——基础算法模型。

（2）人工智能训练师：挖掘、评测、使用、校验。

4. 市场应用

目前在阿里、京东、抖音、拼多多等电商领域广泛使用，市场应用分为两大模式：

（1）全自动模式。机器人在无客服的情况下根据提前配置好的答案自动回复客户的问题。店小蜜可以在人工客服不在的时候（如夜间），或者人工客服接不过来的情况下（如大促或活动中）帮助解决店铺的高频问题、爆款商品问题等。

（2）智能辅助模式。它是由智能客服和人工客服一起接待客户，回应的内容包含自动回复和强烈推荐两种方式。

任务二 智能客服应用实操

由美国人工智能公司OpenAI开发的聊天机器人ChatGPT，2022年11月推出后火遍全球，成为史上增长最快的客户应用程序。让机器和真人自由对话，一直是人工智能领域的重要目标之一。ChatGPT的火爆背后，其实是深度学习技术的十多年来发展的结果。接下来我们就以店小蜜为例，深入了解智能客服背后的逻辑。

一、店小蜜简介

店小蜜是一款面向淘宝千万店家的智能客服系统，在店小蜜官网及千牛工作台，全部淘宝网及天猫商城店家能够零门槛递交办理申请。历经授权、调节，店家能够让店小蜜替代一部分在线客服，进而减少人工服务的劳动量。

店小蜜的主要功能及配置：问答管理、商品知识、店铺诊断、数据统计、跟单助手、营销增收、质检培训、拓展功能、店铺管理。

二、店小蜜的使用

1. 店小蜜入门快速开启

目前店小蜜的运行和使用依托于千牛客户端，因此我们需要了解使用店小蜜时涉及的千牛功能，便于后续操作使用。

（1）开启店小蜜前的千牛工具准备。千牛是阿里官方出品的卖家工作台，适用于淘宝和天猫商家，目前有2个版本：电脑版和手机版。

①千牛账号权限设置。千牛官网（work.taobao.com）下载千牛（Windows版）—创建账号—设置权限创建子账号：店小蜜通过“服务助手”子账号进行服务，因为开通服务助手涉及分流，所以启用时必须创建子账号。

训练师账号权限：卖家中心—子账号管理—员工管理—找出训练师账号—修改权限—子账号管理，勾选分流管理—保存，如图5-4所示。

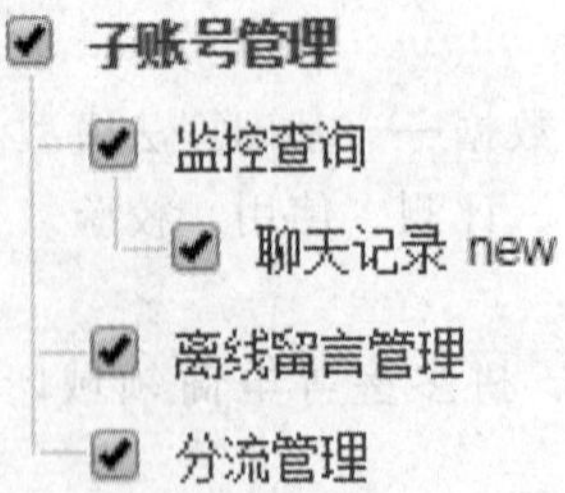

图5-4 子账号分流设置

②进入店小蜜操作后台。

第一步：子账号登录千牛。电脑端打开千牛客户端，登录“具有分流权限”的训练师子账号，如图5-5所示。

第二步：从工作台进入店小蜜。在千牛“首页”搜索框搜索“店小蜜”，选中“店小蜜3.0”，如图5-6所示。

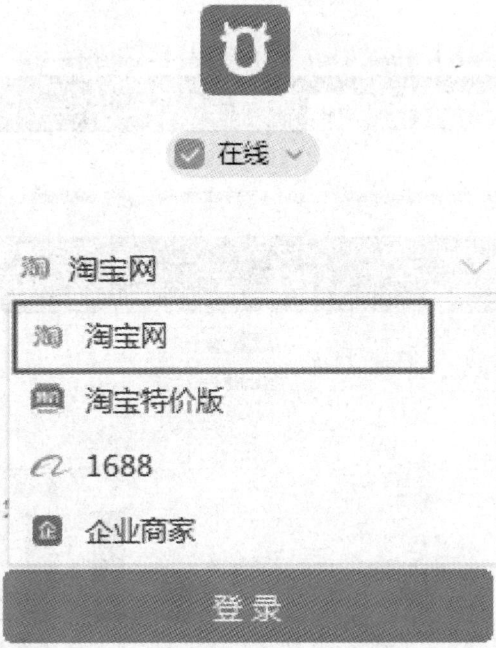

图5-5　登录千牛

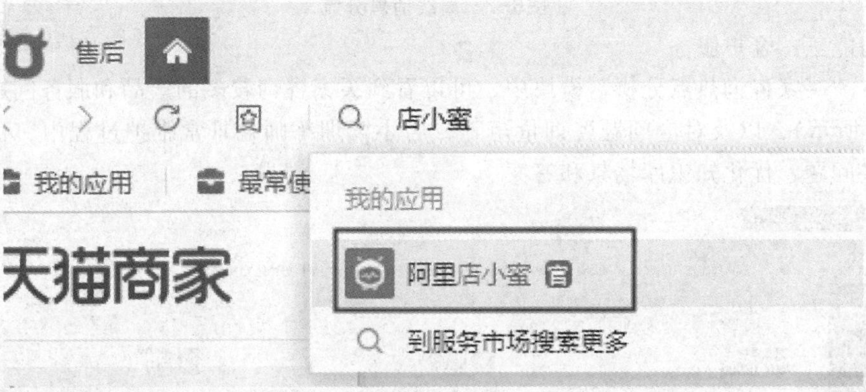

图5-6　搜索店小蜜

③店小蜜涉及的其他千牛功能。

功能一：千牛分流：店铺接待设置。

店小蜜的开启模式取决于服务助手的接待模式，服务助手可以设置三种接待模式：人工优先、助手优先、混合模式。

人工优先：人工客服均离线或挂起时，服务助手自动接待；

助手优先：客户咨询优先流入服务助手，解决不了再转人工；

混合模式：人工客服在线时使用，按比例分配店小蜜接待流量。

功能二：离线消息分流。

店小蜜接待过的客户消息都存储在离线消息里，分已处理和未处理两种状态（如图5-7所示）。

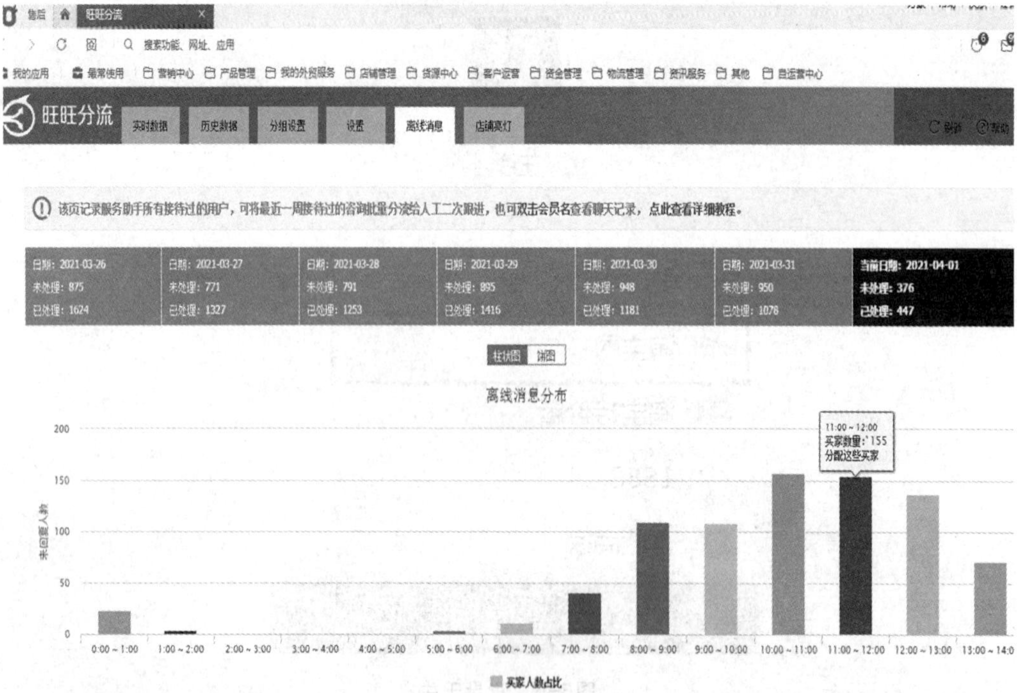

图5-7 离线消息分流

功能三：客户服务。

在“买家咨询热点分析”模块中，可以看到买家咨询较多的产品和服务问题（如图5-8所示），以及对应问题咨询量矩阵；店小蜜训练师在日常维护过程中，可以参考这些问题，优化知识库场景和答案。

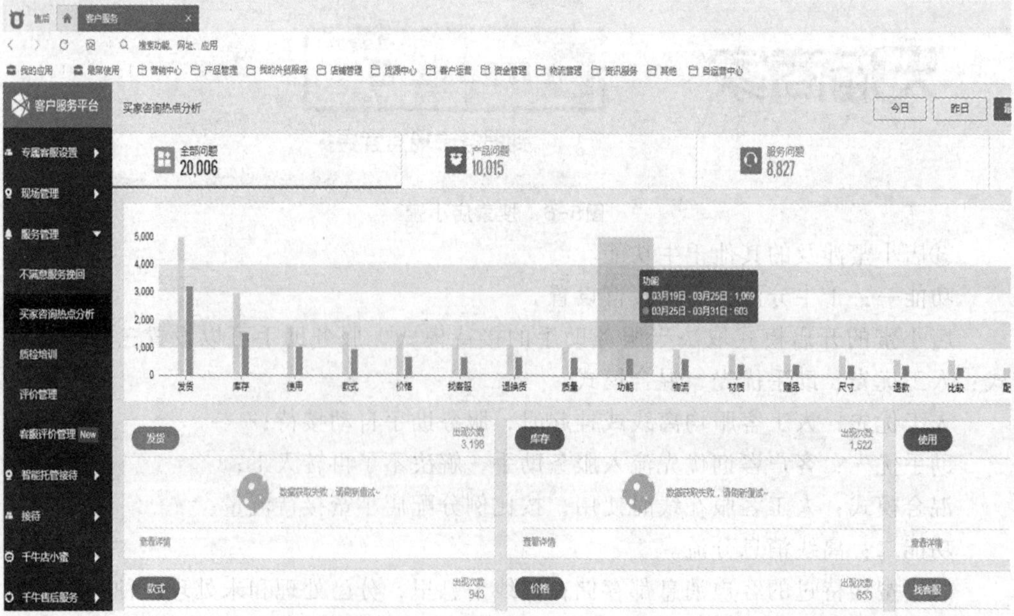

图5-8 买家咨询热点分析示例图

功能四：聊天记录。

通过聊天记录可以看到服务助手是如何回复客户问题的，回复思路是怎样的（如图5-9所示）。

图5-9　聊天记录查询

课堂讨论5-1

1. 服务助手有几种接待模式？分别是哪些？

2. 训练师若要优化知识库场景，该怎样操作？

（2）订阅行业包

①什么是行业高频问题？在了解什么是行业高频问题之前，需要先了解一个概念——知识库。知识库依据售前、售中、售后进行归纳总结，形成我们的店铺知识，如图5-10所示。

②知识场景的定义：知识场景是对客户大量杂乱无序的问题，经过算法处理，由店小蜜训练师按照一定规则和定义，对其进行有意识的归类和提炼而得出的场景，如图5-11所示。

③知识场景的作用：人工客服接收到客户的咨询问题后，针对客户的问题，通过分析来匹配对应的答案，然后再回复客户；店小蜜解决问题的逻辑与人工相似，首先，客户发出提问，店小蜜会识别客户提问，定位到对应的知识场景，其次，根据训练师匹配的对应答案来回复客户，如图5-12所示。

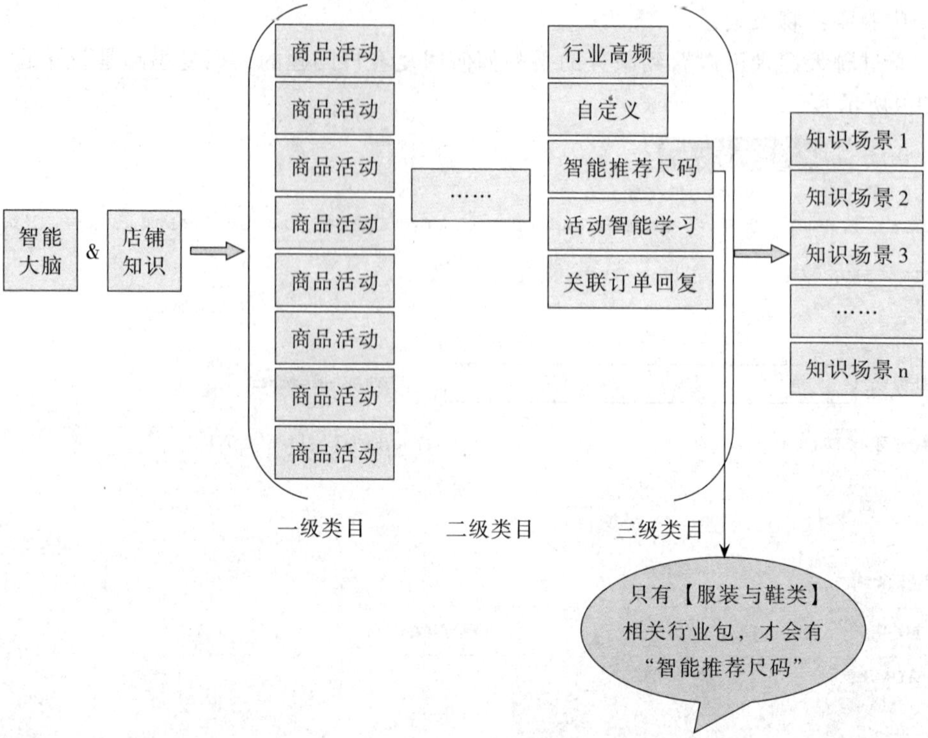

图5-10 知识库分类

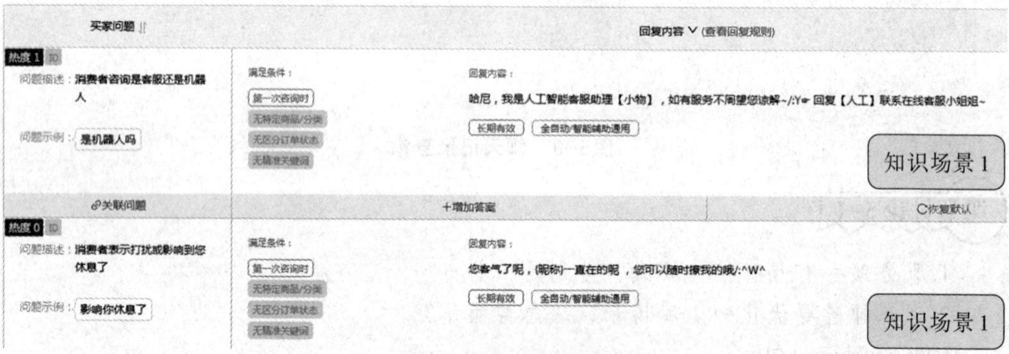

图5-11 知识场景案例

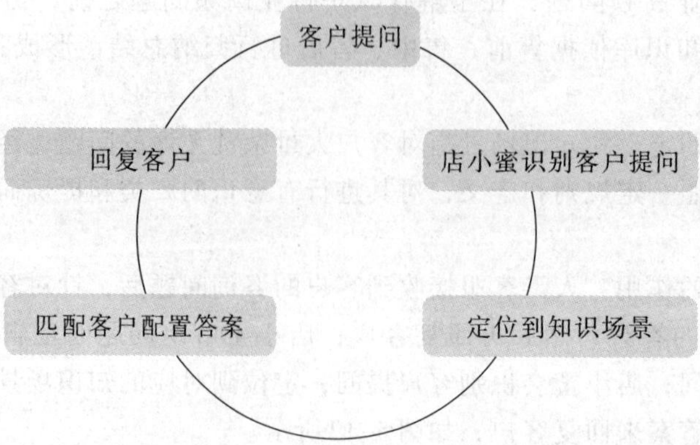

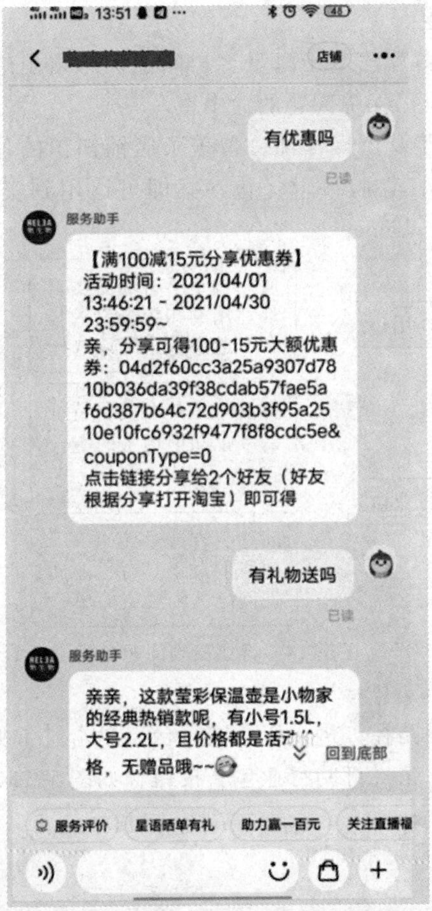

图5-12　店小蜜接待流程示例图及案例

④知识场景组成四要素（如图5-13所示）。

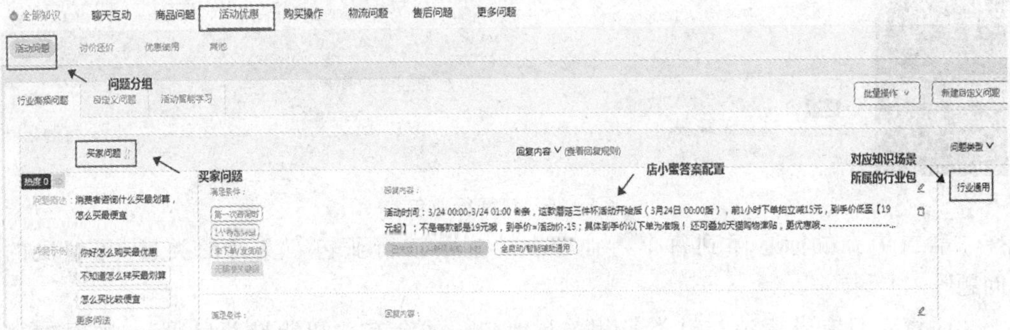

图5-13　知识场景案例图

问题分组：知识场景的分类、店铺知识中7大问题分类。

买家问题：可更清晰了解场景应用在哪个环节、知识场景可覆盖问题的举例、帮助理解每个场景可命中问题、可根据自身情况去优化知识场景答案。

机器人回答：买家问题触发对应知识场景后，店小蜜回复答案。

行业分类：该知识场景属于哪个行业包或者通用包。

⑤认识行业高频问题。

A.行业高频问题是由算法基于海量客户问题训练得出的，每一类高频问题都覆盖了上千种客户问法，可以保障问题的命中率。

B.行业高频问题覆盖及可操作性。覆盖了店铺知识的各个分类，对应店小蜜已经提过的行业高频问题，只需编辑优化答案即可运用到实际的接待中，如图5-14所示。

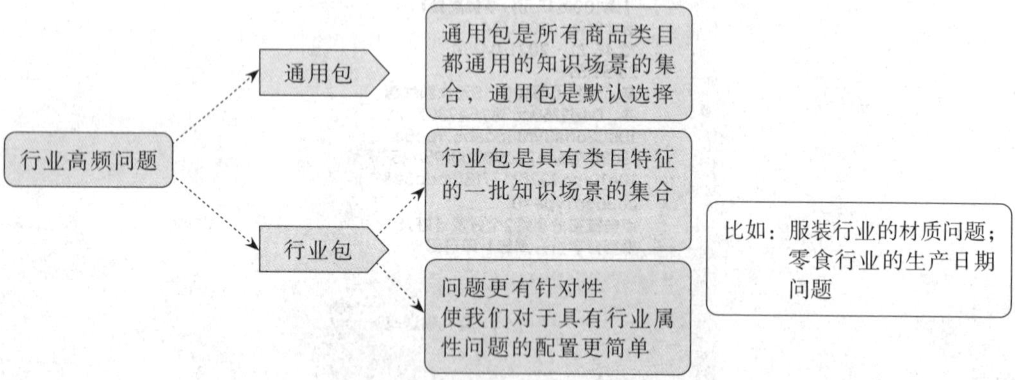

图5-14 行业高频问题分类

⑥如何订阅行业包？

第一步：行业包订阅路径：进入店小蜜后台，单击【常见问答配置】—【专业问答知识配置】—单击右上角【订阅行业包】按钮，如图5-15所示。

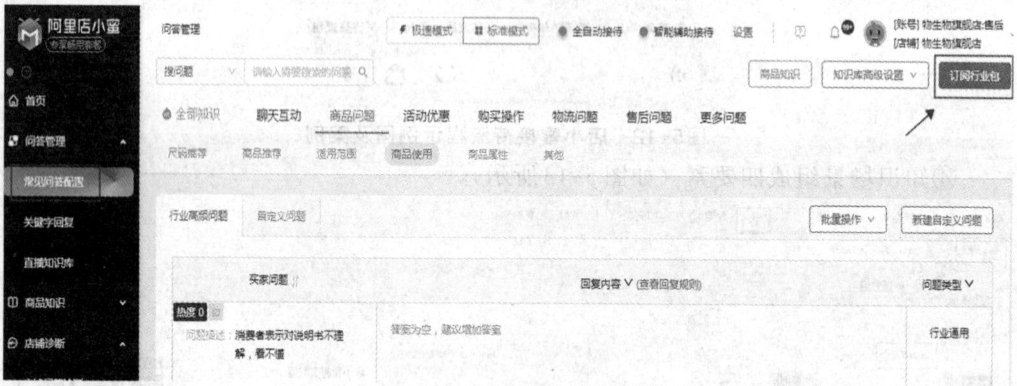

图5-15 订阅行业包1

第二步：鼠标悬浮到每个行业包上，显示该行业包“支持的类目+可解决的问题”。

注意：只有【服装与鞋类】相关行业包，才会有“智能推荐尺码”，如图5-16所示。

⑦你的类目该怎么选行业包？

行业包订阅中心包含了当前已上线的所有【行业包】，每个行业包鼠标悬浮后可显示该行业包支持的类目和可以解决的问题类型，目前覆盖了近50个行业包，行业包对应的类目如图5-17所示。

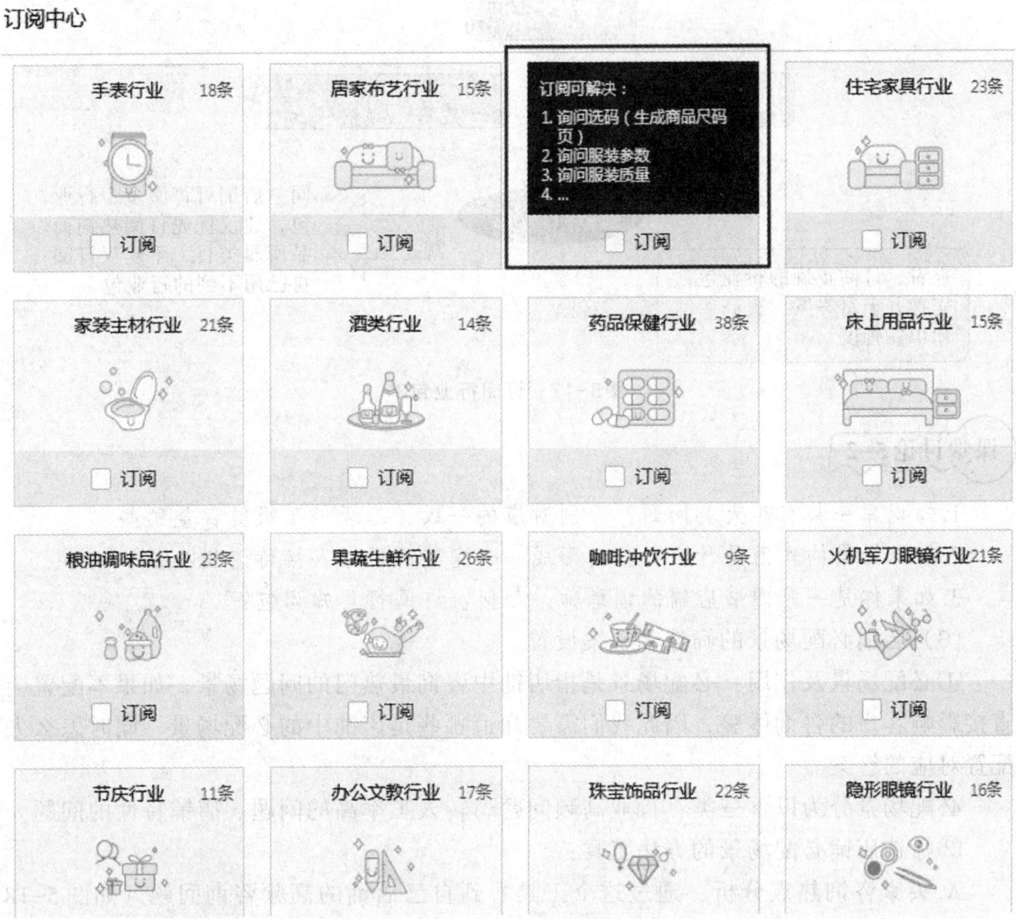

图5-16　订阅行业包2

服装行业	鞋类行业	手表行业	行业通用	零食行业	洗护行业
箱包行业	3C数码行业	美妆行业	烹饪厨具行业	大家电行业	小家电行业
餐饮具行业	汽车配件行业	婴儿用品行业	宠物行业	运动瑜伽行业	服饰配件行业
机票行业	玩具行业	国际及代购专用	户外用品行业	家居饰品行业	奶粉营养品行业
孕妇用品行业	手机行业	居家布艺行业	通信充值行业	住宅家具行业	家装主材行业
酒类行业	药品保健行业	床上用品行业	粮油调味品行业	果蔬生鲜行业	咖啡冲饮行业
火机军刀眼镜行业	节庆行业	办公文教行业	珠宝饰品行业	隐形眼镜行业	花卉园艺行业
茶类行业	家装灯饰光源行业	书籍/杂志/报纸行业	签证行业	飞猪门票	电子/电工行业
飞猪酒店	成人情趣用品行业				

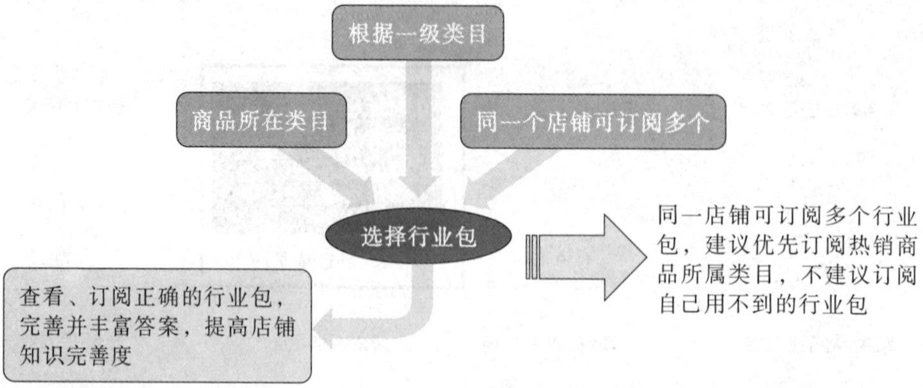

图5-17 订阅行业包3

课堂讨论5-2

1.知识库一共有几大类问题？分别对应的一级、二级、三级类目是哪些？

2.知识场景的作用是什么？如何形成一个完整的机器人接待流程？

3.如果你是一家图书店铺的训练师，如何去订阅行业知识包？

（3）店铺必配场景的筛选和答案设置

①必配场景及作用：必配场景是指店铺中咨询最热门的问题场景，如果不配置会直接影响客户的咨询体验，因此我们需要知道哪些是店铺中的必配场景，同时怎么去配置对应的答案。

必配场景分为以下三类：行业高频问题、转人工率高的问题、店铺特性的问题。

②筛选店铺必配场景的方法工具：

A.买家咨询热点分析：通过这个工具看到自己店铺的高频咨询问题（如图5-18所示），从而跟店小蜜知识库进行结合，对已有的高频知识场景做答案配置，对没有的高频知识场景做自定义的增加。

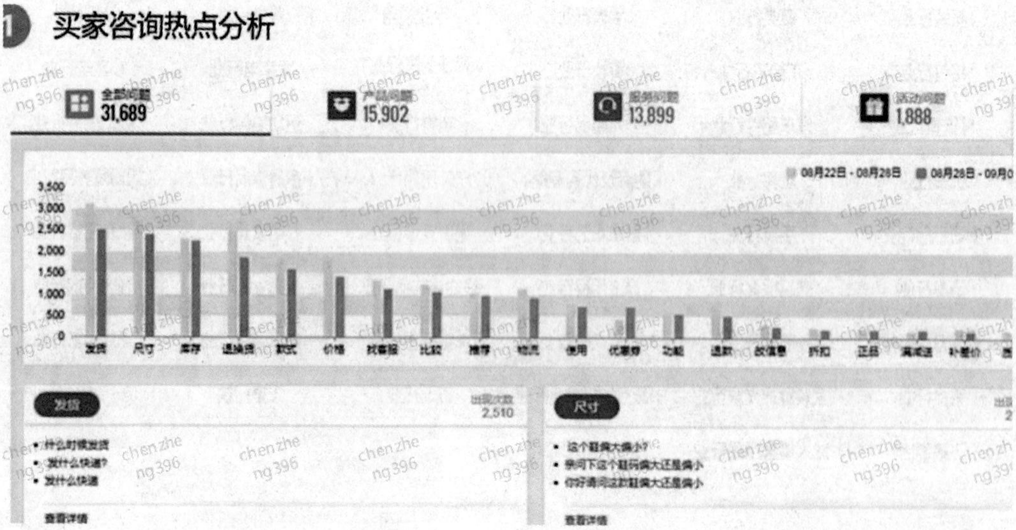

图5-18 买家咨询热点示例图

注意：针对接待体量不大或没有“买家咨询热点分析”的店铺，可收集转人工的问题，供店小蜜训练师整理分析优化店小蜜。

B. 数据看板：【接待和转人工率】—【咨询问题】—【命中知识】可以体现出客户咨询的热门问题，将问题咨询次数降序排列后，筛选出高频咨询问题进行配置，如图 5-19 所示。

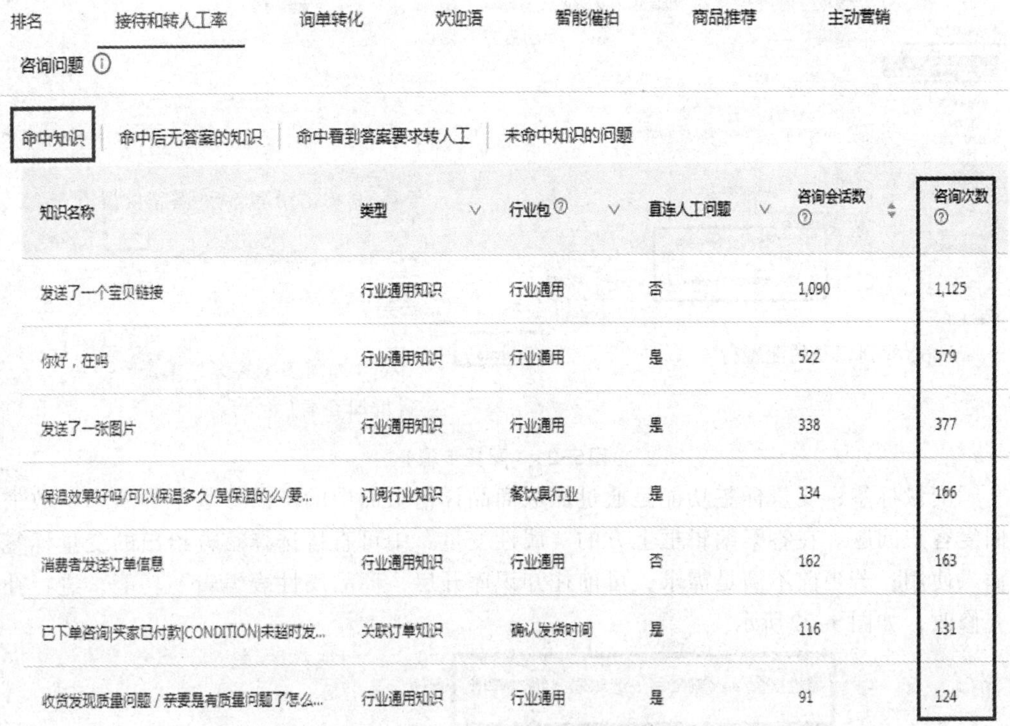

知识名称	类型	行业包	直连人工问题	咨询会话数	咨询次数
发送了一个宝贝链接	行业通用知识	行业通用	否	1,090	1,125
你好，在吗	行业通用知识	行业通用	是	522	579
发送了一张图片	行业通用知识	行业通用	是	338	377
保温效果好吗/可以保温多久/是保温的么/要...	订阅行业知识	餐饮具行业	是	134	166
消费者发送订单信息	行业通用知识	行业通用	否	162	163
已下单咨询|买家已付款|CONDITION|未超时发...	关联订单知识	确认发货时间	是	116	131
收货发现质量问题 / 亲要是有质量问题了怎么...	行业通用知识	行业通用	是	91	124

图5-19　命中知识示例图

C. 知识库热度 TOP100：知识库热度排名 TOP100 的知识库场景全量配置，且需定期优化，如图 5-20 所示。

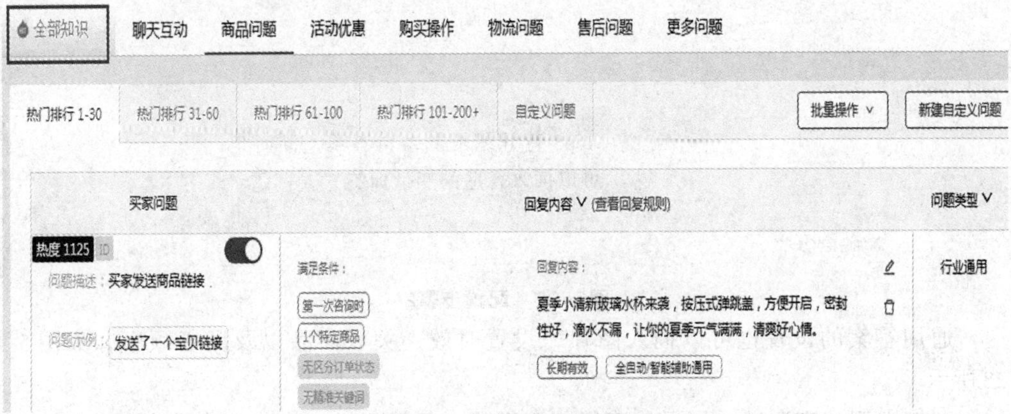

图5-20　知识库示例图

③必配场景如何配置答案——通用答案设置。通用答案是指适用于店铺所有商品的答案，不针对商品个性化设置。

通用答案的配置步骤如图5-21所示。

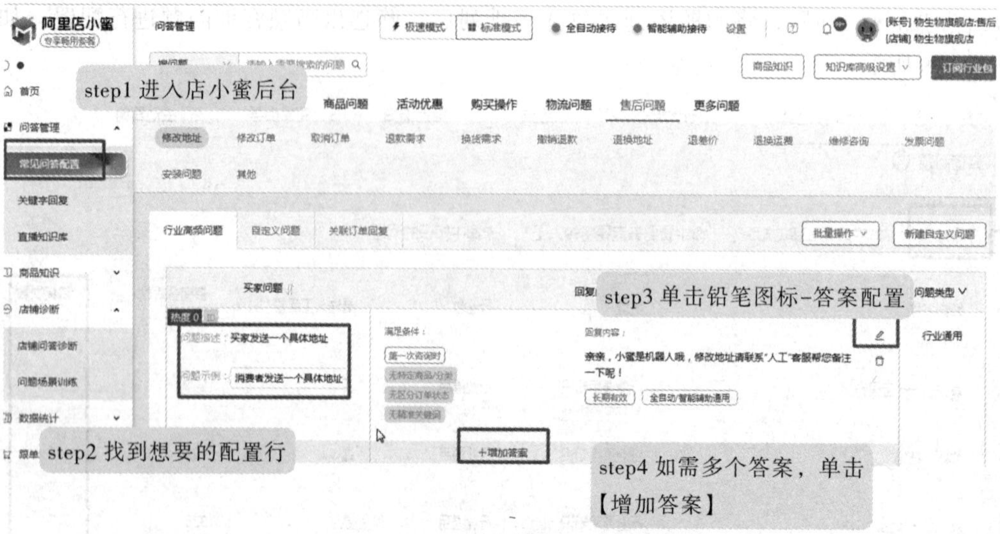

图5-21 配置步骤1

变量标签：变量标签功能是通过抓取商品详情页面中的产品参数中的属性参数来回复客户问题。在答案编辑框上方的“属性变量”中可直接选择官方给出的变量标签插入使用；若当前不满足需求，可前往知识库开启“商品属性表编辑”功能，进行补充修改，如图5-22所示。

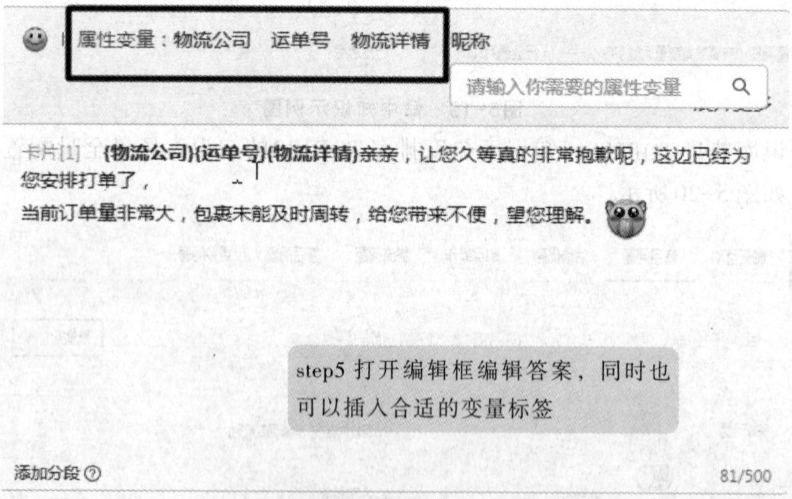

图5-22 配置步骤2

通用答案的设置也可以插入图片，设置时效，关联商品以及回复顺序，如图5-23所示。

到答案测试窗测试，如果答案回复不准确，可以通过“修改答案内容”按钮进行修改答案，如图5-24所示。

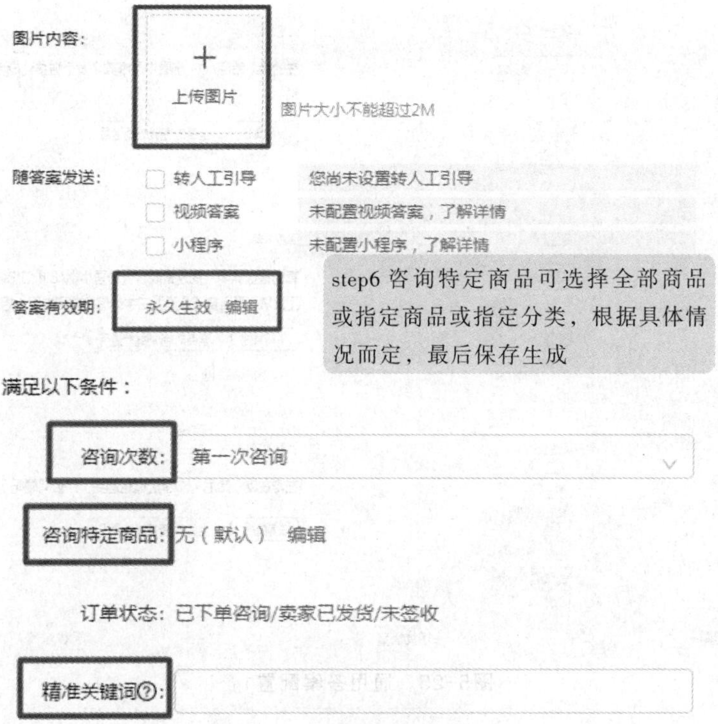

图5-23 配置步骤3

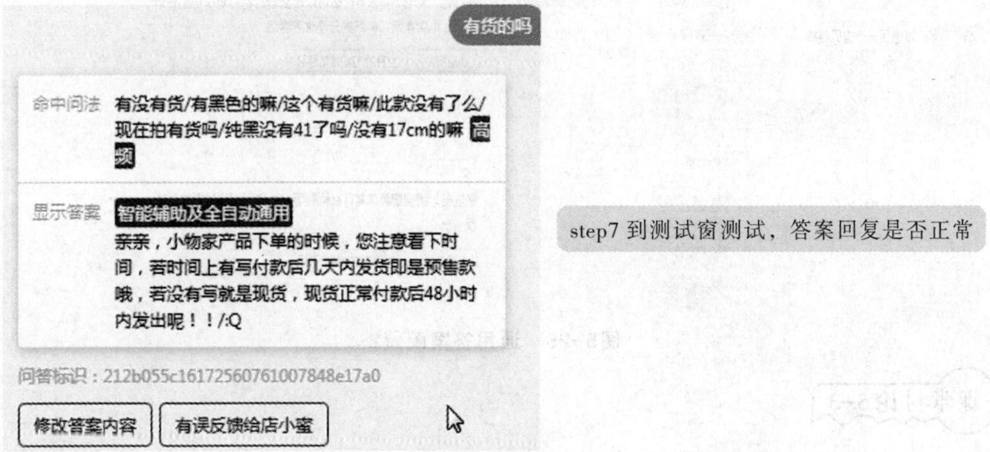

图5-24 配置步骤4

④热门场景配置参考。我们主要给大家介绍几个热门场景的通用答案的配置参考。

例1：行业高频问题——你好，在吗？可以设置多个答案，防止客户二次询问得到重复答案，如图5-25所示。

例2：行业高频问题——发送链接，可以设置多个答案，同时可以设置店铺营销活动利益点，如图5-26所示。

图5-25 通用答案配置1

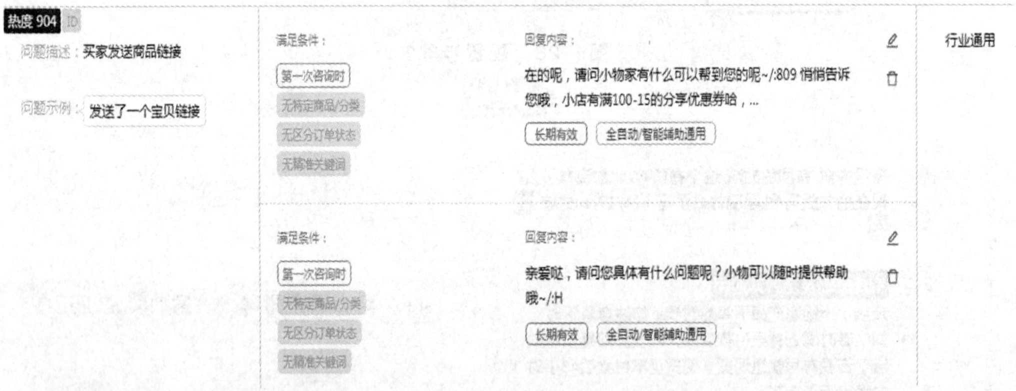

图5-26 通用答案配置2

课堂讨论 5-3

1. 必配场景分为哪几类？

2. 筛选店铺必配场景的方法有哪些？分别从哪里获得？

（4）基础接待设置——分时段设置。

①专业欢迎语配置的作用（如图 5-27 所示）。

A. 配置店小蜜昵称：在知识库配置答案时插入｛昵称｝，回复时自动生效，让回复更亲切！

B. 配置时间段：用于配置全自动开启后不同时间段展示不同欢迎语、卡片问题、直连人工场景，不是全自动开启时间。

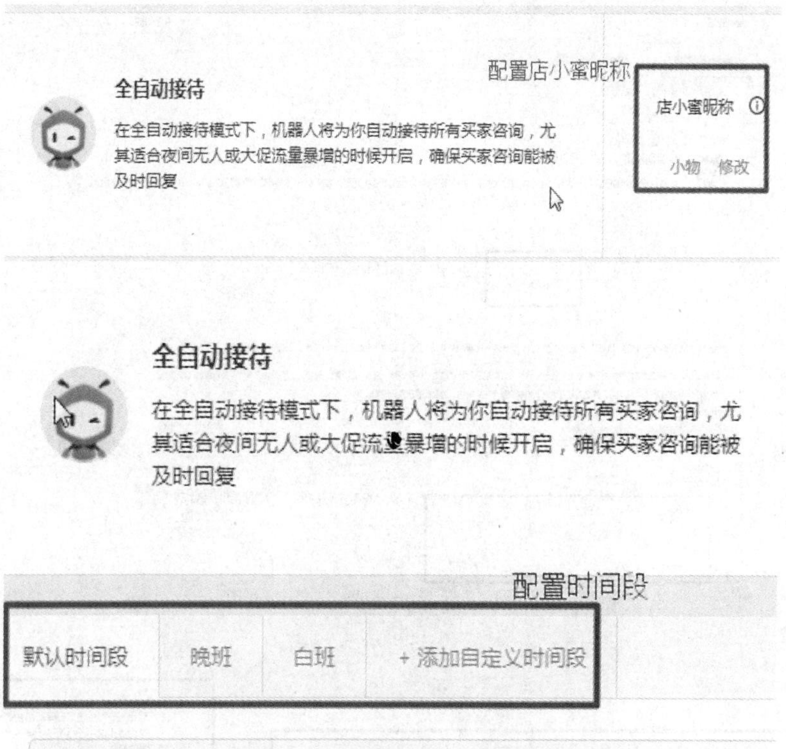

图5-27　店小蜜分时配置1

②默认时间段和自定义时间段的区别（如图5-28所示）。

A.默认时间段：生效时间固定为00：00—23：59，无法修改。

B.自定义时间段：生效时间可编辑，如果设置多个自定义时间段，每个自定义时间段不可以冲突重叠（最多设置3个自定义时间段）。

C.优先级：自定义时间段优先级高于默认时间段。

已设置自定义时间段时，则对应时间内自定义时间段的设置内容会生效，自定义时间段未覆盖的时间则回复默认时间段的设置内容。

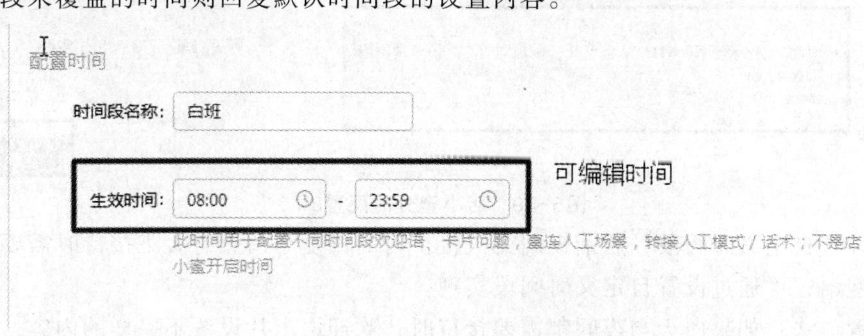

图5-28　店小蜜分时配置2

③如何设置自定义时间段。

添加自定义时间段后，默认内容与默认时间段的内容一致；时间段以天为周期生效，建议时间段名称以生效时间命名，更加一目了然（如图5-29所示）。

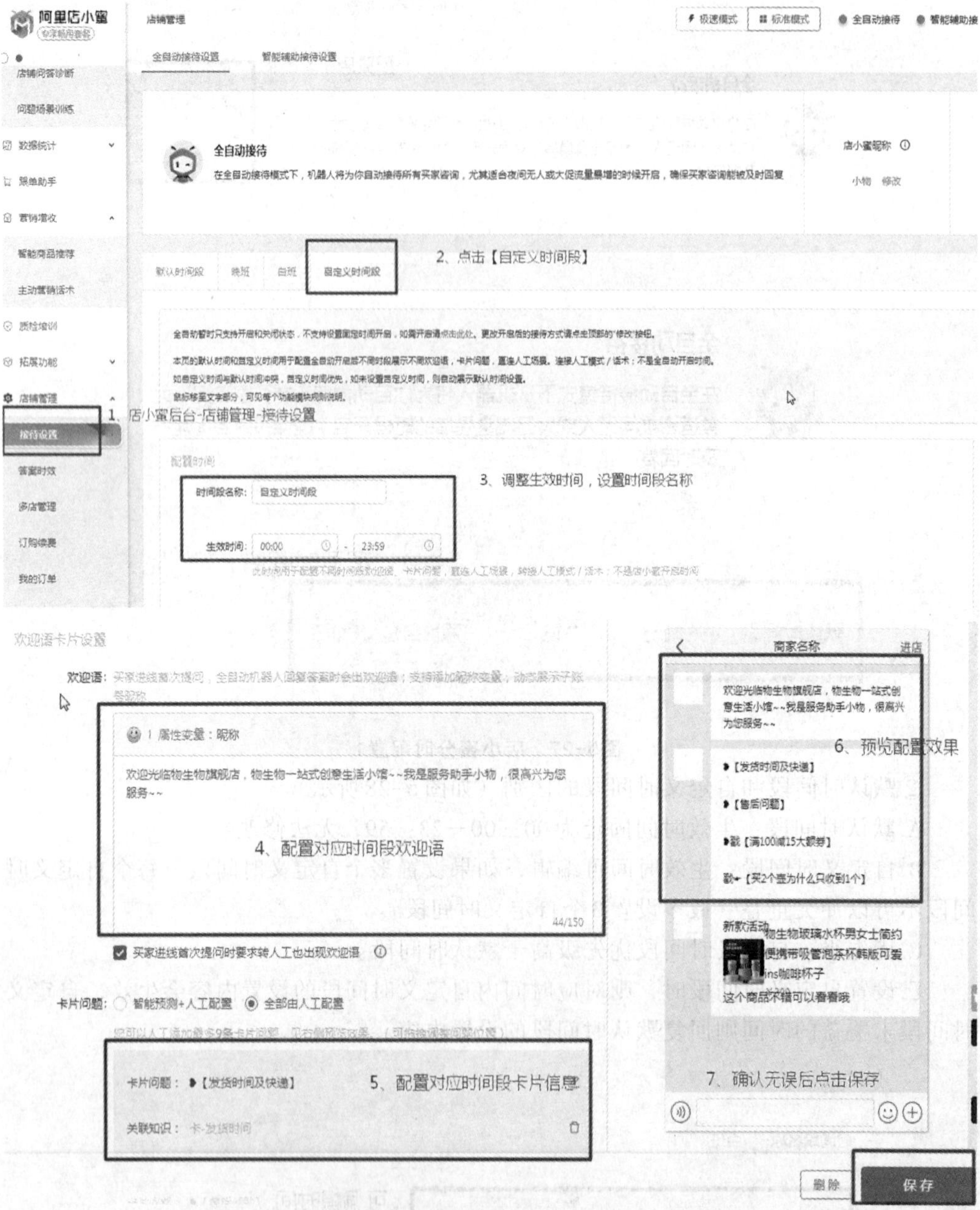

图5-29　店小蜜分时配置3

④设置自定义时间段。店铺夜间无人接待时的回复与白天有人工接待时需要区分不同欢迎语，可通过设置自定义时间段实现。

设置方法：如果白天与夜间都需要接待时，欢迎语卡片设置不一样的内容，可以分别设置【白班】【晚班】的自定义时间段。生效时间按照店铺人工客服上线与下线时间来设置。

（5）基础接待设置——欢迎语卡片设置。

①欢迎语卡片作用。当店小蜜帮助您服务客户时，欢迎语及一起展示的卡片问题

可以增加活动信息透出度。客户关注的热门问题可点击卡片获取答案，避免复杂问法无命中，如图5-30所示。

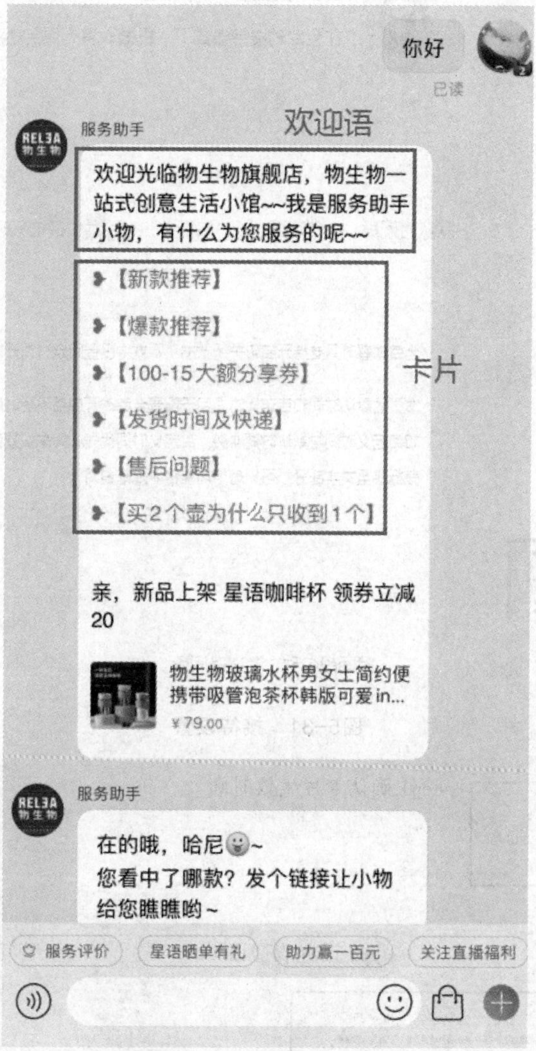

图5-30　欢迎语卡片示例

②设置步骤。

第一步：找到店铺管理—接待设置—进入欢迎语卡片配置界面，如图5-31所示。

第二步：配置欢迎语卡片步骤，如图5-32所示。

③卡片问题的两种形式。

A.智能预测+人工配置：系统智能帮您最多推荐5条自定义问题，您还可以人工配置最多4条。一共最多有9条卡片问题，人工配置的卡片优先展示，如图5-33所示（人工配置部分，拖拽可调整位置）。

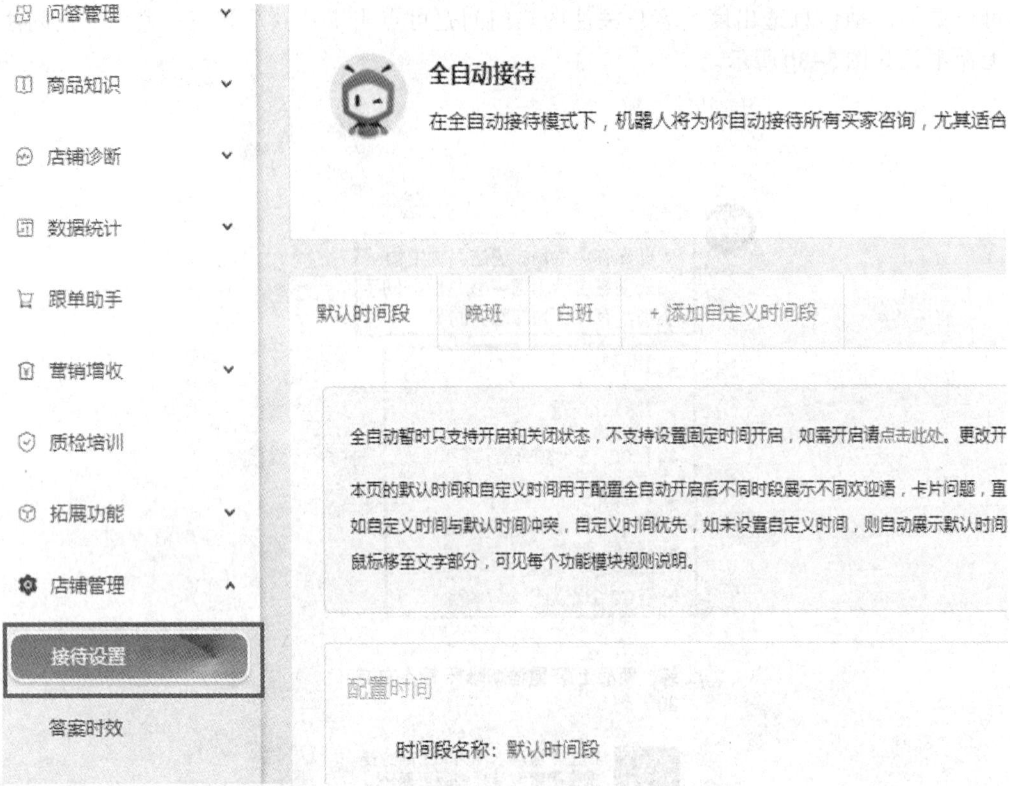

图5-31 接待设置

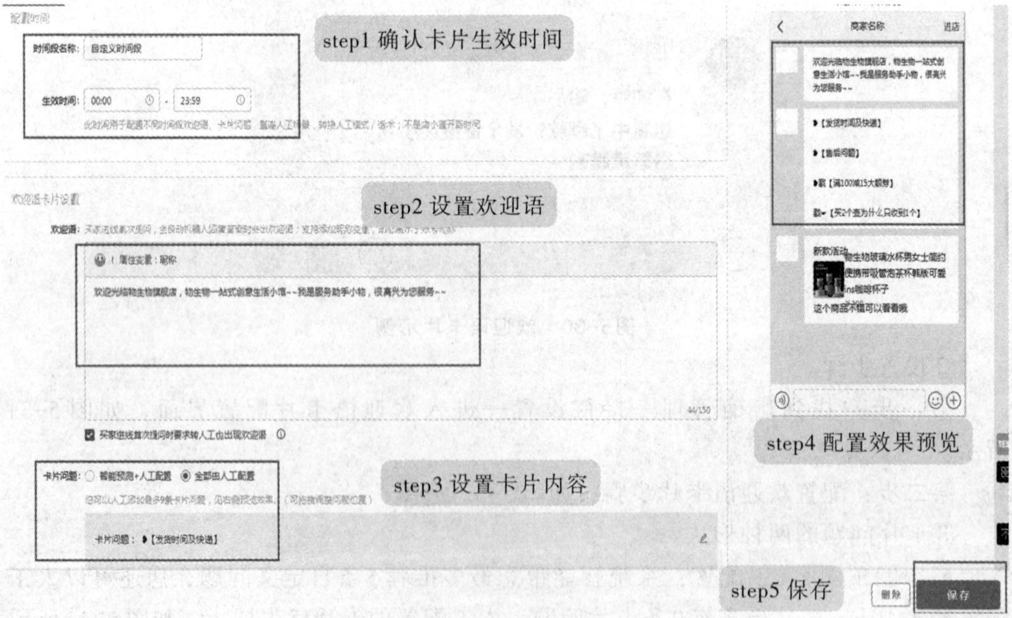

图5-32 卡片设置步骤

B.智能预测：系统会根据客户行为轨迹，店铺高频咨询，知识库中问题热度等多个维度来评估，预测客户可能感兴趣的问题，千人千面推荐给客户。

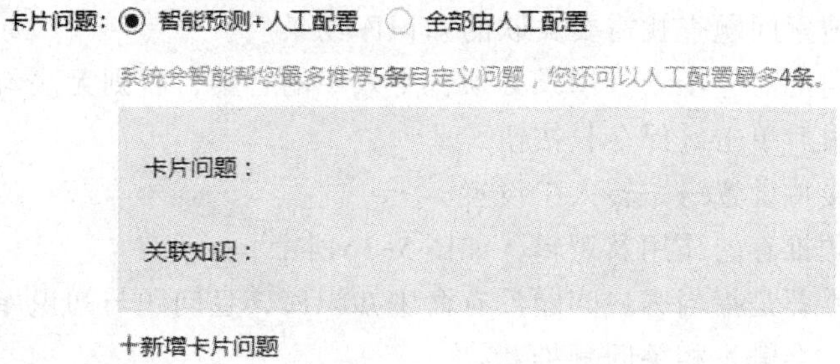

图5-33　智能预测+人工配置示例图

C.全部由人工配置：您可以人工添加最多9条卡片问题（可拖拽调整问题位置），如图5-34所示。

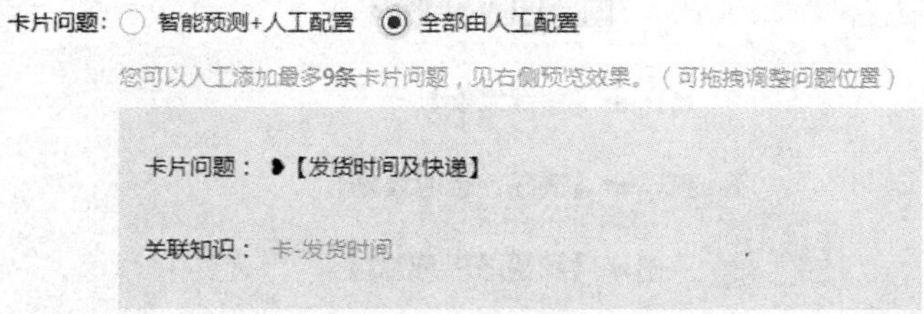

图5-34　全部由人工配置示例图

④欢迎语卡片如何与知识库关联：在欢迎语下方下拉，单击【+新增卡片问题】，如图5-35所示。

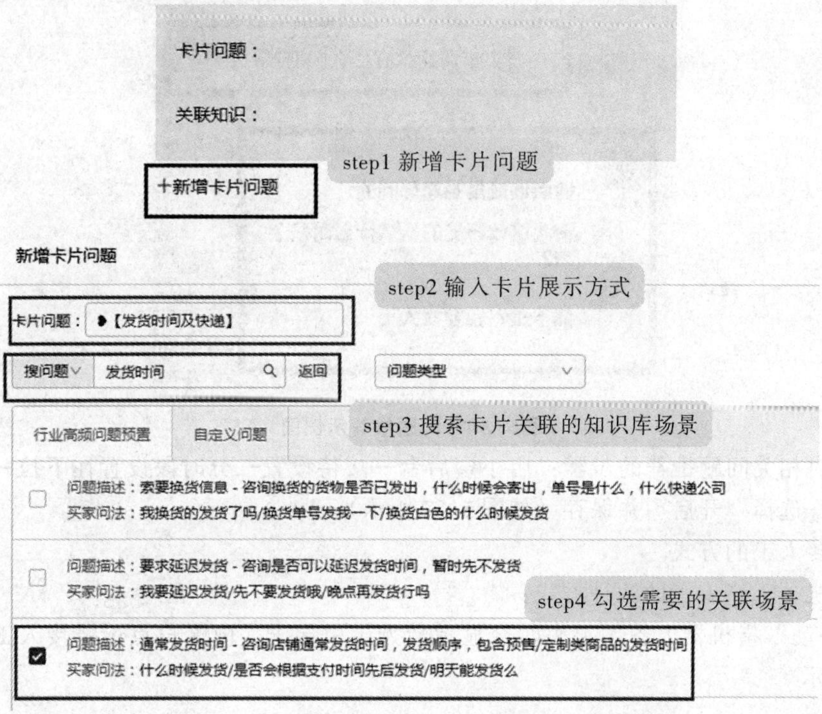

图5-35　欢迎语卡片设置

第一步：在【卡片问题】中输入卡片展示方式（最多15个字符）。

第二步：搜索问题查找需要关联的知识库场景。

第三步：勾选对应场景（场景必须含生效中的答案，否则无法勾选）。

第四步：最后单击【保存】按钮。

（6）基础接待设置——转人工设置。

①相关问题推荐的作用及逻辑（如图5-36所示）。

相关问题推荐是指当客户问题没有命中知识库，且问题与知识库中其他问题达到一定相似度时，会触发相关问题推荐。

相关问题推荐能有效降低小蜜的转人工率，给出客户可供选择的多个问题，客户可自行点击想问的问题，若都不是也可以找人工咨询。

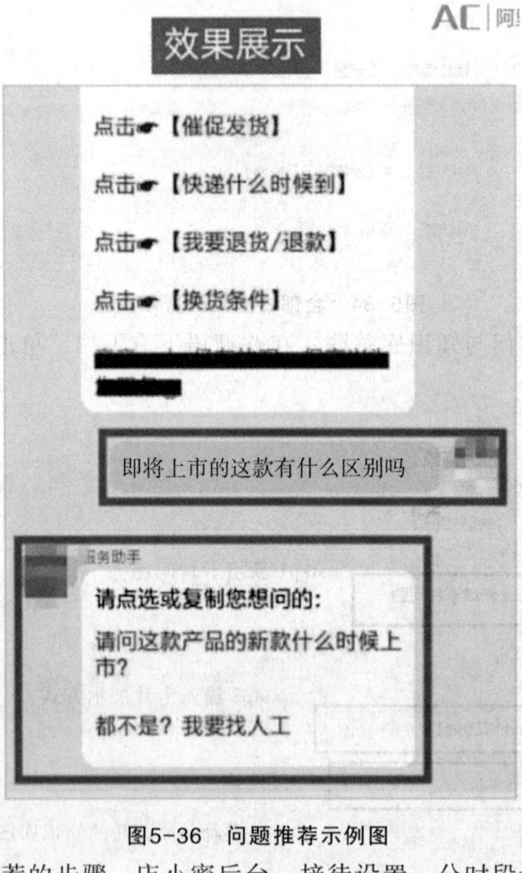

图5-36 问题推荐示例图

开启相关问题推荐的步骤：店小蜜后台—接待设置—分时段设置往下拉—相关问题推荐—选择“开启”并保存（如图5-37所示）。

②转人工的方式。

A.机器人转人工的两种方式：

“手动”指机器人答不上来时会显示转人工引导语，由客户点选链接人工，如图5-38所示。

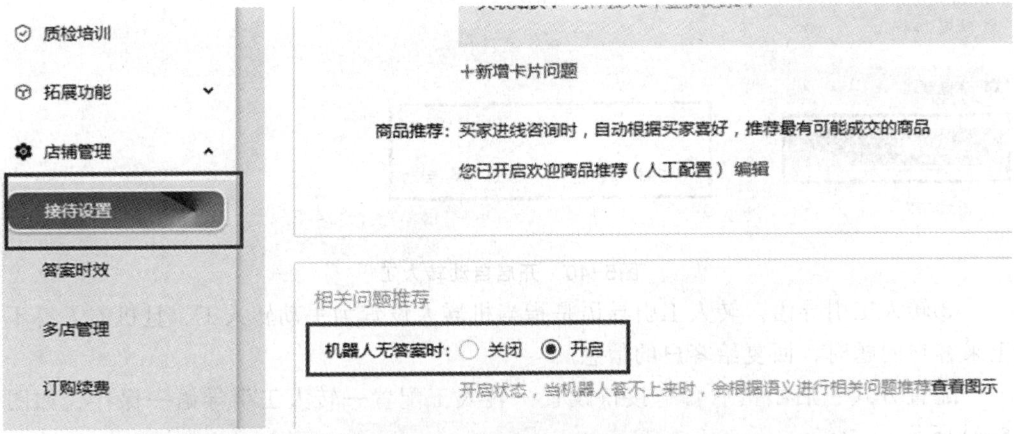

图5-37　开启相关问题推荐

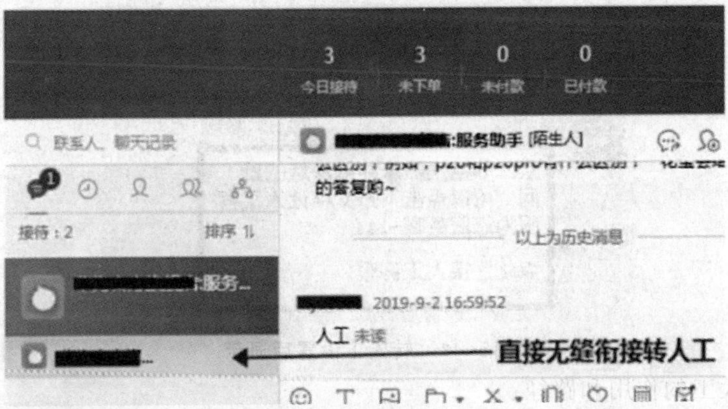

图5-38　手动转人工

“自动”指机器人答不上来时系统会自动转人工，客户无须点选，如图5-39所示。

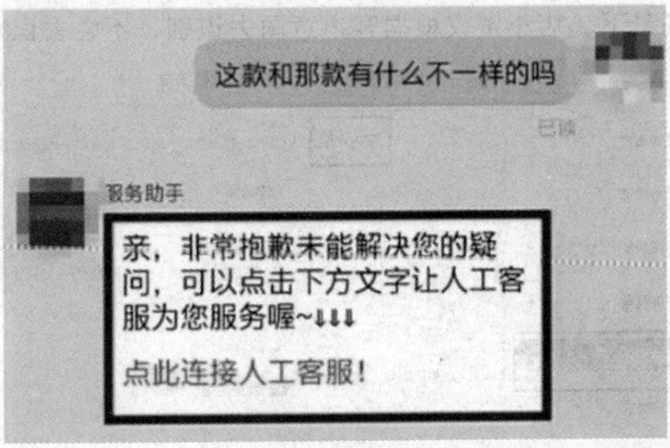

图5-39　自动转人工

B.自动转人工开启步骤。

店小蜜后台—接待设置—转人工配置—机器人转人工—选择“自动”并保存，如图5-40所示。

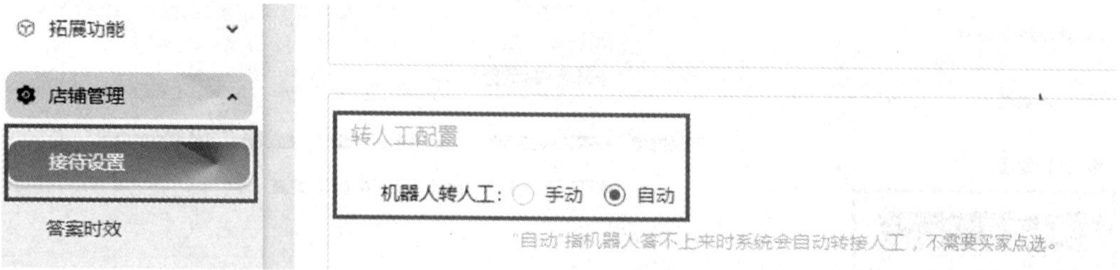

图5-40 开启自动转人工

③转人工引导语。转人工引导语是指当机器人设置为手动转人工，且机器人答不上来客户问题时，回复给客户的信息。

配置方式：店小蜜后台—接待设置—转人工配置—转人工引导语—保存，如图5-41所示。

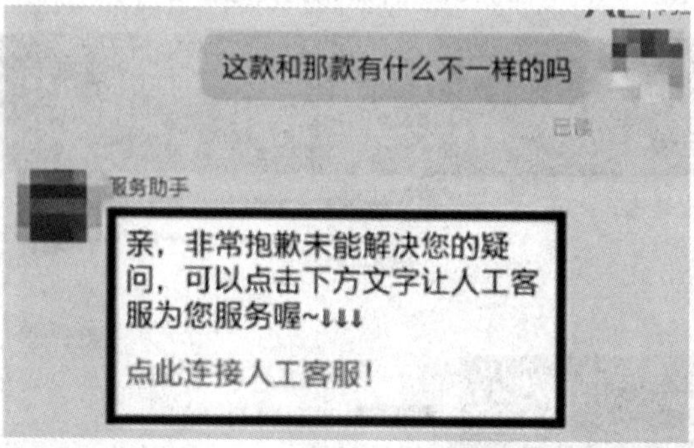

图5-41 转人工设置后显示

④直连人工的作用和路径。

直连人工的作用：应对一些需要人工去操作的情况时，可以勾选直连人工，如客户问法命中：客户表示投诉，发送图片、视频等勾选的场景，会直接转接人工客服接待。

操作路径：店小蜜后台—接待设置—直连人工—单击【保存】，如图5-42所示。注意：直连人工场景下，店小蜜仅根据客户意图去识别，不会去识别订单状态。

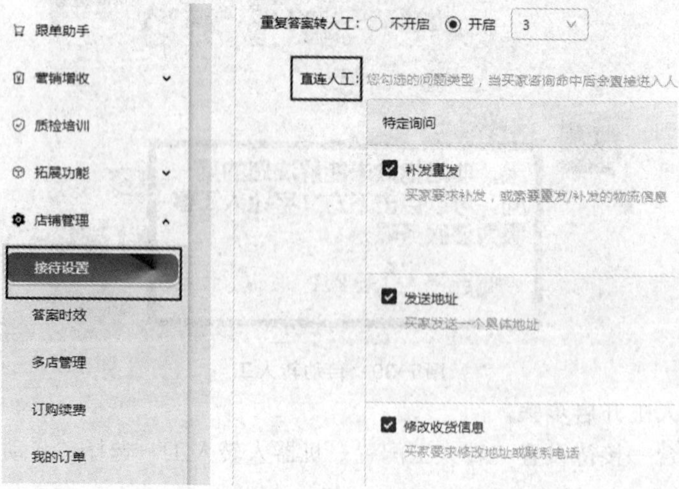

图5-42 直连人工

（7）开启店小蜜。

①店小蜜接待模式的介绍。店小蜜接待模式分为两种：全自动和智能辅助，可以同时启用或者二选一启用，互不影响，且店小蜜后台知识库是共享的。

店小蜜全自动模式是独立虚拟账号独立接待，不依赖人工账号，接待账号名是“店铺名：服务助手”。分为人工优先、助手优先、混合接待三种接待方式，无须登录，无须挂机，一旦开启，立即生效。

店小蜜智能辅助模式是辅助人工客服接待，提升人工客服效率。有自动回复、推荐回复两种推荐模式，可以智能学习店铺或者个人常用话术。

②全自动开启的方法。店小蜜全自动接待的开关路径：

店小蜜后台顶部栏—全自动：【开启】—店小蜜辅助助手：【立即开启】—勾选【使用机器人自动应答】—选择【接待方式】—单击【保存】—返回店小蜜后台—单击【我已完成操作】。

建议先完成知识库基础配置后再开启使用，避免机器人回复的答案内容不准确。开启店小蜜全自动模式后，原本已关闭状态会刷新成您的选择模式，并且立刻生效，如图5-43所示。

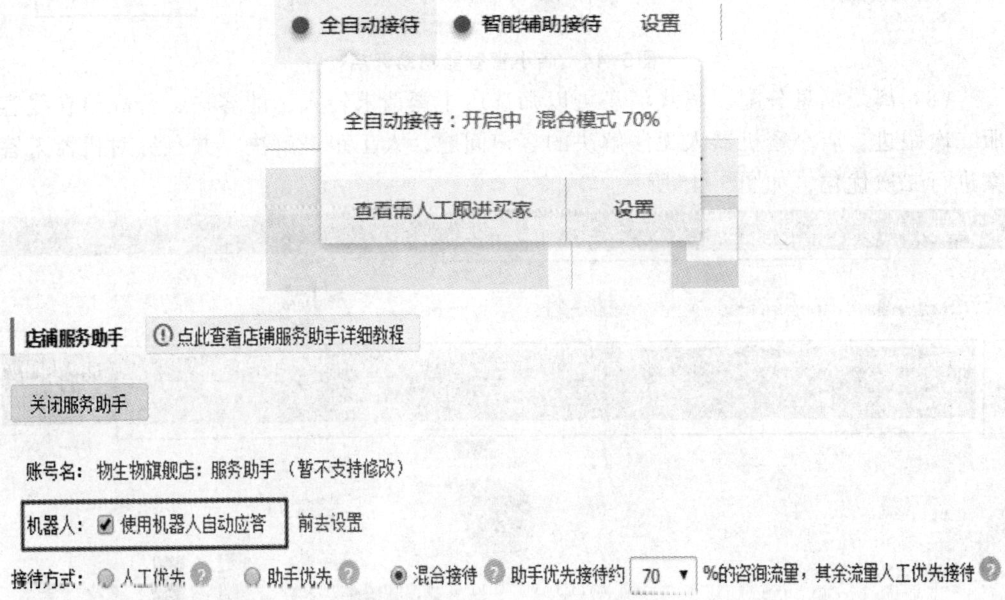

图5-43　店小蜜全自动开启

③智能辅助开启方法。店小蜜智能辅助开关路径：

店小蜜后台左侧栏—【接待设置】—【智能辅助接待设置】—【坐席授权】—【子账号授权】—选择需要授权智能辅助的子账号勾选【授权】—单击【保存】—子账号重启千牛工具—在子账号接待面板左上角单击【店小蜜图标】—变成声波状，则开启成功，如图5-44所示。

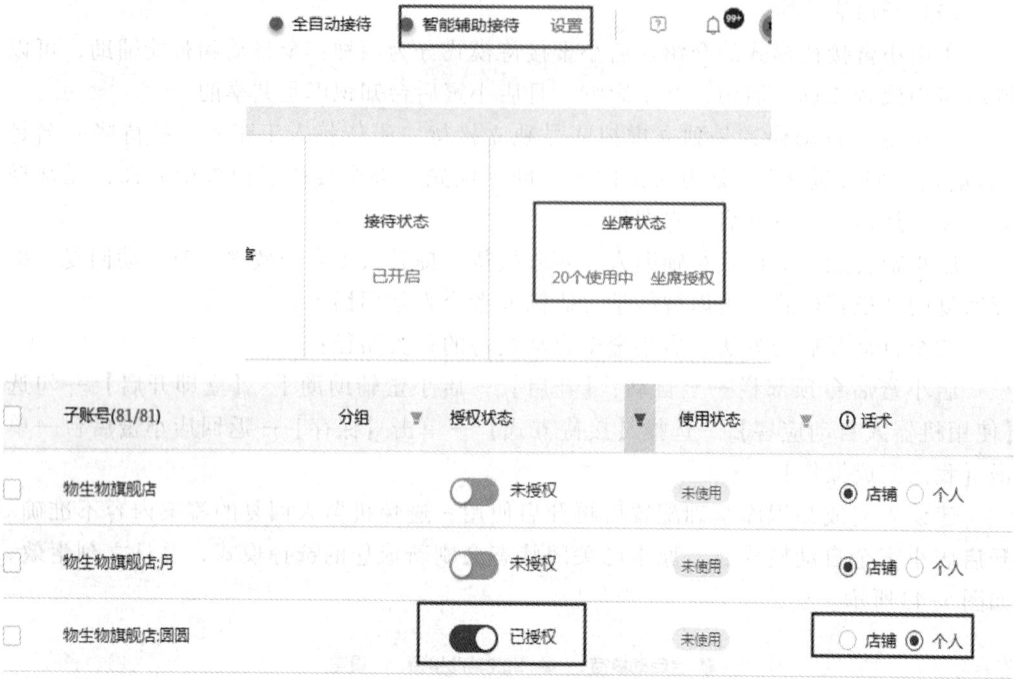

图5-44 店小蜜智能辅助开启

（8）离线消息分配。离线消息可以筛选店小蜜请求转人工的客户，分配给在线客服二次跟进。店小蜜机器人无法解决的客户问题，人工跟进解决，并且针对机器人答案进行二次优化，如图5-45所示。

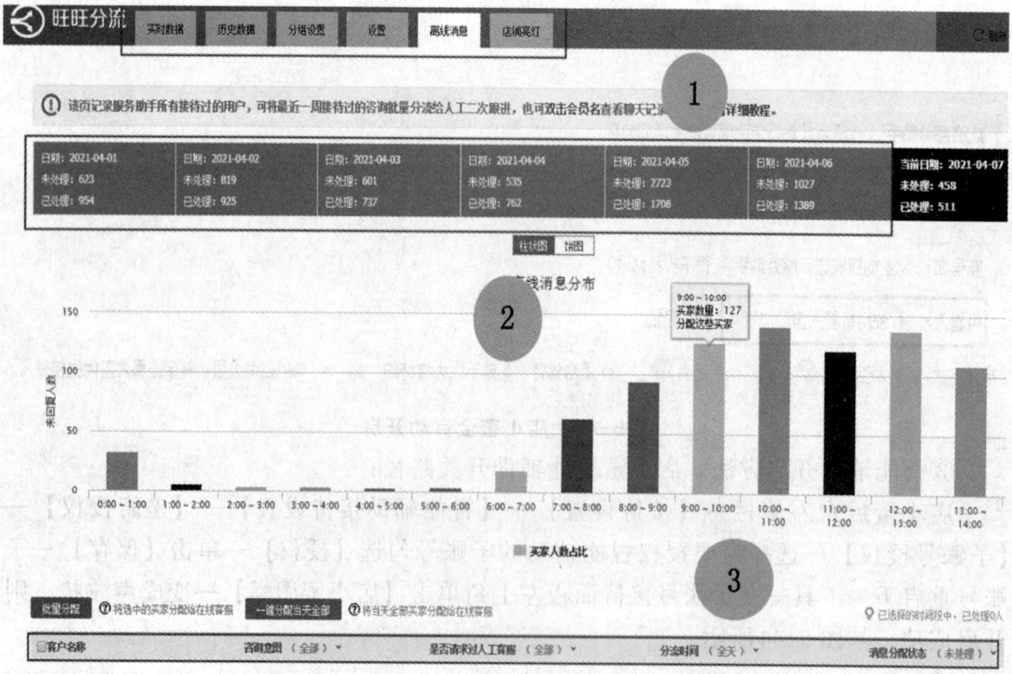

图5-45 离线消息示例图

所有店小蜜接待过的客户都储存在离线消息中展示。可以展示最近一周店小蜜接待过的客户，但是超过7天的信息无法查看。已处理的消息是店小蜜全自动机器人接待后与人工客服沟通过的对话；未处理的消息是店小蜜全自动机器人接待后没有与人工客服沟通过的对话。接待信息筛选条件为是否请求过人工客服；代表客户与店小蜜对话过程中，是否发起过转人工需求。消息分配状态代表是否已经分配给人工客服再次处理。

课堂讨论5-4

1.店小蜜接待模式有几种？

2.组合模式有哪几种？分别是什么？

2. 售前功能应用

（1）商品属性变量表功能及应用。商品属性表是专业版的售前营销工具，用于维护本店铺商品的属性，其内容主要来源于商品详情页，该属性表可于配置商品问答类问题时采用（可添加变量），可大大减少维护成本，提升商品属性的准确性。使用规则如下：

➢ 店小蜜会通过自动信息抓取等方法，汇总一版该店铺的商品属性，该属性表（如图5-46所示）将会每天更新。

➢ 您可以通过搜索单个商品或者下载属性表，对商品对应的属性进行增删查改，确保属性表中属性正确无误。

➢ 属性表编辑完成后，您可以上传至店小蜜，下次更新，您可以只对新商品或者新变更属性进行编辑，每次无须重置。

➢ 在知识库中编辑答案时，您可以添加知识库中存在的属性变量，在属性表开启情况下，店小蜜将优先读取属性表中的属性，在属性表关闭情况下，即走原来的属性逻辑。

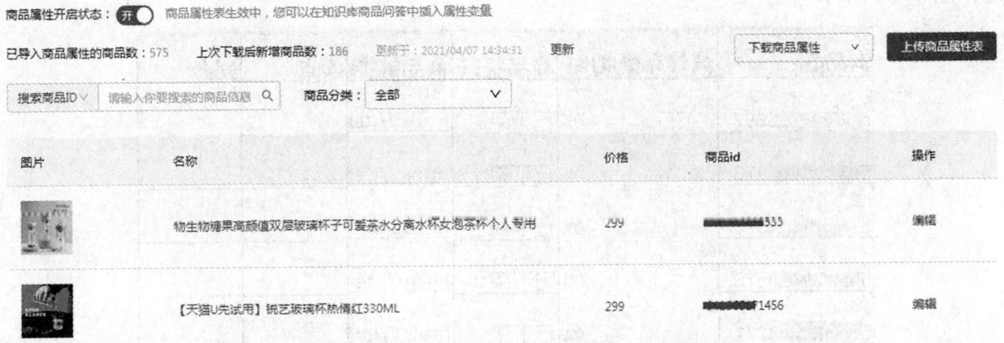

图5-46　商品属性表

① 属性表功能。

➢ 属性抓取：店小蜜会通过自动信息抓取等方法，汇总一版该店铺的商品属性，该属性表将会每天更新。

➢ 属性修改：可以通过搜索单个商品或者下载属性表，对商品对应的属性进行增删查改，确保属性表中属性正确无误。

② 使用步骤。

第一步：编辑商品属性，如图 5-47 所示。

图5-47 编辑属性表示例图1

第二步：修改上传。属性表编辑完成后，可以上传至店小蜜，下次更新，可以只对新商品或者新变更属性进行编辑，每次无须重置。如图 5-48、图 5-49、图 5-50、图 5-51 所示。

商品ID	属性完整度(%)	商品状态	商品链接	卖点	别名
5[redacted]5697	0%	已下架	https://iter		
5[redacted]973	0%	已下架	https://iter		
5[redacted]597	0%	已下架	https://iter		
5[redacted]0578	0%	已下架	https://iter		
5[redacted]8271	0%	已下架	https://iter		
5[redacted]976	0%	已下架	https://iter		
5[redacted]124	0%	已下架	https://iter		
58[redacted]327	0%	已下架	https://iter		

图5-48 编辑属性表示例图2

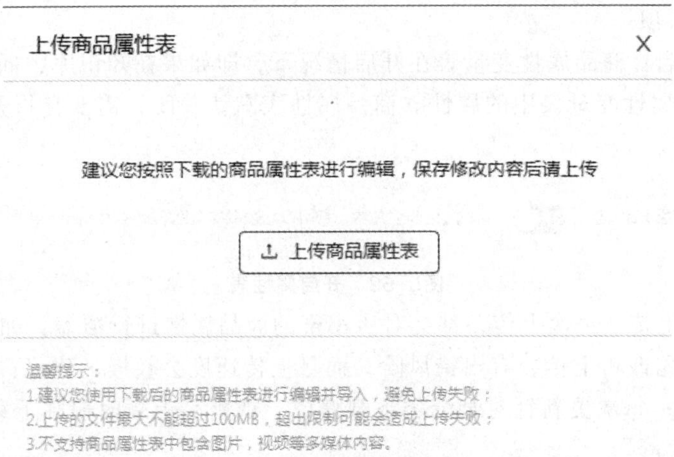

图5-49　编辑属性表示例图3

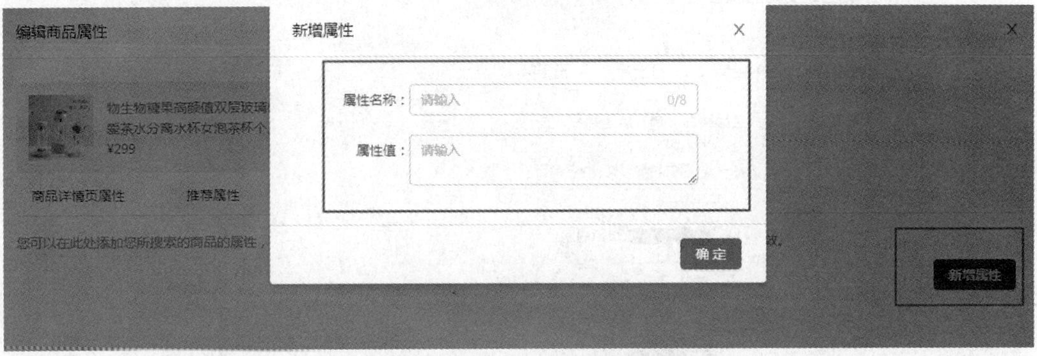

图5-50　编辑属性表示例图4

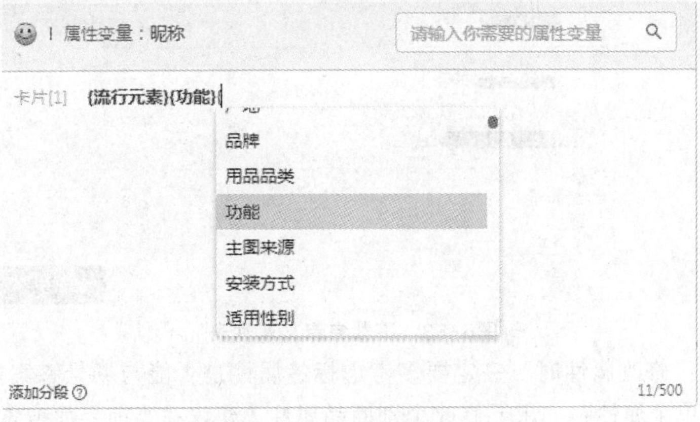

图5-51　编辑属性表示例图5

第三步：自定义属性。原来只能在编辑知识库时插入属性变量，会出现属性缺失或者错误情况，而且无法更改；现在商品属性变量表可以 解决这个问题，商家可以在商品属性变量表中，修改商品属性表中的属性，确保属性维护自由度。

第四步：标签应用。在知识库中编辑答案时，可以添加知识库中存在的属性变量，在属性表开启情况下，店小蜜将优先读取属性表中的属性。

③ 注意事项。

➢点击开启：商品属性变量表在开启情况下，即如果在知识库中插入了变量，就会优先走商品属性变量表中的属性。商品属性表默认关闭，需要自行开启才能生效，如图5-52所示。

图5-52 开启属性表

➢下载与上传。每次上传，都会对店小蜜的商品属性进行覆盖，如果店铺SKU较多，整表下载修改再上传，有出错风险，而且上传速度会较慢。建议：定期保留正确无误的属性表；每次更新针对某分类下载修改，或新品上新时单独下载做更新即可，如图5-53所示。

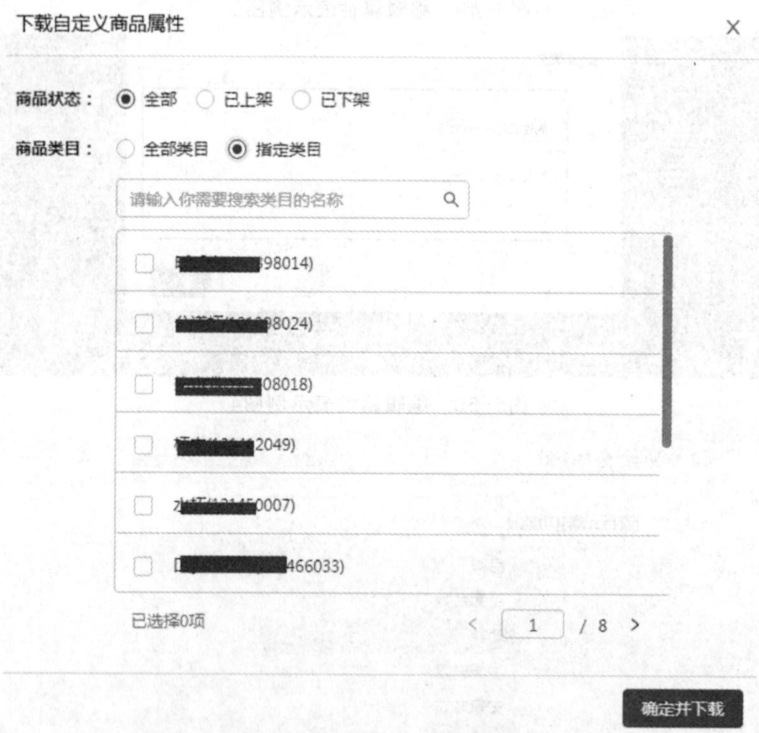

图5-53 下载自定义属性表

话术搭配：修改属性时，一定要多考虑标签属性是否能与场景答案搭配。

快速修改单个属性：如果要修改个别商品属性，建议在当前界面搜索并修改即可。

（2）售前场景精细化配置。前面学习了在知识库场景中配置通用答案，让店小蜜可以回复客户，然后不断优化，但是通用答案是笼统的，还不够精准，为了进一步提高解决能力，需要进行精细化配置。

①售前精细化配置的定义。进一步提升我们的询单转化率、店小蜜解决能力和客户购物体验等，为店铺增收。利用知识库的功能板块，例如关联商品、时效答案、商品属性表等，针对商品、活动等售前场景精细化配置。

如图5-54所示，精细化配置后活动介绍清晰明了，不需要二次解答，还做了爆款产品推荐。

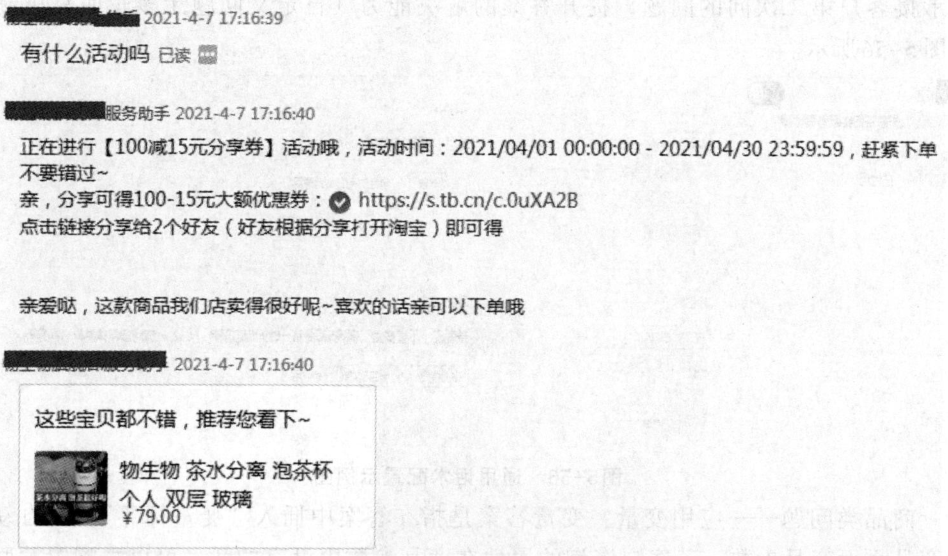

图5-54　活动配置案例

②售前场景分类，如图5-55所示。

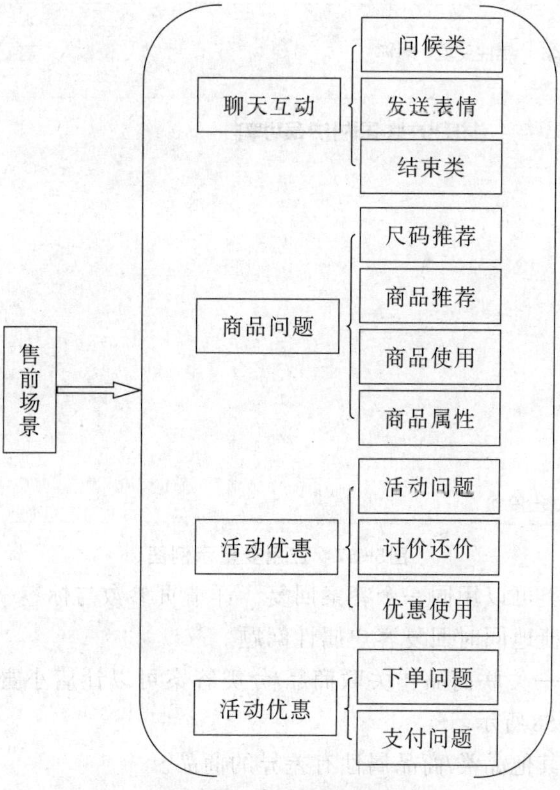

图5-55　售前场景分类

③售前精细化配置方法。

通用类问题：注意答案技巧，对会重复咨询的高频问题设置多轮回复，使话术更能承接客户第二次问的问题，提升答案的解决能力（自定义问题无多轮回复机制），如图5-56所示。

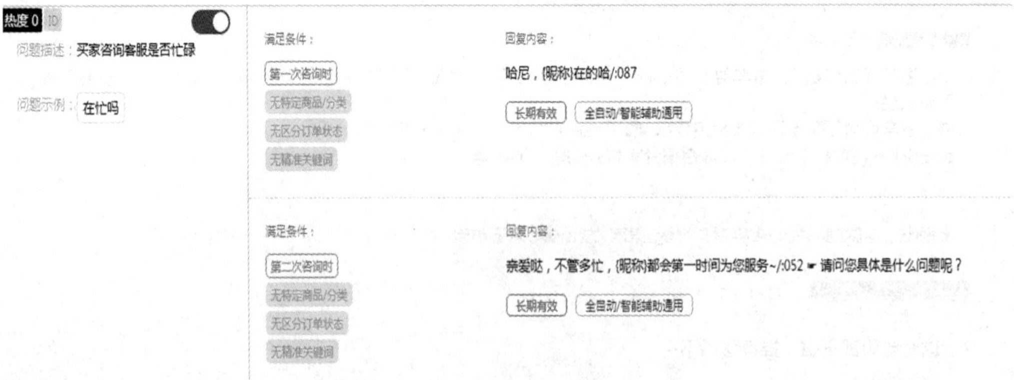

图5-56　通用话术配置示例图

商品类问题——应用变量：变量答案是指在答案中插入"变量标签"，会自动抓取商品页面产品参数，若客户咨询的属性在商品参数中没有的话，可以去配置关联商品答案或者是新添、修改商品属性变量表。如图5-57所示。

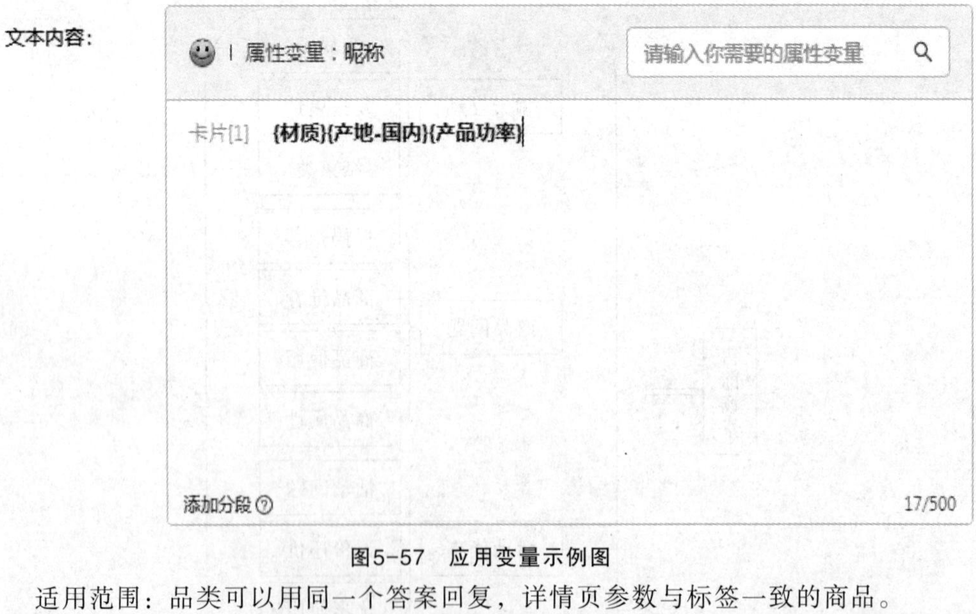

图5-57　应用变量示例图

适用范围：品类可以用同一个答案回复，详情页参数与标签一致的商品。

优点：方便快捷地同时回复客户属性问题。

商品类问题——关联商品：关联商品/分类答案可以让店小蜜针对不同商品回复不同答案。如图5-58所示。

适用范围：与其他品类/商品属性有差异的商品。

优点：使回复更加精准。

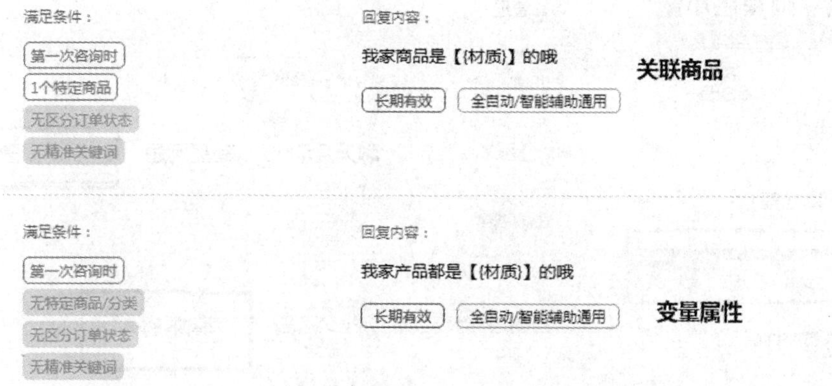

图5-58　关联商品+变量属性设置示例图

活动类问题：首先要设置时效。对编辑的答案设置生效时间，使答案在固定的时间段内生效（关联时效后，一旦时效时间结束，答案会自动失效不再回复）。如图5-59所示。

图5-60　时效设置示例图

时效类型：全部时效，固定时效，循环时效。

优点：不同的时间段，可设置不同的话术，营造活动氛围感。

④活动智能学习配置方法（如图5-60所示）。掌握“活动智能学习”功能的使用方法，可以让机器人快速学习日常店铺大大小小的营销活动内容，并根据对应的活动内容接待并回复客户。

➢ 配置路径：店小蜜后台—常见问答配置—活动优惠—活动智能学习。

➢ 优先级：活动智能学习>行业高频问题/自定义问题。

➢ 智能学习开关，可以自行决定是否启用活动智能学习。

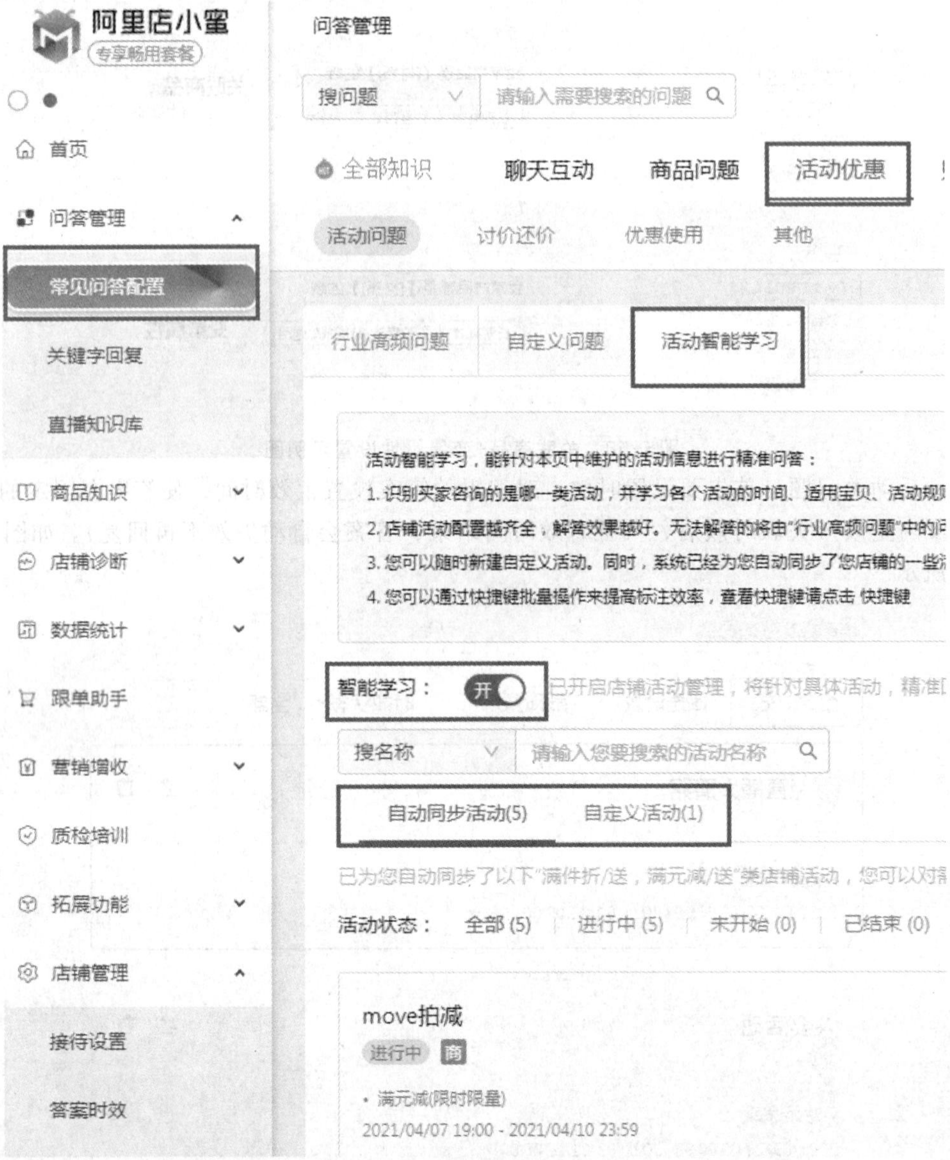

图5-60 智能活动配置示例图

开启状态：按照如上优先级回复客户。

关闭状态：客户咨询活动问题则回答行业高频问题/自定义问题中的知识。

➢ 活动智能学习中活动比较多的话，可以按照活动名称或者活动关联的商品ID直接搜索定位某一项活动。

➢ 分为自动同步活动和自定义活动。

➢ 自动同步活动每4小时系统自动更新1次。

➢ 自动同步活动与自定义活动的区别：自动同步活动是系统自动获取基础信息，不需要手动填写，补充活动规则等内容即可；自定义活动是全部需要手动填写。

小提示 5-1

使用活动智能学习的注意事项：

1. 只有打开智能学习的开关，其中配置的活动信息才会生效。

2. 自动同步活动中：如果不使用，单击【屏蔽】，该条活动信息将不会生效。如果使用，在使用前单击【点此手动更新】，以便及时与营销平台信息同步。

3. 自定义活动中，活动类型必须选择正确。

4. 活动名称与客户问法关键词都是类似应急关键词匹配方式，客户问法关键词就是活动名称的同义词，要增加匹配概率，就务必精准设置活动名称。

5. 活动规则需尽量完整清晰描述，以便更好解答客户问题。

⑤ 智能尺码表功能及使用。在店小蜜的日常咨询中，尺码问题的精准回答，可以很大程度上提升售前咨询成交。智能推荐就是店小蜜识别客户提出的尺码咨询问题，根据事先配置好的尺码表信息，自动完成推荐尺码的功能。该功能只能适用在服装相关行业、鞋类相关行业。

如图 5-61 所示，客户咨询店铺衣服的相关尺码，店小蜜用服务助手子账号接待客户时，根据之前聊天内容识别到客户咨询的是选码类问题，收集到客户身高体重相关数据，从而定位并回复适合客户身材的尺码推荐信息，这个过程就是智能推荐尺码。

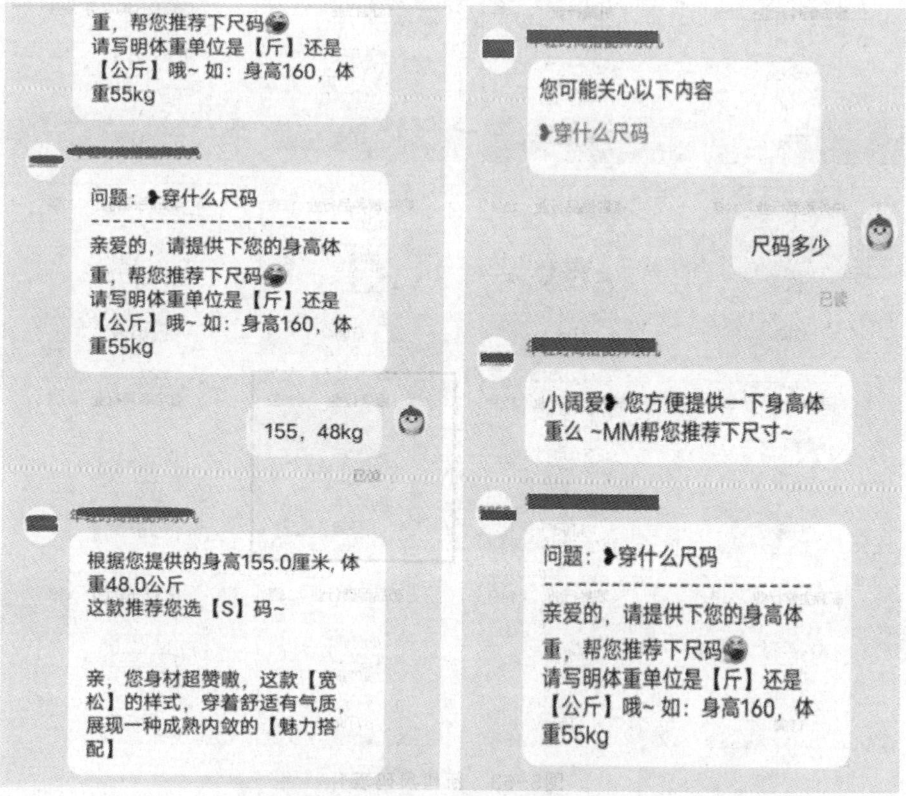

图5-61　尺码表案例

尺码推荐逻辑具体如图5-62所示。

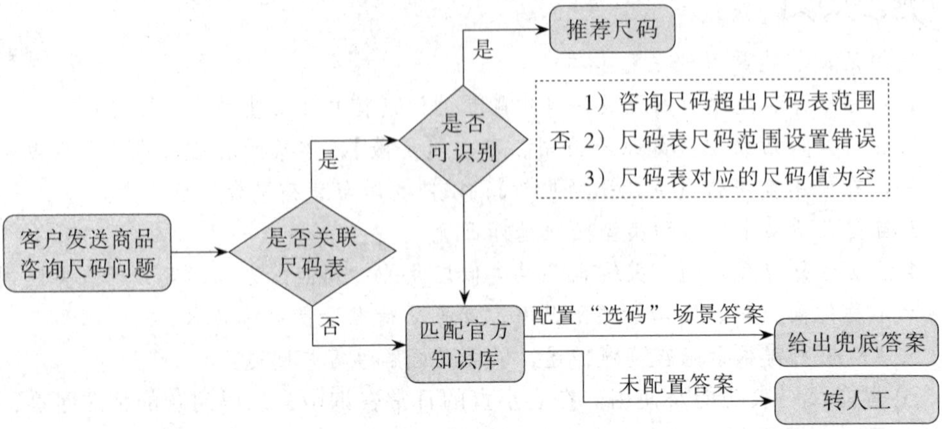

图5-62　尺码推荐逻辑

智能推荐尺码的配置方法：

第一步：添加尺码模块表。

订阅行业包——服装行业、孕妇用品行业、玩具行业、手表行业、服饰配件行业、床上用品行业，如图5-63所示。

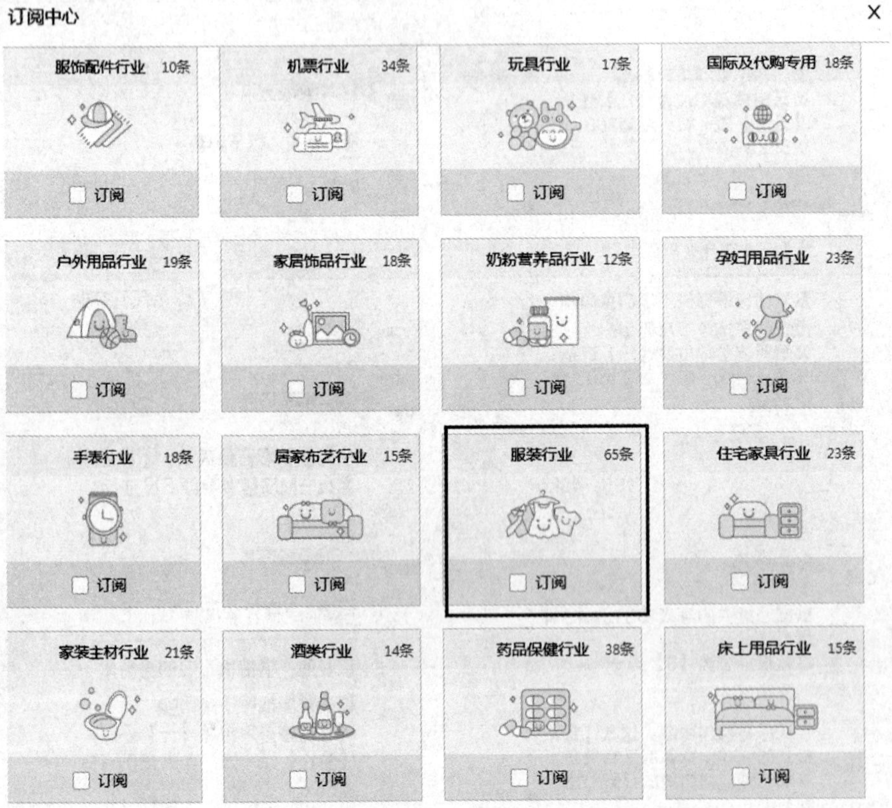

图5-63　新建尺码表1

第二步：新建尺码表。打开“商品问题”选项卡下的“智能推荐尺码”，如图5-64所示。

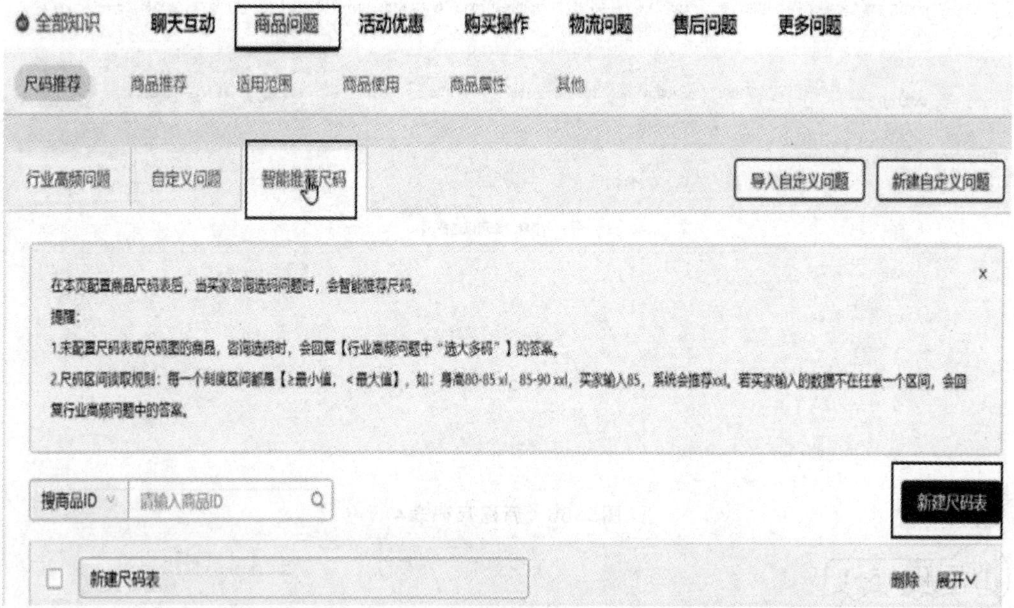

图5-64　新建尺码表2

第三步：在新建尺码表选项卡下进行尺码名称命名，如图5-65所示。

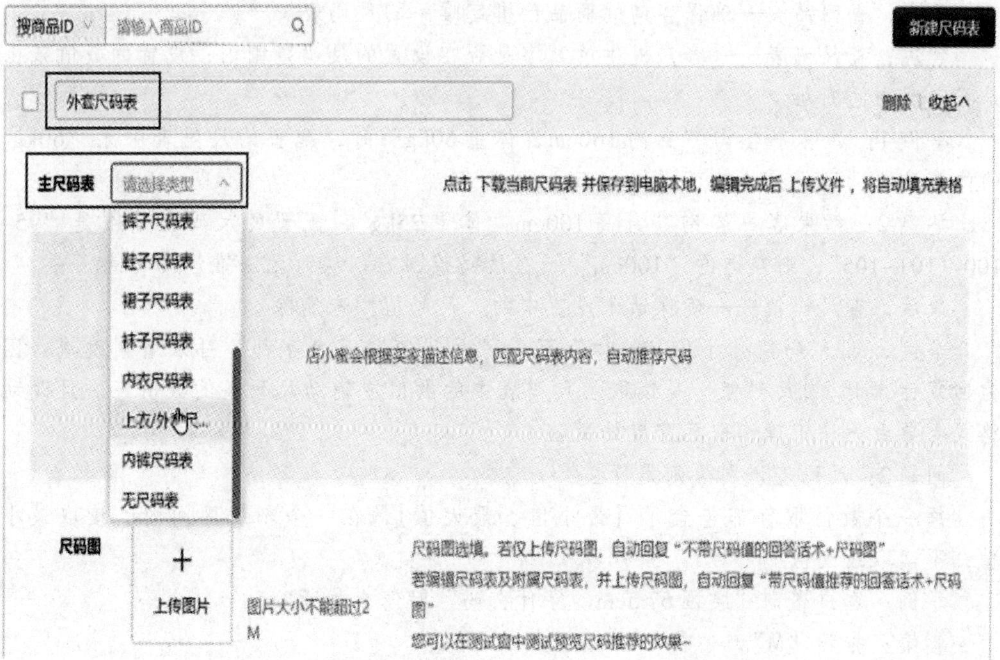

图5-65　新建尺码表3

第四步：设置尺码表，如图5-66所示。

第五步：以上设置完成后，测试窗测试，没问题之后上线工作。

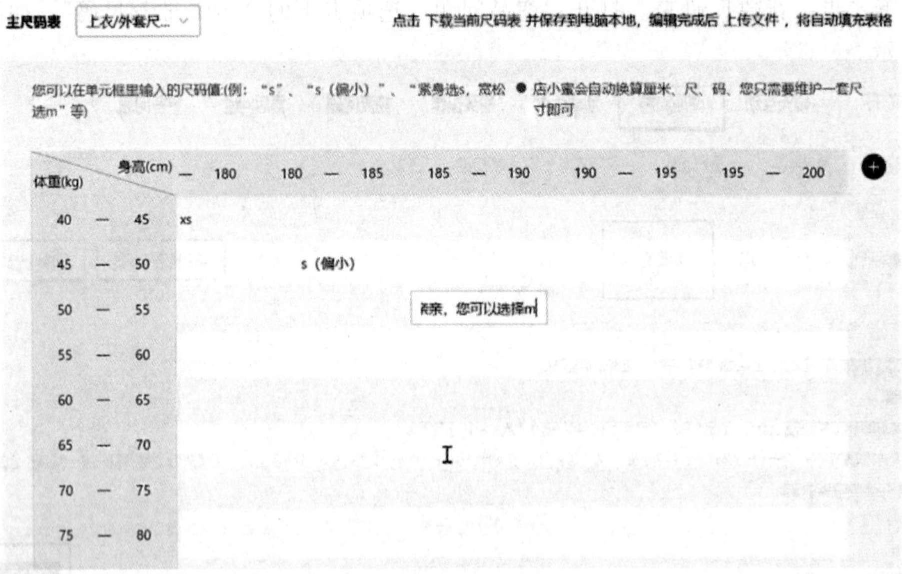

图5-66 新建尺码表4

直通职场5-1

智能推荐尺码热门问题分析

问题1：配置了尺码表，客户咨询尺码问题却未给出推荐尺码，这是为什么？

首先，查商品——确保咨询的商品已绑定唯一的尺码表。

其次，查尺码表——客户提供的数字是否在设置的尺码范围内；设置的数值范围是否出现中间断层。

举例1：如客户咨询“身高160cm，体重60kg”时，配置的尺码表中无“60kg”的体重设置，则无法推荐而转接人工；

举例2：如果客户咨询“身高100cm，体重25kg”，配置的尺码表范围是“95~100，101~105”，则咨询的“100cm”不在尺码范围内，从而无法推荐尺码值。

最后，查尺码值——确保话术设置中的{尺码值}未删除。

举例3：{尺码值}不论“{}”还是“尺码值”三个字都不可以增删改减。因为回复话术时，{尺码值}是读取主尺码表中的数值或辅助尺码表的数值。一旦改动格式会导致无法正确读取已配置的数值。

问题2：尺码表识别规则是什么？

每一个数值取件都包含了【最小值、最大值】，在一个刻度区间内“读取最小值，不读取最大值”

举例：客户咨询“腰围67.5cm，穿什么码”时怎么推荐？

答案：推荐“M”。

原因：第一区间【65~67.5】中，因“67.5”是最大值，故不识别，第二区间【67.5~70】中，“67.5”是最小值，包含了客户咨询的数值“67.5”，故推荐“M”。如图5-67所示。

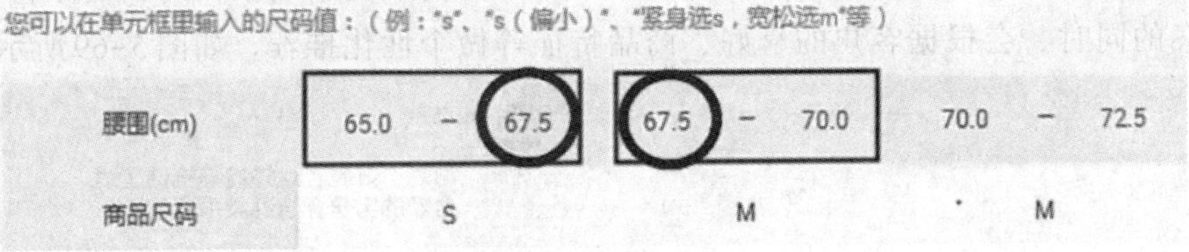

图5-67　识别尺码表

课堂讨论5-5

1. 客户咨询什么问题时会采用尺码表话术？

2. 一个商品可以关联多个尺码表吗？

3. 如果现在某品牌有1 000个商品需要设置尺码表，该如何设置呢？

⑥售前营销功能——商品推荐。商品推荐是指在特定场景下，服务助手进行个性化商品推荐。若一次会话出现多个推荐场景，仅推荐一次。推荐类型分为四种：求购推荐、无货推荐、凑单推荐、搭配推荐，通过商品推荐可以提升询单转化率，增加连带下单，提高客户满意度。

A. 求购推荐。在客户明确表达要推荐商品时，店小蜜将会根据客户在对话中表达所需要的商品及商品属性、客户的行为喜好，做个性化推荐。如图5-68所示，推荐一款男士保温杯，我想买××保温杯，店小蜜自动推荐符合客户需求的产品，客户只要点击产品进入购买链接即可。

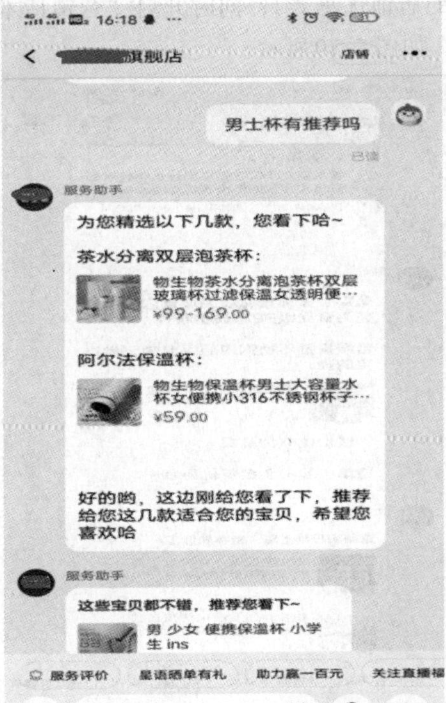

图5-68　求购推荐案例

B.无货推荐。当客户咨询的商品无货（命中无货或上新场景）时，店小蜜回复场景答案的同时，会根据客户的喜好、商品特征等做个性化推荐，如图5-69所示。

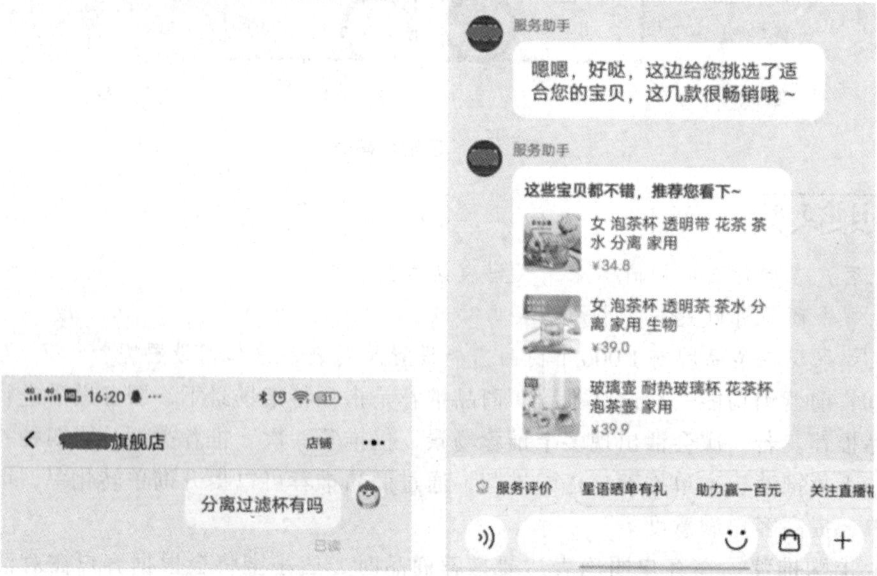

图5-69　无货推荐案例

C.凑单推荐。在客户咨询商品时，店小蜜会优先回复商家配置的答案，然后推送优惠券和进行个性化推荐。优惠券的推送逻辑是推送客户跟咨询商品价格最近一档的优惠券（来自商家平台的店铺优惠券），同时开启“营销话术推送—主动营销—活动优惠”功能，方可生效，如图5-70所示。

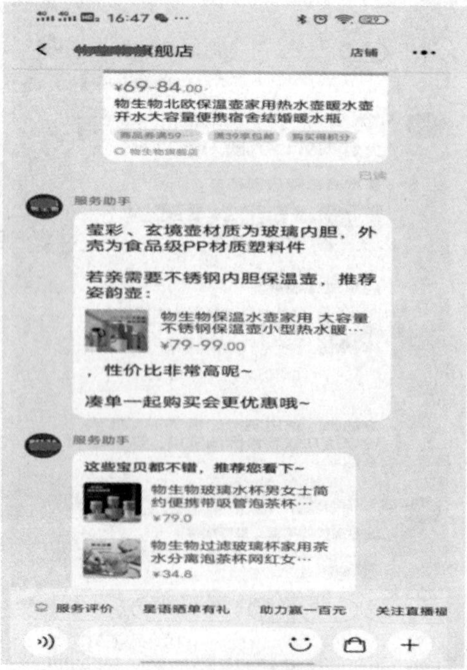

图5-70　凑单推荐案例

D.搭配推荐。搭配推荐分为系统搭配推荐及人工搭配推荐。系统搭配推荐是指在特定的场景下店小蜜将会根据店铺销量、客户喜好推荐搭配商品给客户。人工搭配推荐是指触发场景后，推送商家自己个性化搭配的商品给客户，如图5-71所示。

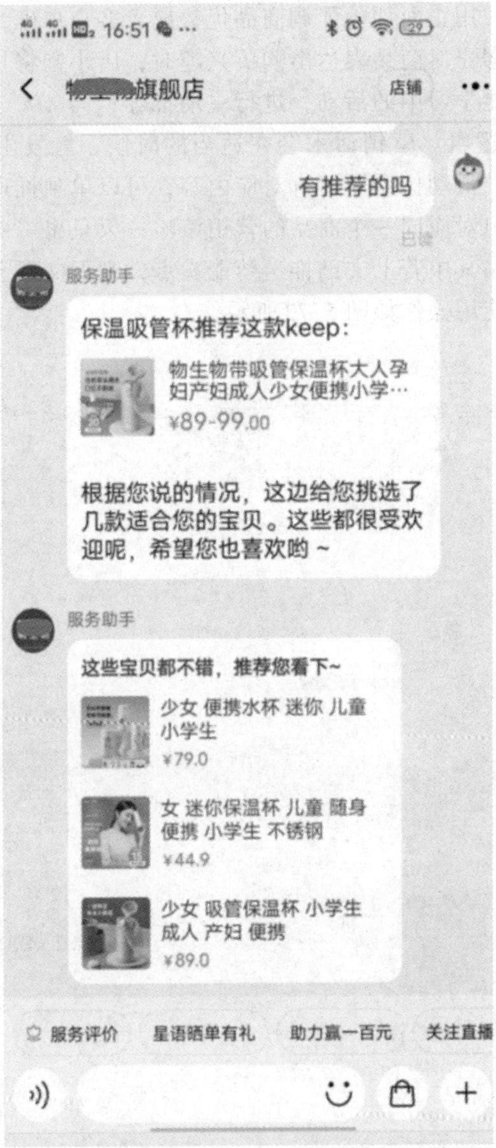

图5-71 搭配推荐案例

为了提升触发覆盖率，商品推荐的设置建议3个触发条件都勾选，如果同时出现多个推荐场景会推送一次；搭配推荐的商品不能与主商品重复，否则无法保存；系统搭配推荐和人工搭配推荐可同时开启，如果同一个主商品两者都开启，会优先给出人工推荐搭配。

⑦售前营销功能——营销话术推送。营销话术推送的原理如下：

A.智能卖点。店小蜜根据商品的特征（如商品标题中的关键商品信息），智能生成商品卖点话术。

B.历史评价。根据商品的历史正面评价，生成营销话术。历史评价是来自客户对该款商品的评价；通过大数据处理方式，汇总出该商品客户最关心的几个亮点。店小蜜在回复客户问题后，用正面评价强调商品优势或者客户口碑，促进询单转化。

C.活动优惠。在客户对商品表达出购买兴趣时，店小蜜将自动读取跟商品相关的店铺优惠券和活动智能学习中的活动，进行主动推荐；

D.营销话术推送逻辑。营销话术会在适当的时候，触发主动营销模型，若“智能卖点”“历史评价”“活动优惠”等有对应内容，可以单独推送，也可以组合推送。

注意：同一个客户对应同一个商品的营销策略一天只出一次，无论是单个策略推送还是组合策略推送；其中若上文已推送智能卖点，则下文不会再推送历史评价，反之亦然。营销话术的使用操作如图5-72所示。

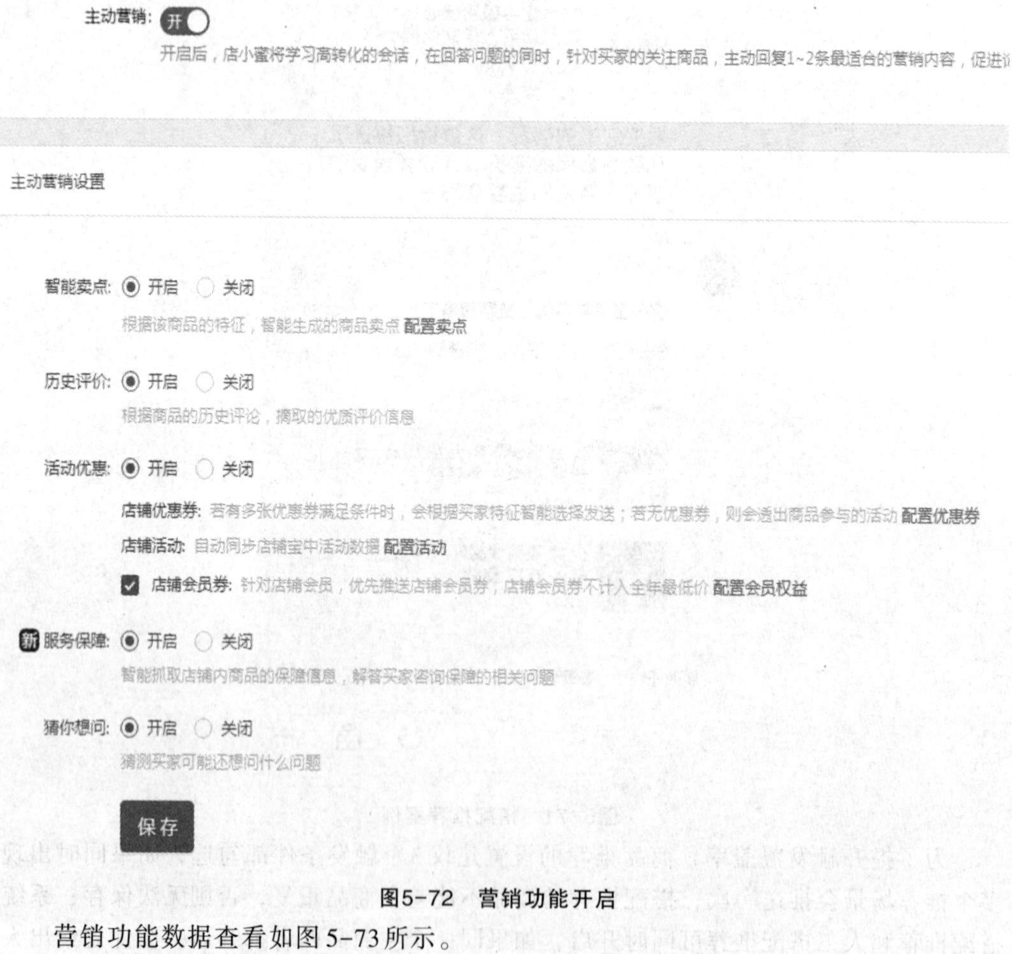

图5-72 营销功能开启

营销功能数据查看如图5-73所示。

店小蜜后台—全自动数据—主动营销：根据数据来调整及优化营销话术功能的使用。

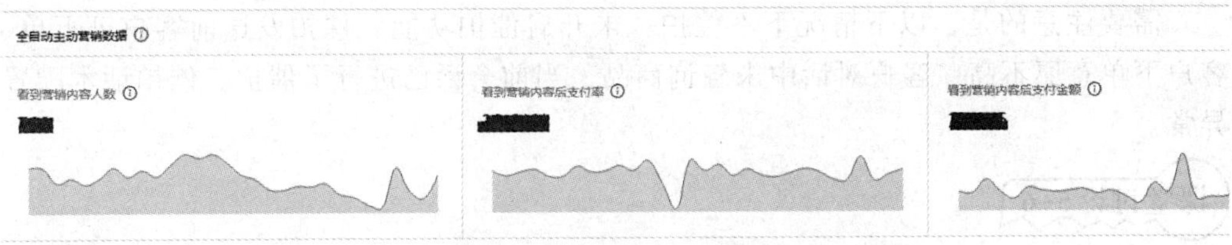

图5-73　营销功能数据查看

⑧智能催拍功能应用。智能催拍是店小蜜中通过挽回有意愿但未下单的客户，提升店铺成交转化的功能。它会在合适的时候自动给客户发送催拍话术，还能智能编写催拍话术，通过活动、优惠、卖点吸引客户下单。主要适用于店小蜜全自动机器人/半自动机器人，且已完成店铺知识的基本配置。

按照是否完全自动分类，催拍有【全自动催拍】和【智能辅助催拍】两种。【全自动催拍】：客户与店小蜜聊过后，10分钟未应答，店小蜜会判断是否适合催拍，如果适合，就会根据设置的催拍话术进行催拍；【智能辅助催拍】：商家可自行设置催拍时间，如时效最短5分钟，最长15分钟；全自动催拍无法修改时间，智能辅助催拍可以选择催拍时效。

按照催拍主体分类，催拍有【千牛自动催拍】和【小蜜自动催拍】两种。【千牛自动催拍】：开启全自动应用时，可以催拍1次，尽可能一步到位，促进客户下单；【小蜜自动催拍】：开启智能辅助应用时，即有人工客服可以干预时，可以考虑设置主动反问，让客户说出更多的需求，再进行二次催拍，促进下单的概率。

按照产品分类，催拍有通用催拍、指定商品催拍、指定品类催拍三种。通用催拍：可针对店铺全场商品做催拍；指定商品催拍：可以针对单品做催拍，尤其是店铺爆款/活动中热销款，通过指定商品更加具有精准性；指定品类催拍：可以对指定品类做催拍，这样可以针对热销主推品/新品等，一次性设置催拍。

此外，还有人工配置和系统智能生成相结合催拍：设置人工配置话术+系统智能话术相结合的方式，强化挽留效果。

智能催拍设置流程如图5-74所示：店小蜜后台—跟单助手—【催拍】咨询未下单。

图5-74　智能催拍设置

需要注意的是，以下情况下不催拍：未开启催拍功能、催拍发送前客户已下单、客户下单意愿不高、客户对话中未咨询商品、当前会话已进行了催拍、催拍话术配置异常。

课堂讨论5-6

1. 为什么要做商品推荐？
2. 商品推荐有几种？目的是什么？分别用在哪里最合适？
3. 营销话术推送有几种？为什么要做营销话术推送？
4. 为什么要做催拍？催拍的特点有哪些？

3. 售后功能应用

（1）售后场景精细化配置。为了提升售后回复的精准度，减少人工售后接待工作量，提升店小蜜服务满意度，可以利用店小蜜功能板块（多轮回复、关联时效、变量等）对售后场景精细配置，如图5-75所示。

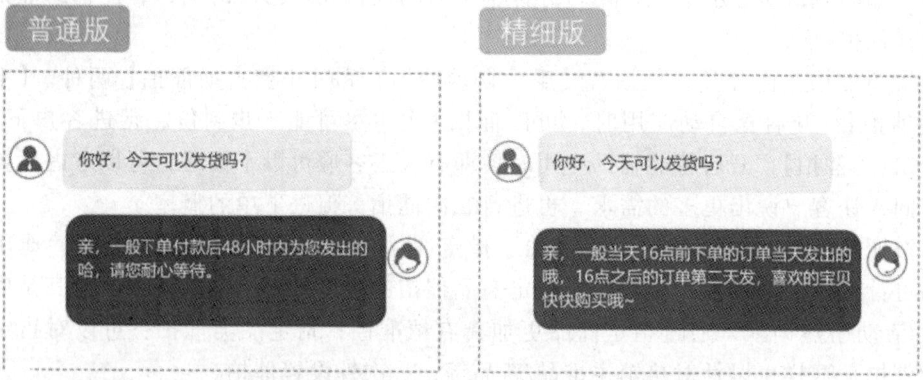

图5-75 精细化配置案例

（2）售后场景分类。根据售后场景（如图5-76所示）不同，可以进行不同的精细化配置。

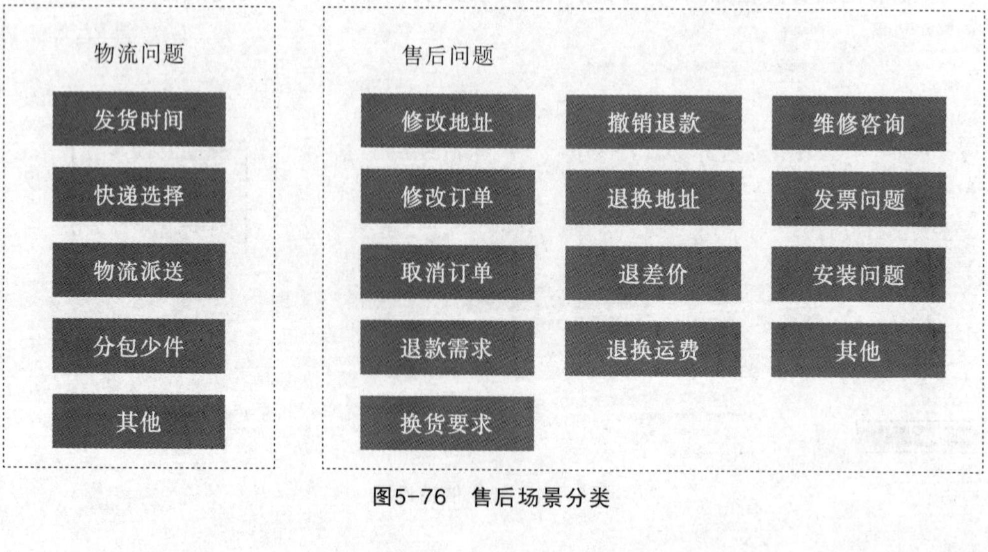

图5-76 售后场景分类

①优化答案（如图5-77所示）。

- 恭敬用语/明确时间/抓住客户需求。
- 售后问题易多轮咨询，设置多轮回复承接。

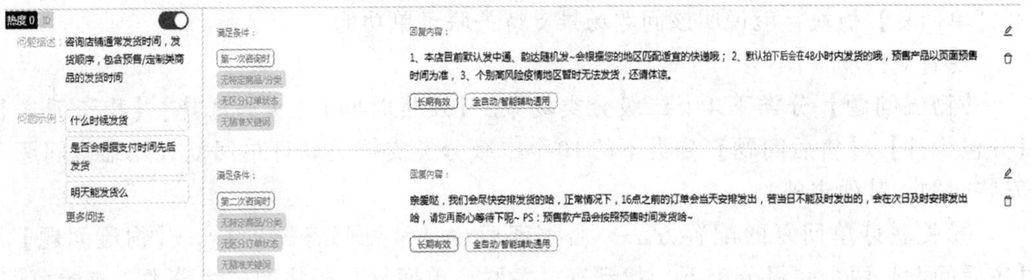

图5-77　优化答案案例

②设置时效。大型活动订单量较多，物流易出现停滞、丢件等异常情况，导致日常话术解决效果不佳，这个时候要设置针对性关联时效，且设置多轮回复，可以给客户带来更好的服务体验，如图5-78所示。

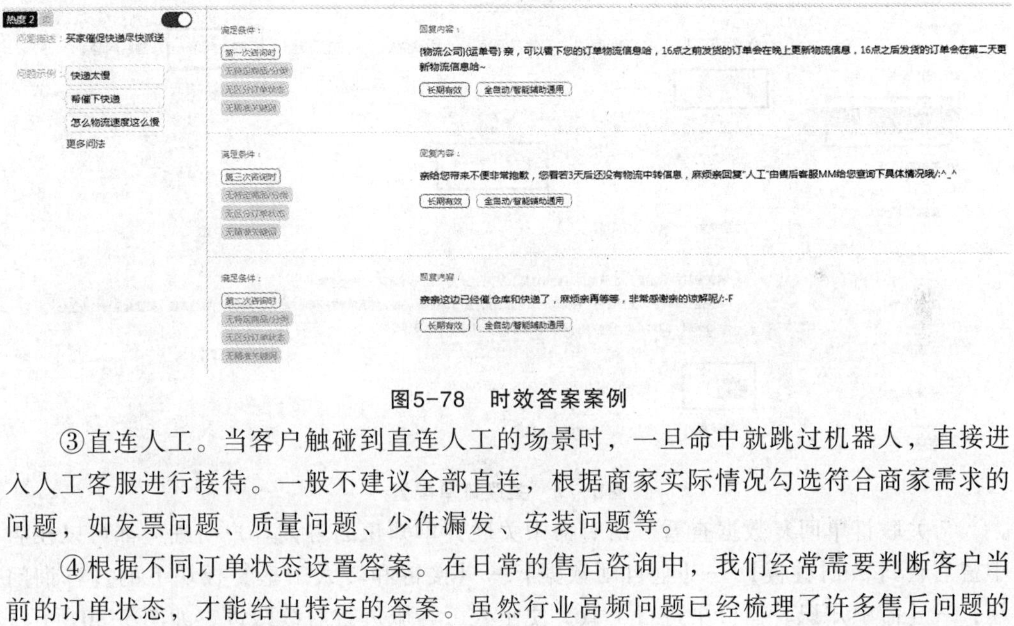

图5-78　时效答案案例

③直连人工。当客户触碰到直连人工的场景时，一旦命中就跳过机器人，直接进入人工客服进行接待。一般不建议全部直连，根据商家实际情况勾选符合商家需求的问题，如发票问题、质量问题、少件漏发、安装问题等。

④根据不同订单状态设置答案。在日常的售后咨询中，我们经常需要判断客户当前的订单状态，才能给出特定的答案。虽然行业高频问题已经梳理了许多售后问题的知识场景，但如果不能结合客户的订单状态，我们往往不能给出准确的答案。这时候，就要用到关联订单回复的功能了。

例如当客户咨询："你们发货了吗？"

无关联订单回复设置前，只能回复行业高频问题中"催促发货"问题配置的客服答案。

启用关联订单回复设置后，店小蜜会自动判断客户咨询的是哪一笔订单，在锁定客户咨询的子订单后，读取到订单状态为"卖家已发货"，立刻回复已发货状态下配置的客服答案。

关联订单回复功能，简单来说就是可以根据客户当前的下单情况及订单状态的不同，设置不同的店小蜜回复话术。同时还支持下载各订单状态下咨询的客户名单，便于人工客服进行后续的跟踪服务。

⑤关联订单支持的问题场景。只要在【专业问答知识配置】的二级分类下有【关联订单回复】板块，就说明该问题场景支持关联订单功能。

现有支持场景：

【物流问题】分类下4个二级分类场景：【发货时间】【快递选择】【物流派送】【分包少件】。【售后问题】分类下的10个二级分类支持关联订单回复（除维修问题、安装问题、其他之外）。

⑥关联订单回复的配置方法。店小蜜后台【常见问答配置】—【物流问题】/【售后问题】两个一级分类下，找到有【关联订单回复】板块的二级分类，查看可回复的问题类型，根据店铺自身情况选择开启，如图5-79所示。

注意：在开启关联订单回复之前，根据订单的具体状态，提前配置好相关答案。

图5-79 关联订单配置

⑦关联订单回复数据查看。所有命中关联订单知识的咨询客户明细，都可以在店小蜜后台【数据看板】—【全自动数据】—【接待和转人工率】板块下的【咨询问题】—【命中知识】栏目中进行下载，便于人工客服进行后续跟进，如图5-80所示。

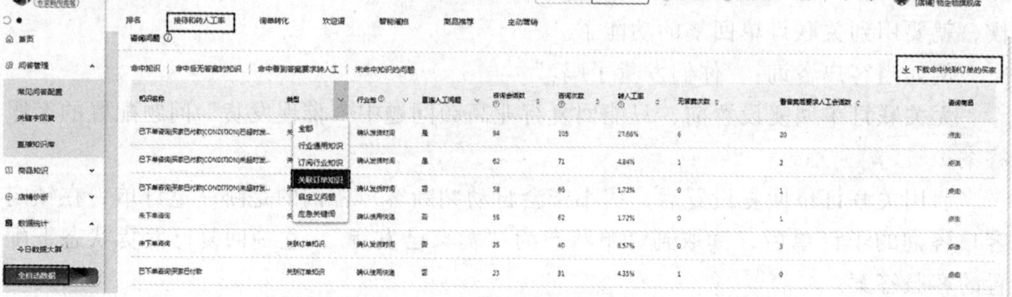

图5-80 关联数据查看

直通职场5-2

关联订单回复常见问题

问题1：关联订单回复答案的优先级是怎么样的？

关联订单回复答案的优先级：识别回复优先级：应急关键词>自定义问题>关联订单回复>行业高频问题，尽量不要把关联订单回复支持的问题添加到自定义问题中，避免因命中自定义问题导致关联订单回复失效。

问题2：全自动和智能辅助两种模式下都可以使用关联订单回复吗？

目前两种模式均支持关联订单回复，但智能辅助模式下是否会自动回复，取决于智能辅助客服的出答案配置的方式，以及智能辅助自动出答案规则。

4. 店小蜜的通用功能

（1）自定义问题。店铺知识分行业高频问题和自定义问题，自定义问题是店铺知识的重要组成部分 。我们先看一下店小蜜全自动模式下的回复逻辑，如图5-81所示。

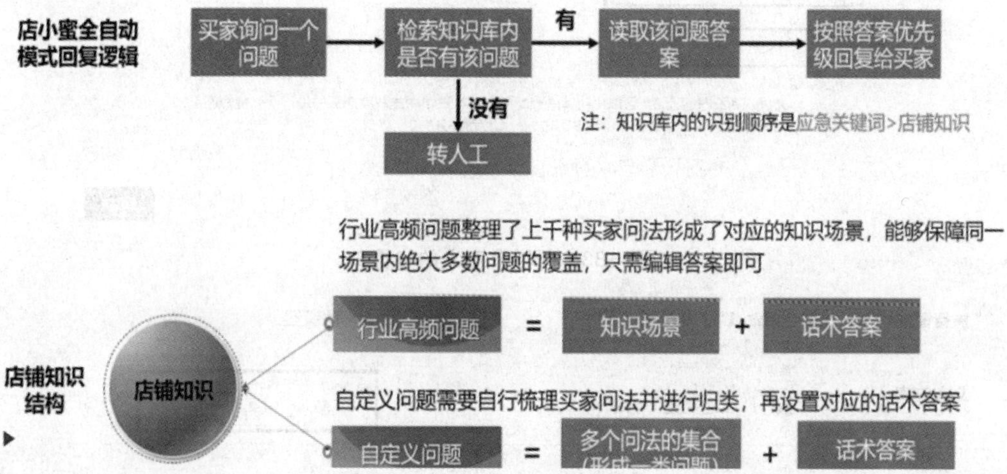

图5-81 自定义逻辑

①自定义问题的作用。行业高频问题中已经包含了大量问法，但是客户的问法是无限的，当行业高频问题已有的问法无法覆盖某个知识场景时，就需要将未覆盖的问法先整理成自定义问题；同时，行业高频问题包含的知识场景也是有限的，无法覆盖行业全部的问题，某些应该被行业高频问题收录而暂时还未被收录的知识场景，需要先整理并添加到自定义问题中；此外有些非行业通用的、具有本店铺特色的问题，需要自行整理并归类成店铺独有的知识场景，添加到自定义问题中。

②新增自定义的方法。

第一步：常见问答配置—单击【自定义问题】—单击【新建自定义问题】，如图5-82所示。

第二步：编辑问法及划词（如图5-83所示）。

第三步：单击【新增答案】按钮进入编辑答案（如图5-84所示）。

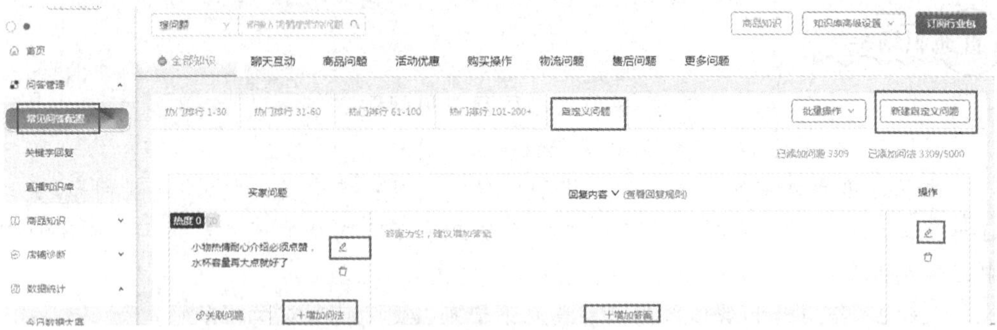

图5-82　新增自定义的步骤1

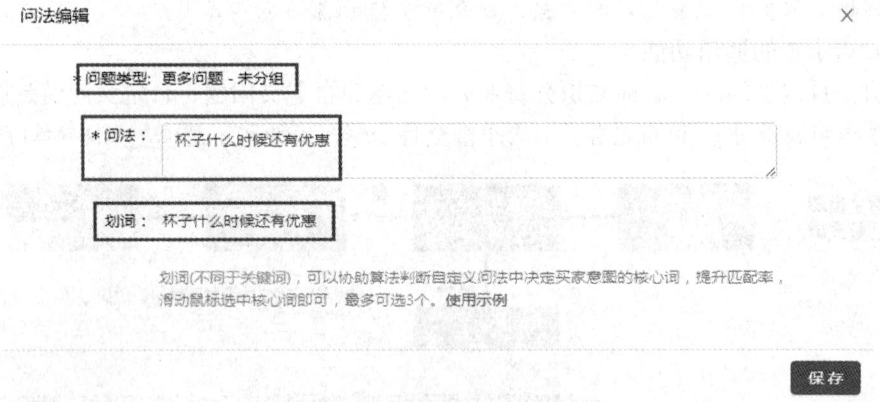

图5-83　新增自定义的步骤2

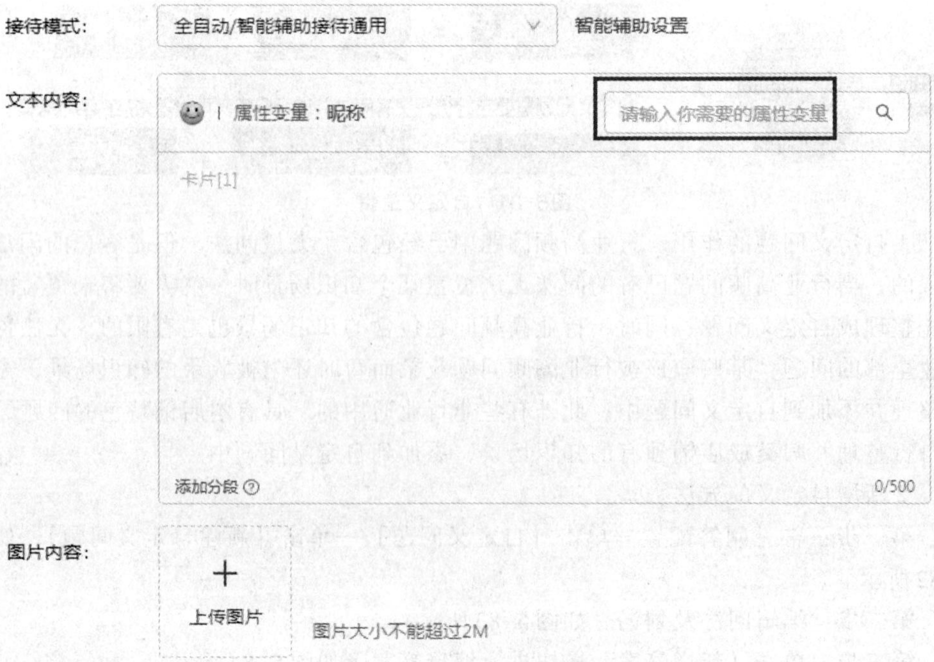

图5-84　新增自定义的步骤3

③自定义问题的测试。添加完自定义问题后，还需要在测试窗进行测试，确保相关的问法可以被问题正确命中，具体的测试方法如图5-85所示。

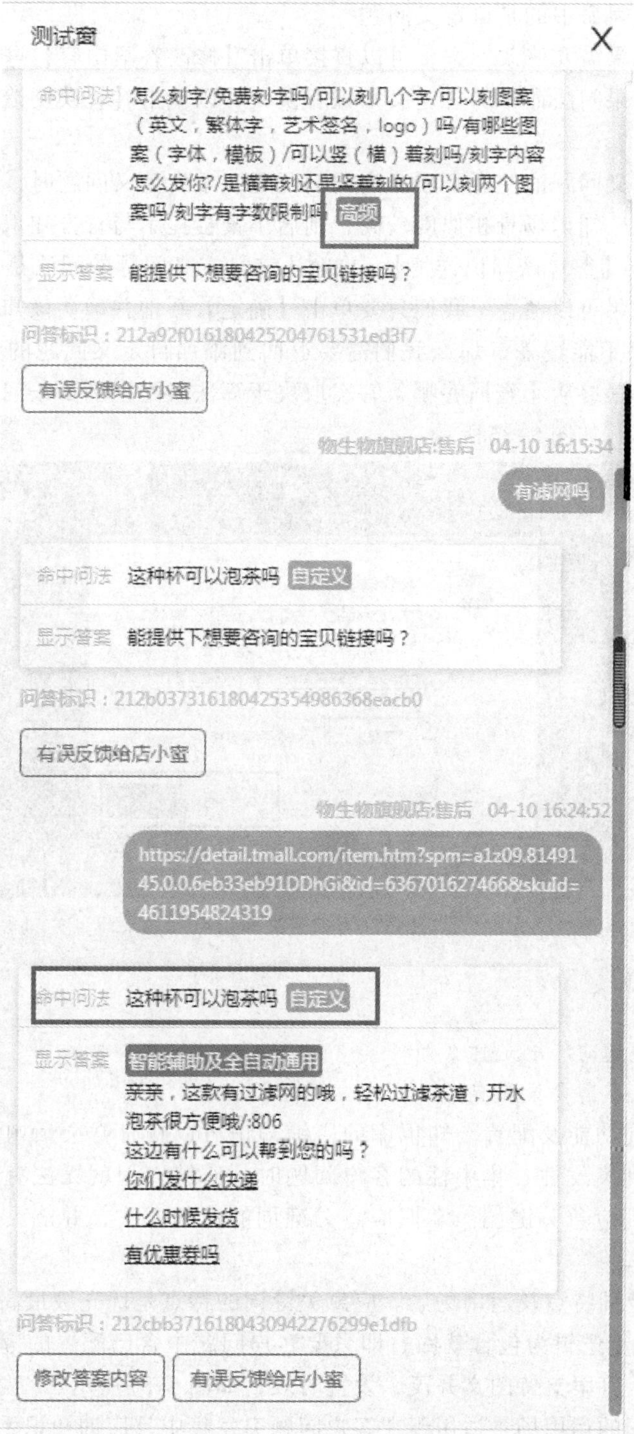

图5-85 测试窗示例图

第一步：在【店铺知识】页面打开右侧工具栏里的【TEST】按钮，进入测试窗。

第二步：在问题框中输入已添加的自定义问题进行测试，命中问法中带【自定义】标签的，代表命中的是自定义问题。

第三步：如果需要修改答案，可以直接单击【修改答案内容】进行修改。

第四步：如果问法命中的自定义知识有误，可以单击【有误反馈给店小蜜】进行优化调整。

④添加自定义问题的注意事项。当我们配置一条自定义问题时，如果该问题和行业高频问题的某个知识场景相似度较高，则店小蜜会提示与官方知识库问题重复。此时我们需要单击【查看该知识详情】，并确认该自定义问题的问法是否能被该知识场景准确覆盖，如果可以覆盖，我们只要单击【确定】新增并确认该知识场景已配置好答案即可；如果不能覆盖，那么我们需要返回到添加自定义问题的页面并单击【取消】继续新增，最终店小蜜回答哪条答案取决于算法匹配识别哪条问法与客户的实际问法相似度更高，如图5-86所示。

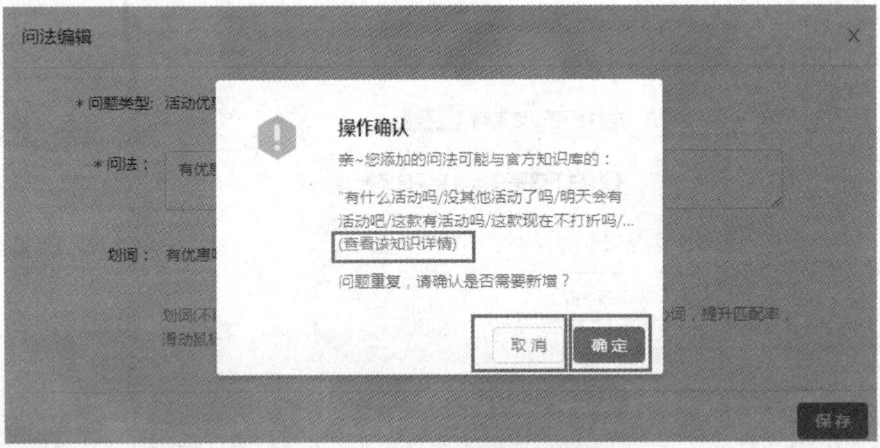

图5-86 自定义知识点

课堂讨论5-7

1. 自定义功能的作用是什么？

2. 什么情况下需要设置自定义？

（2）关键词功能及配置。知识库的店铺知识可以在日常会话中解决客户的单个问题，但当遇到突发性、集中性的客户问题时，店铺知识就无法有效解决，这时候我们就需要用到应急关键词。掌握应急关键词的使用方法，并能灵活运用到日常接待中。

①应急关键词特点及运用场景。应急关键词的特点是优先级最高，即应急关键词>店铺知识。回复逻辑为包含就回，即只要客户问题中含已配置的应急关键词或词组就会命中答案，答案支持图文并茂，设置时效，如图5-87所示。

应急关键词的运用场景适用于在客户问题突发集中且店铺知识无法有效解决的情况下使用，例如店铺活动或者大促。

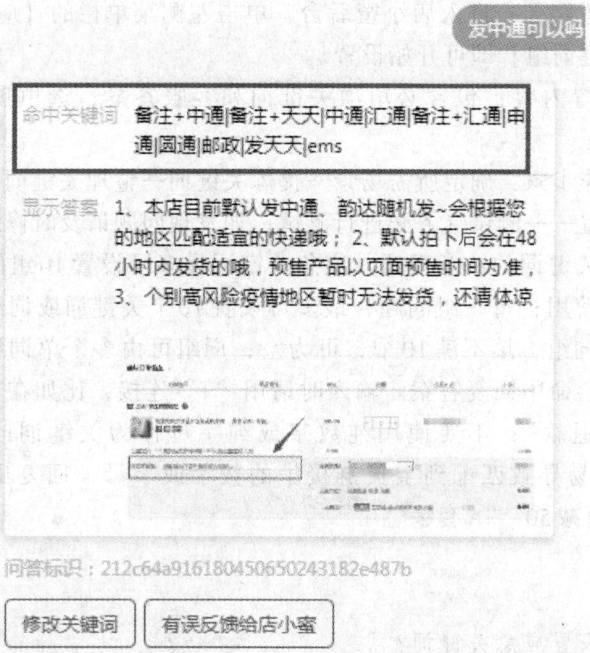

图5-87　应急关键词设置

②设置应急关键词的方法如图5-88所示。

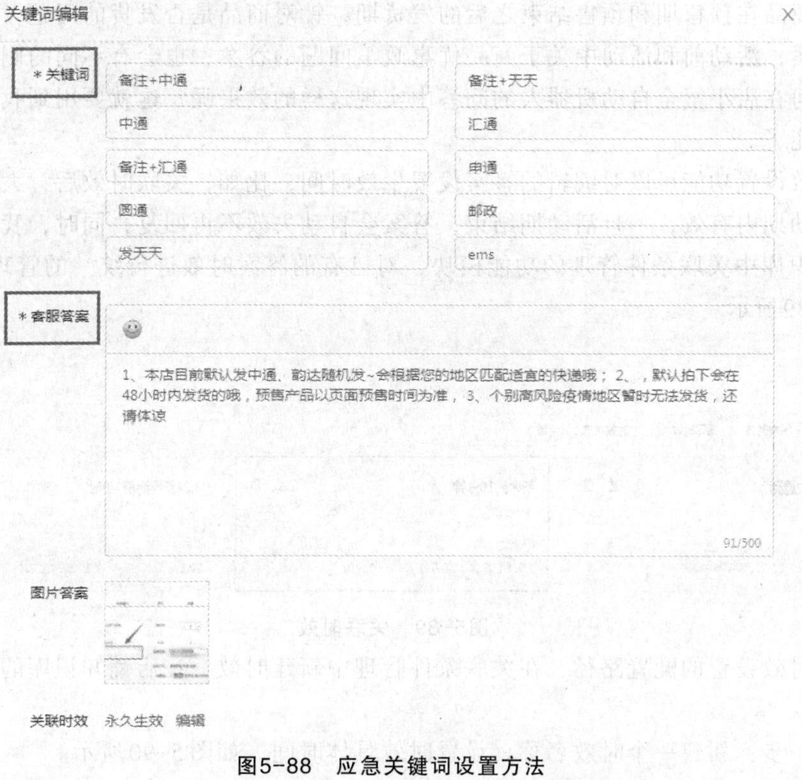

图5-88　应急关键词设置方法

第一步：设置路径：进入店小蜜后台，单击左侧菜单栏的【应急关键词】，进入后单击【添加关键词组】即可开始设置。

第二步：设置内容：包含必填项关键词和客服答案；选填项图片答案和关联时效。

第三步：操作步骤：确定所需场景—提炼关键词—整理关键词生效时间节点—编辑话术—保存设置——测试（务必进行测试，如发现问题请及时修改）。

③使用应急关键词的注意事项。应急关键词最多可设置10组问题，且回复优先级较高，请合理使用；每一组问题，最多可设置10个关键词或词组，请在每个空格处填入关键词或词组，填不满10个，可为空；词组可由多个单词组成，客户问题中必须含所有词才会命中回复答案。输入时请用“+”连接，比如在其中一个格子中填入词组“双11+退款”；不要使用纯数字或纯字母作为关键词或词组，如“500”“500-50”“A”，易导致匹配到宝贝链接中的数字或字母，回复出错。建议设置为“500减50”“五百减50”“A套餐”。

课堂讨论5-8

1.为什么要设置应急关键词？

2.如果某店铺突然出现大量关于某款产品是否有某某活动的咨询，我们该如何操作？

（3）关联时效功能及配置。同一个问题，在不同的时期可能会有不同的答案。比如一件商品在预售期和预售结束之后的发货期，针对商品是否发货的问题，就会有不同的答案；活动前和活动中关于商品优惠政策问题的答案，也会有不同的侧重点；那么，如何在店小蜜全自动机器人的问答中实现这样的效果呢？这就要用到我们的时效设置功能了。

时效设置功能可以对编辑的答案设置生效时间，比如，关联时效后，大促类答案只在活动期内有效，一旦活动期结束，答案会自动失效不再回复；同时，我们还可以通过知识库中关联条件管理的功能模块，对已有的答案时效进行统一的管理和维护，如图5-89所示。

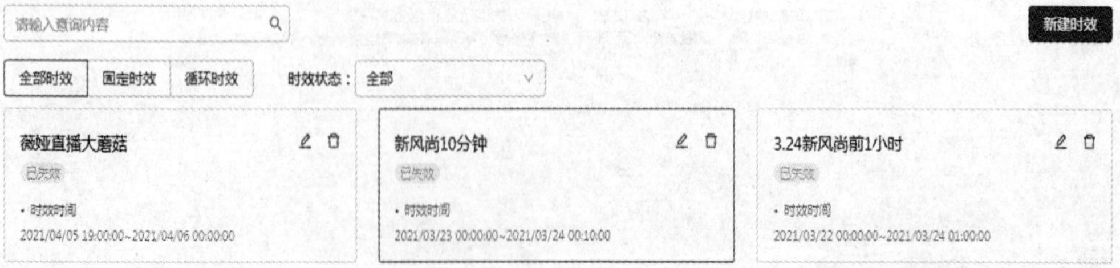

图5-89 关联时效

①时效设置的配置路径：在关联条件管理中新建时效—在店铺知识库的答案中关联时效。

第一步：新建一个时效名称，设置时效具体时间，如图5-90所示。

图5-90　时效关联示例图1

第二步：店铺知识问题编辑答案，在答案中关联时效名称，如图5-91所示。

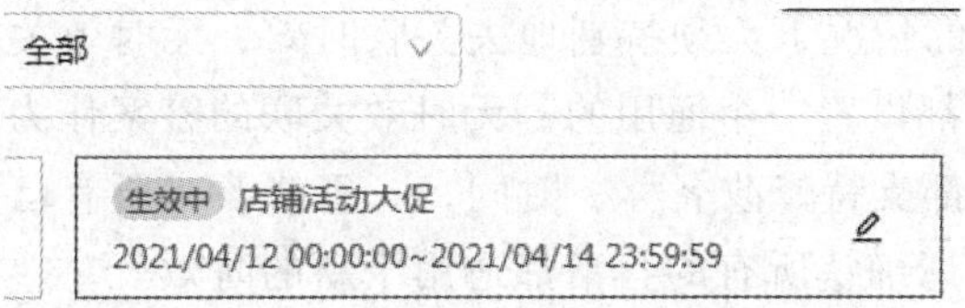

图5-91　时效关联示例图2

②时效设置操作步骤，如图5-92所示。

图5-92　时效设置步骤

③关联条件管理的使用技巧：所有已创建的时效都可以在【店铺管理】—【答案时效】中查看，还可以按照生效中、未生效和已生效三个维度进行筛选和搜索，方便对时效进行修改或删除。在此分享两个关联条件管理使用的小技巧：给时效命名时，可以尽量精细一些，方便进行筛选；遇到活动时间变更的情况，可直接在关联条件管理中修改时效生效的时间，一经修改，所有绑定过该时效的答案对应的生效时间都会同步变更。

④关联条件管理的注意事项：

➢ 答案始终可用的情况下无须特别地去关联时效，无时效关联的答案默认永久生效，且常见问题建议都设置一个通用的、无时效关联的答案作为兜底回复。

➢ 已创建的时效都支持修改名称、时间，一经修改，所有已关联的答案生效时间会跟着变更，修改前请确认所有的答案都适用于新的时效。

➢ 可定期删除、清理确认已无效的时效，删除后，所有已关联该时效的答案都会被一起删除，所以删除前也需要确认该时效下绑定的所有答案是否需要解绑。

➢ 为了保证修改或删除的准确性，最好能对时效关联过的答案进行一定的记录。

➢ 为了避免时效过多造成的管理不便，活动时期设置的时效可先按照活动阶段去梳理，避免针对单个商品单个知识就去设计一个时效。

课堂讨论5-9

1. 什么是关联时效？关联时效有什么作用？

2. 哪些场景下要设置关联时效？

5. 识别调优——智能问答训练

（1）人工智能训练师主要职责。人工智能训练师还兼具维护模型覆盖率和准确率的职责。

① 覆盖率等于店小蜜能识别到的客户问题与客户和店小蜜说的所有问题之比。常见错误类型如某一条客户提问应该被店小蜜模型命中某条场景知识，但实际没有命中。

② 准确率等于经过人工标注后，店小蜜识别准确的问题与所有能识别的问题之比。常见错误类型有行业包定位错误、场景知识定位错误、自定义知识定位错误。

（2）训练师模型维护主要流程。通过店小蜜训练师、商家训练师、数据监控等发现模型问题，进而针对模型的不同问题调整模型语料，重新训练模型，对新模型进行评测，保障模型稳定性，最后发布到线上，如图5-93所示。

（3）问题场景训练工具是一款可以帮助训练师维护店小蜜知识库的工具，包括店小蜜已定位问题抽检、未定位问题标注、自定义问题清理三大功能。

通过问题场景训练标注，可以对店小蜜回复的准确率进行质检，可以对店小蜜未能回答的问题进行补充和覆盖，可以有效管理自定义知识库问法，及时清理自定义问法，释放更多自定义问法坑位。

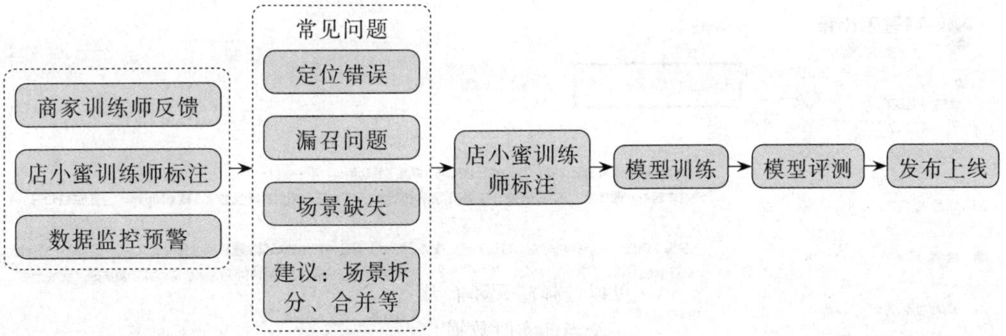

图5-93　训练师模型流程

①已定位问题抽检：检查客户提问和店小蜜的定位结果是否正确。若您觉得某个客户提问，店小蜜定位到了错误的知识点，可以反馈给店小蜜训练师，训练师会将您反馈的问题进行评估和修复，如图5-94所示。

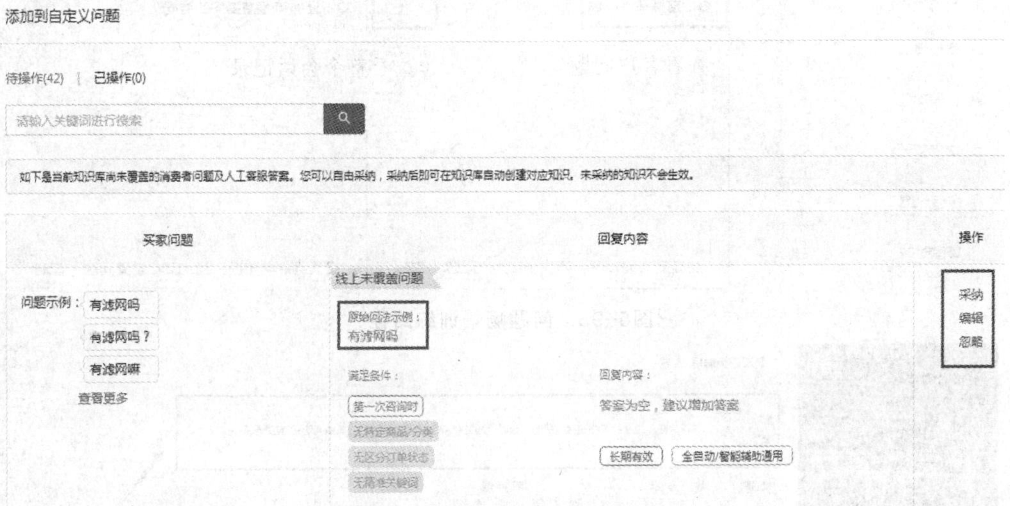

图5-94　已定位问题抽检示例图

②未定位问题标注：发现被店小蜜漏掉的客户提问，您可以将这些提问反馈给店小蜜训练师，也可以添加到店铺的自定义问题中，如图5-95所示。其路径：店小蜜后台—店铺诊断—问题场景训练—未定位问题标注。

未定位问题可及时发现店铺当前的热门未解决问题，通过增加自定义，订正到官方或者配置关键词等优化店小蜜配置，降低因店小蜜无法回答而转人工的量，实时未定位更适用于活动期间的问题发现。

未定位问题标注中，算法会智能推荐与卡片问题相似的行业高频问题或自定义问题，点击推荐结果可直接订正到相应知识点，如图5-96所示。

③自定义问题清理：发现并清洗官方行业高频已覆盖的自定义问题，释放自定义坑位，对自定义问题进行有效管理，如图5-97所示。

数据需要店铺训练师单击【获取实时数据】后，才会生成待清理自定义知识，不单击不会自动生成，数据生成需要一定时间。

图5-95 问题场景训练路径1

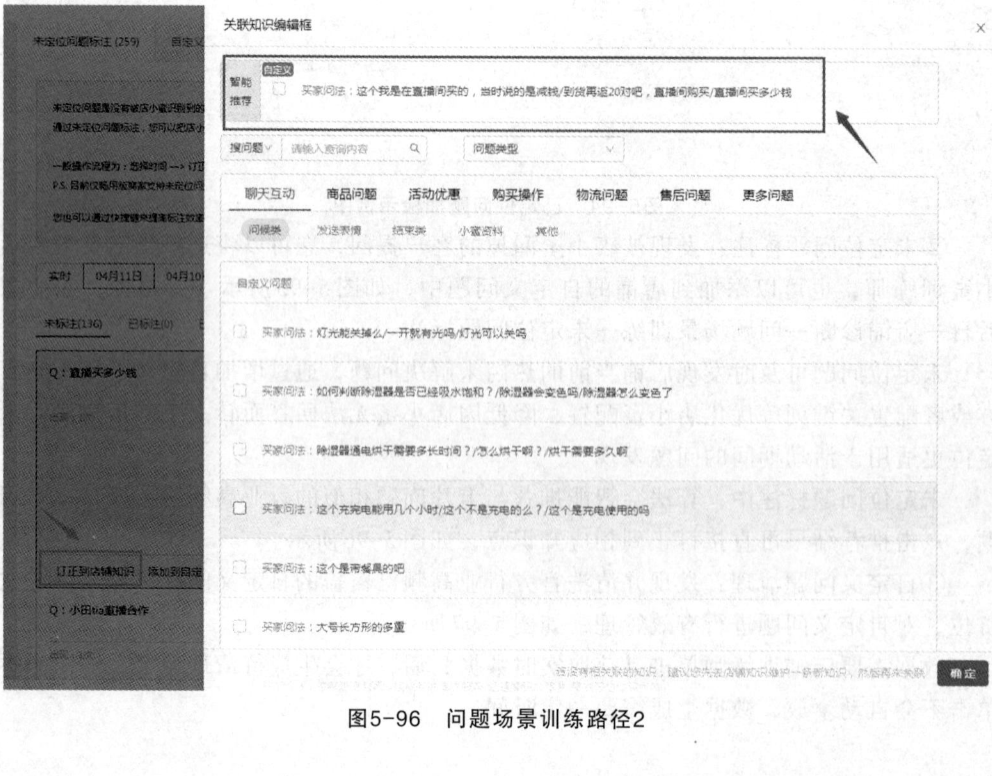

图5-96 问题场景训练路径2

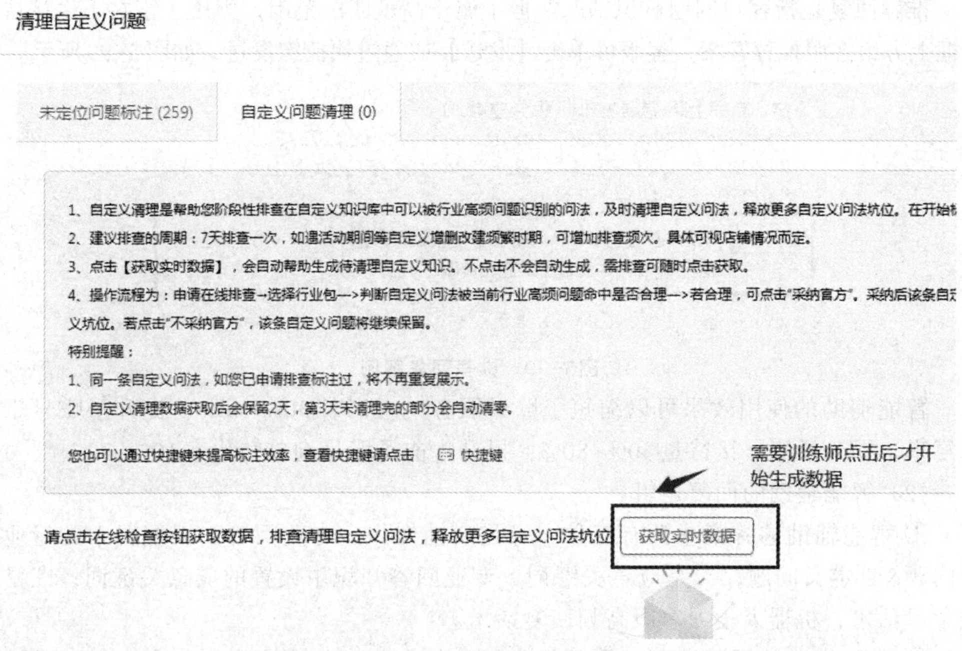

图5-97　自定义清理示例图

自定义问题清理的频率与店铺训练师维护自定义的习惯有关，建议排查的周期：7天排查一次，如遇活动期间等自定义增删改建频繁时期，可增加排查频次。具体可视店铺情况而定。

同一条自定义问法，若已申请排查标注过，将不再重复展示，若数据生成后当天并未完成清理，则第三天未清理完的部分会自动清零。

6. 智能辅助模式使用介绍

（1）智能辅助的产品价值。智能辅助是店小蜜辅助客服一起接待客户，帮助客服快速回复响应客户的一种智能服务模式。回复方式分为自动回复和推荐回复。

自动回复是指对算法计算高度匹配的问题店小蜜会自动以客服身份，代替客服回复客户，如图5-98所示。

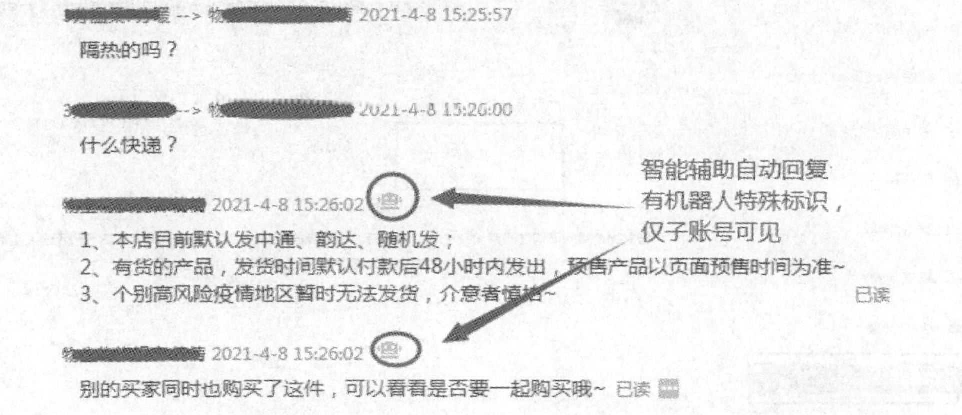

图5-98　自动回复案例

推荐回复是指客户问题被识别匹配但不属于高度匹配范围，则店小蜜在千牛接待输入框上方给客服推荐答案，客服可单击【发送】或通过快捷键发送，如图5-99所示。

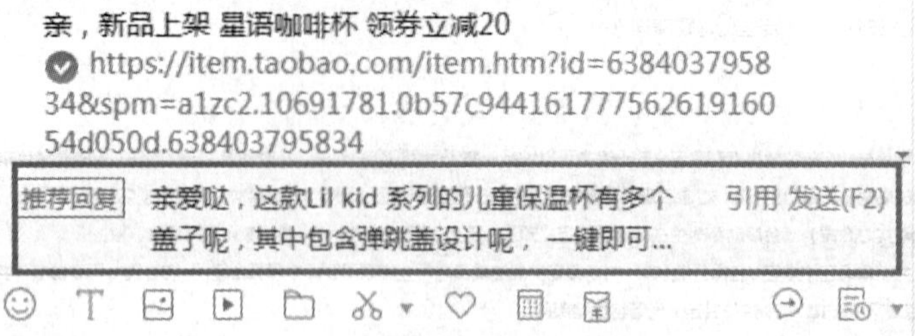

图5-99 推荐回复案例

智能辅助的使用效果可以缩短子账号服务响应时长30%~40%，提升子账号千牛回复率，提升子账号接待量30%~80%，提升售前子账号询单转化率10%~30%。

（2）智能辅助的回复逻辑。

① 智能辅助的答案来源有三种，一是店铺知识，专业问答知识配置中的行业高频问题&自定义问题；二是应急关键词，专业问答知识中设置的应急关键词；三是智能学习话术，机器人学习客服高频回复话术。

② 两种模式的回复规则：回复优先级按从左到右的顺序识别，命中任一模型为止，不再继续；若问题识别匹配度高于95%，且支持自动回复，则优先自动回复；若问题识别匹配度低于95%，则给出推荐回复。

（3）智能辅助的应用开启。

第一步：配置智能辅助首问语。开启智能辅助模式，买家转人工时会自动发送首问语，如图5-100所示。

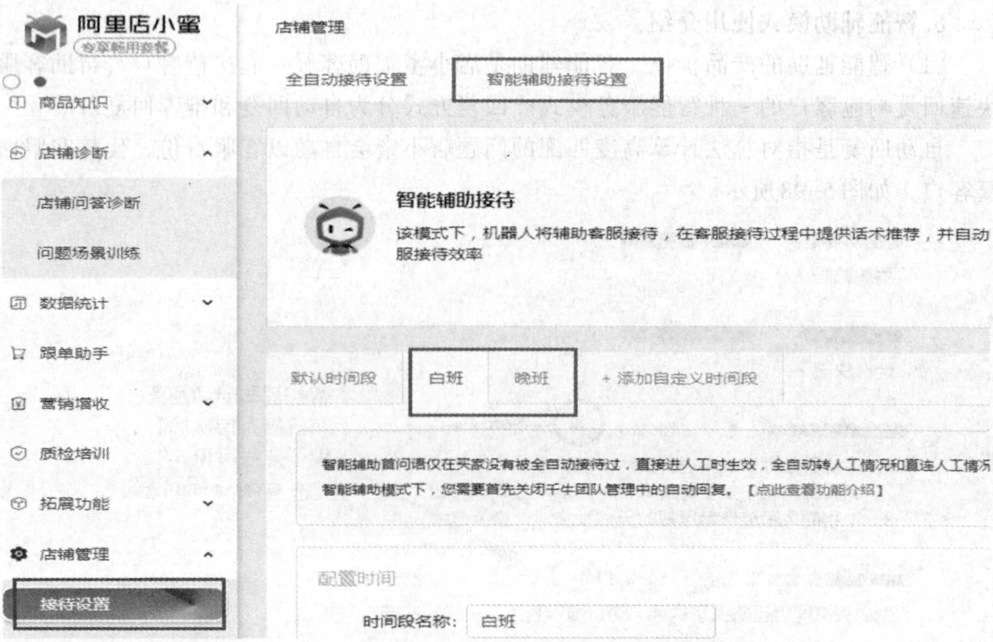

图5-100 智能辅助设置1

设置入口：店小蜜后台—【店铺管理】—智能辅助接待设置。

设置方法：同店小蜜全自动接待设置首问语，卡片问题可以选择人工设置，也可以选择使用店小蜜智能预测功能。

第二步：开启智能学习话术—功能说明（专业版）。

什么是智能学习话术？机器自学习聚类出的店铺30天内的高频买家问题及答案，我们也称之为常用话术，此话术内容无须配置，但可以编辑或者删除。智能学习话术是智能辅助功能特有，仅在开启授权使用智能辅助的子账号服务中使用，分为店铺话术和个人话术两种（子账号只能使用其中的一项。若未授权使用个人话术，则默认子账号使用店铺话术）。需要注意的是，只有开启使用了智能辅助，系统才会开始进行问题聚类。话术每周一、周四下午3点更新，最多展示100条，并标识该条话术支持回复的类型（如图5-101、图5-102所示）。

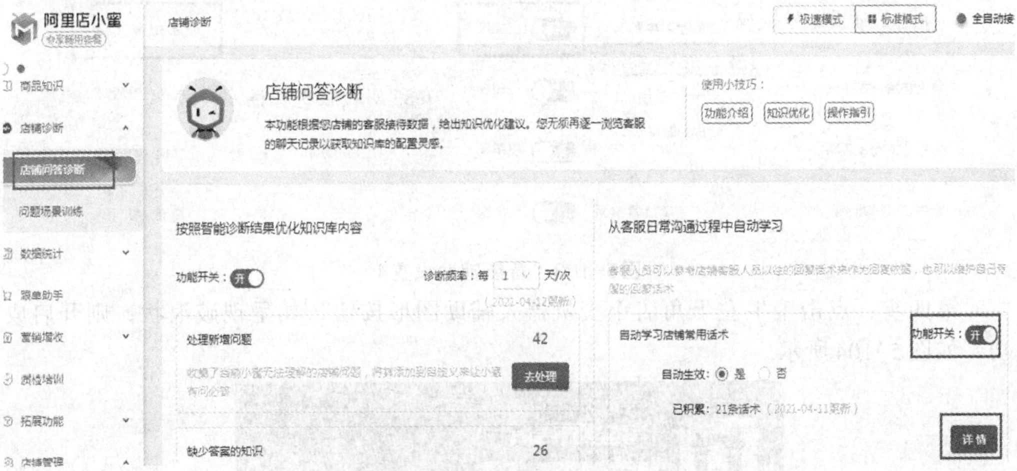

图5-101　智能辅助设置2

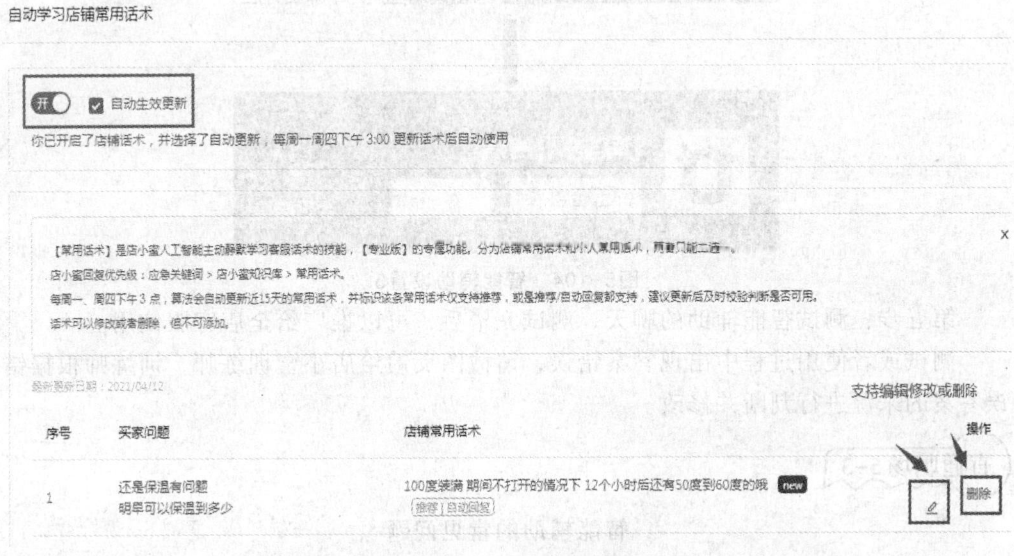

图5-102　智能辅助设置3

第三步：授权智能辅助的子账号。需要对子账号进行授权开启，才能使用智能辅助功能，具体方式如图5-103所示。

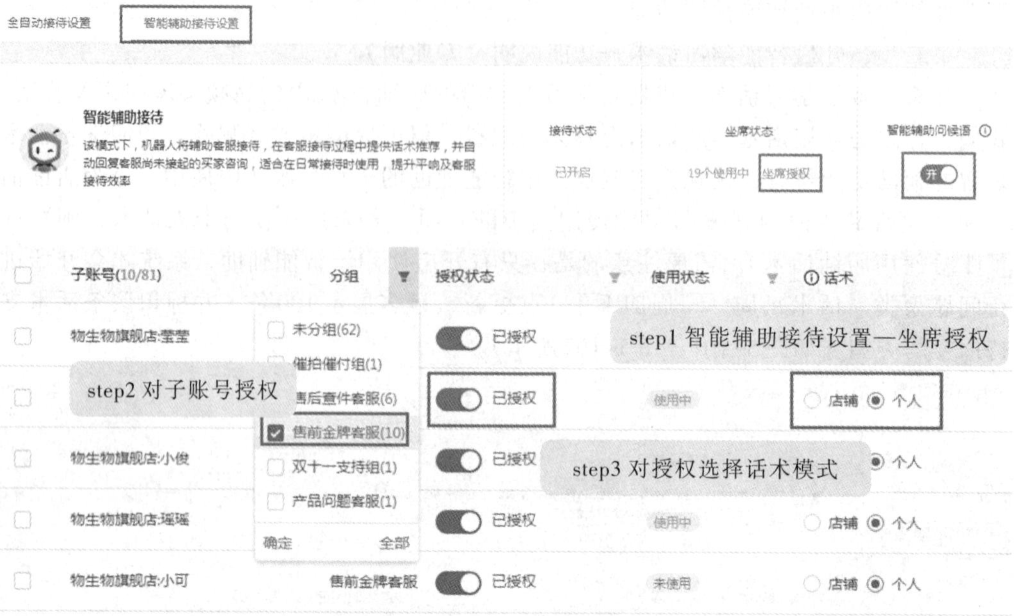

图5-103 智能辅助设置4

第四步：点击千牛左上角店小蜜机器人辅助图形按钮，如呈现破浪状，则开启成功，如图5-104所示。

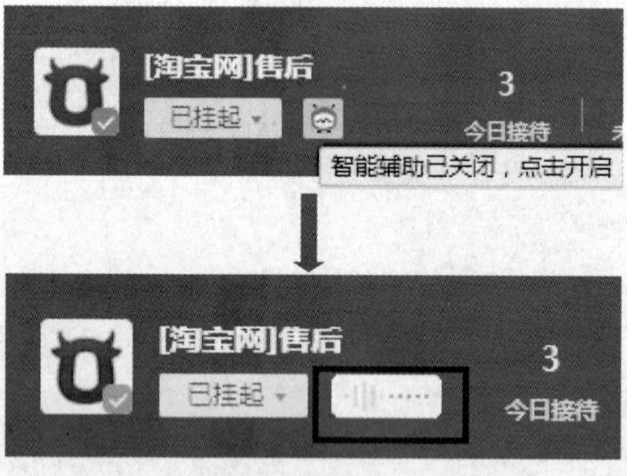

图5-104 智能辅助设置5

第五步：测试智能辅助的聊天，测试完毕后，可以推广给全店客服使用。

测试或者使用过程中出现答案错误，请截图反馈给店小蜜训练师，训练师根据错误答案的来源进行判断并修改。

直通职场5-3

智能辅助的常见问题

问题1：为什么支持自动回复的内容，却并未自动回复？

解决办法：通过测试窗定位知识及答案，若答案中含有人工客服、智能机器人等内容，则不会自动回复，需修改答案。

问题2：自动回复的内容错误，但测试窗测试发现命中是正确的，该如何处理？

解决办法：（1）检查智能学习话术内容（店铺及个人），如有相关答案，需要进行编辑修改或者删除处理；（2）若智能学习话术中没有回复的答案，则需要添加自定义问法及答案，帮助正确回复。

7. 店小蜜数据看板基础应用

想要用好店小蜜，离不开数据的监控和分析，同时训练师完成了店小蜜的基础配置之后，也需要知道店小蜜的工作效果如何，下面介绍店小蜜的数据看板。

（1）数据看板介绍。店小蜜平台提供查看店小蜜机器人使用情况等各项数据指标的数据报表功能模块。它包含全自动数据、智能辅助数据、知识功能诊断数据和训练师数据四个模块。通过数据直观地了解店铺店小蜜的配置水平、服务能力等各项指标，以及在同行业中排名情况，知己知彼，方能百战不殆。分析数据看板中实时和历史数据，不断优化店小蜜知识库的配置，提升店小蜜的接待能力，如图5-105所示。

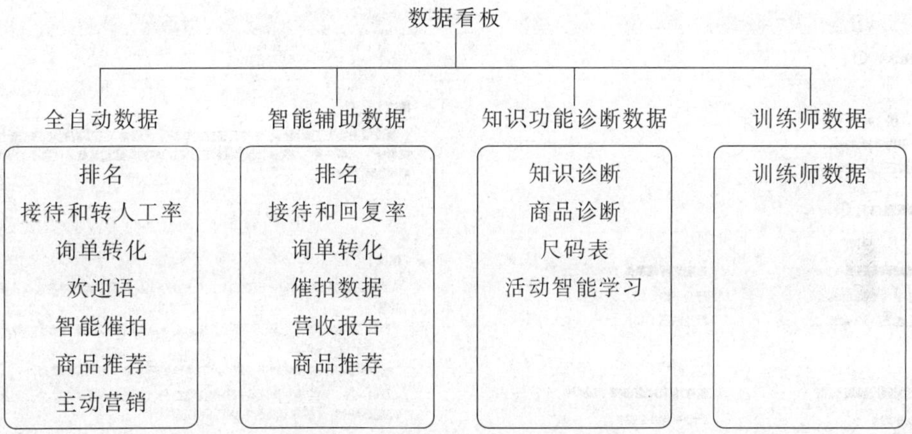

图5-105　数据看板涵盖的数据

（2）全自动数据看板，如图5-106所示。使用情况是指店铺开启全自动店小蜜接待的天数，我们取近14天的使用天数作为一个统计周期。

智能服务水平指店小蜜接待后没有转交人工客服接待的客户比例，即店小蜜机器人的解决能力。

店铺知识完善度：行业高频问题的配置情况=已配置答案和已配置通用答案两种情况加权相加后的问题数量÷本店店铺知识中行业高频问题总数（通用包+店铺订阅的行业包）。

询单人数指的是咨询前21天没有在店铺内付过款+咨询后完成付款的客户。

【请求人工人数】：指请求人工客服的客户人数，一个客户只计算一次。

【请求人工会话数】：指未去重的数量，一个客户一天请求多次就会计算多次。

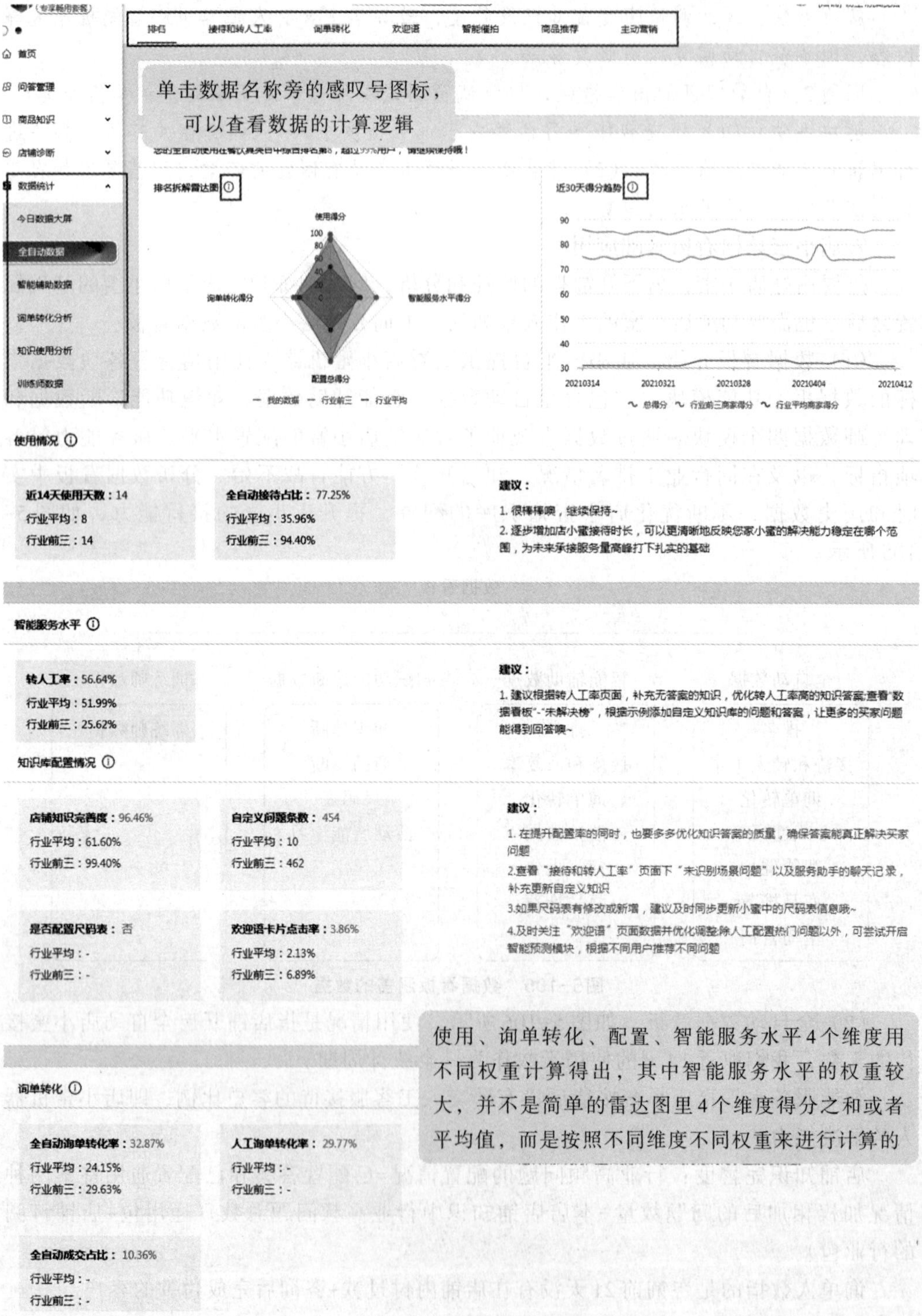

图5-106 全自动数据看板

接待和转人工率如图5-107所示。

【点击下载】：可以支持下载每天的数据明细进行分析。

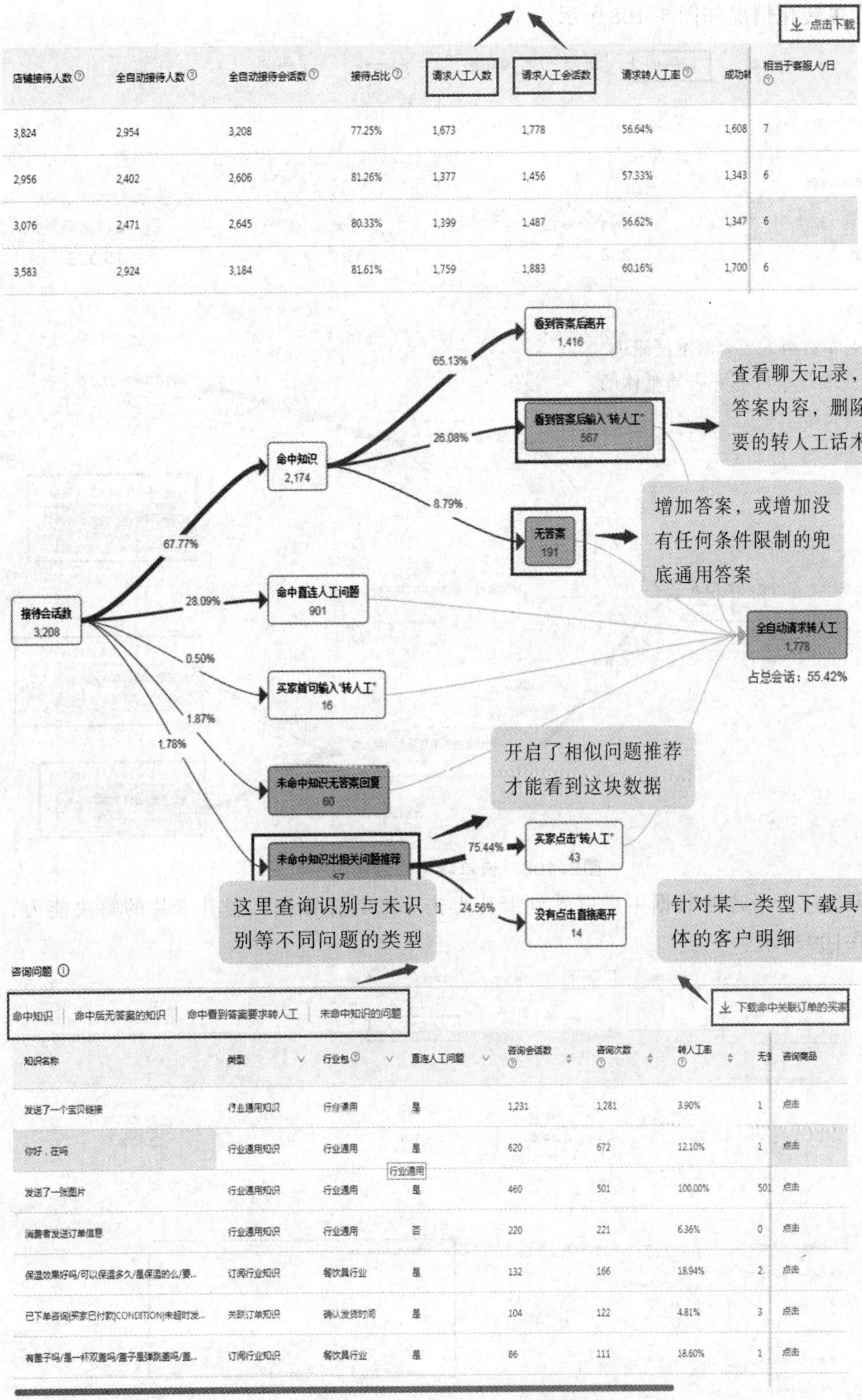

店铺接待人数	全自动接待人数	全自动接待会话数	接待占比	请求人工人数	请求人工会话数	请求转人工率	成功转	相当于客服人/日
3,824	2,954	3,208	77.25%	1,673	1,778	56.64%	1,608	7
2,956	2,402	2,606	81.26%	1,377	1,456	57.33%	1,343	6
3,076	2,471	2,645	80.33%	1,399	1,487	56.62%	1,347	6
3,583	2,924	3,184	81.61%	1,759	1,883	60.16%	1,700	6

知识名称	类型	行业包	直连人工问题	咨询会话数	咨询次数	转人工率	无	咨询商品
发送了一个宝贝链接	行业通用知识	行业通用	是	1,231	1,281	3.90%	1	点击
你好，在吗	行业通用知识	行业通用	是	620	672	12.10%	1	点击
发送了一张图片	行业通用知识	行业通用	是	460	501	100.00%	501	点击
消费者发送订单信息	行业通用知识	行业通用	否	220	221	6.36%	0	点击
保温效果好吗/可以保温多久/是保温的么/要...	订阅行业知识	餐饮具行业	是	132	166	18.94%	2	点击
已下单咨询[买家已付款]CONDITION[未超时发...	关联订单知识	确认发货时间	是	104	122	4.81%	3	点击
有盖子吗/是一杯双盖吗/盖子是弹跳盖吗/盖...	订阅行业知识	餐饮具行业	是	86	111	18.60%	1	点击

图5-107　接待和转人工率示例图

询单转化情况如图5-108所示。

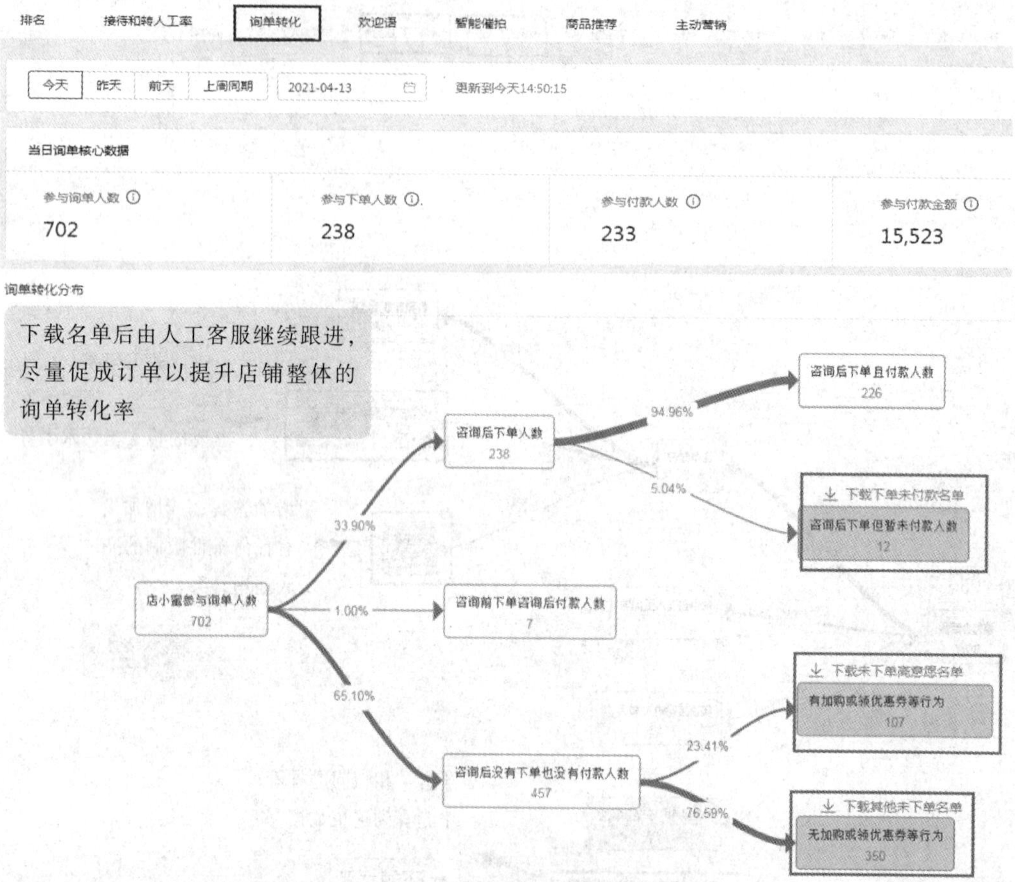

图5-108 询单转化率示例图

从欢迎语卡片的数据中可以看到卡片点击率的具体数据，提升卡片的解决能力，如图5-109所示。

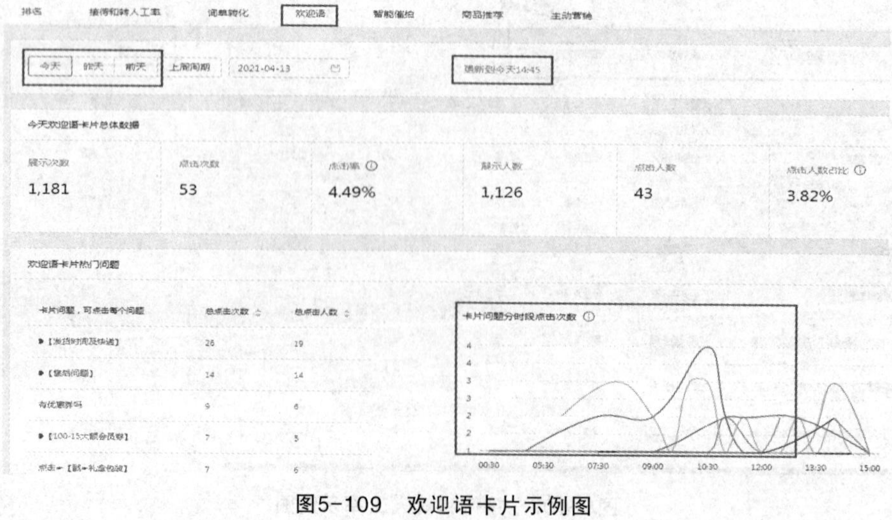

图5-109 欢迎语卡片示例图

智能催拍数据如图5-110所示。

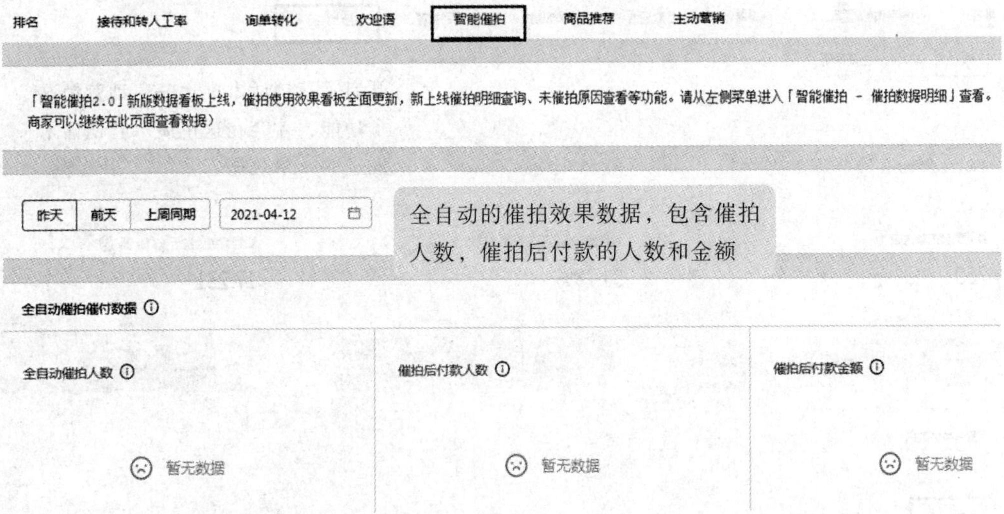

图5-110　智能催拍示例图

商品推荐情况如图5-111所示。

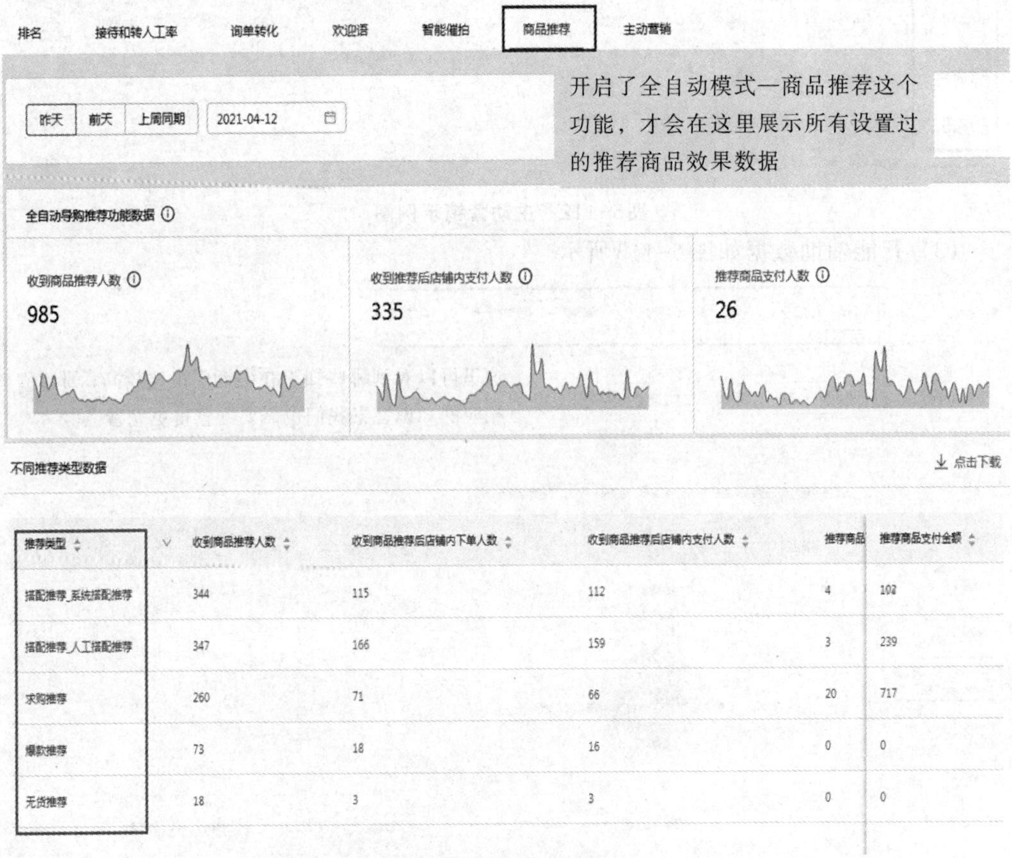

推荐类型	收到商品推荐人数	收到商品推荐后店铺内下单人数	收到商品推荐后店铺内支付人数	推荐商品	推荐商品支付金额
搭配推荐_系统搭配推荐	344	115	112	4	102
搭配推荐_人工搭配推荐	347	166	159	3	239
求购推荐	260	71	66	20	717
爆款推荐	73	18	16	0	0
无货推荐	18	3	3	0	0

图5-111　商品推荐示例图

主动营销情况如图5-112所示。

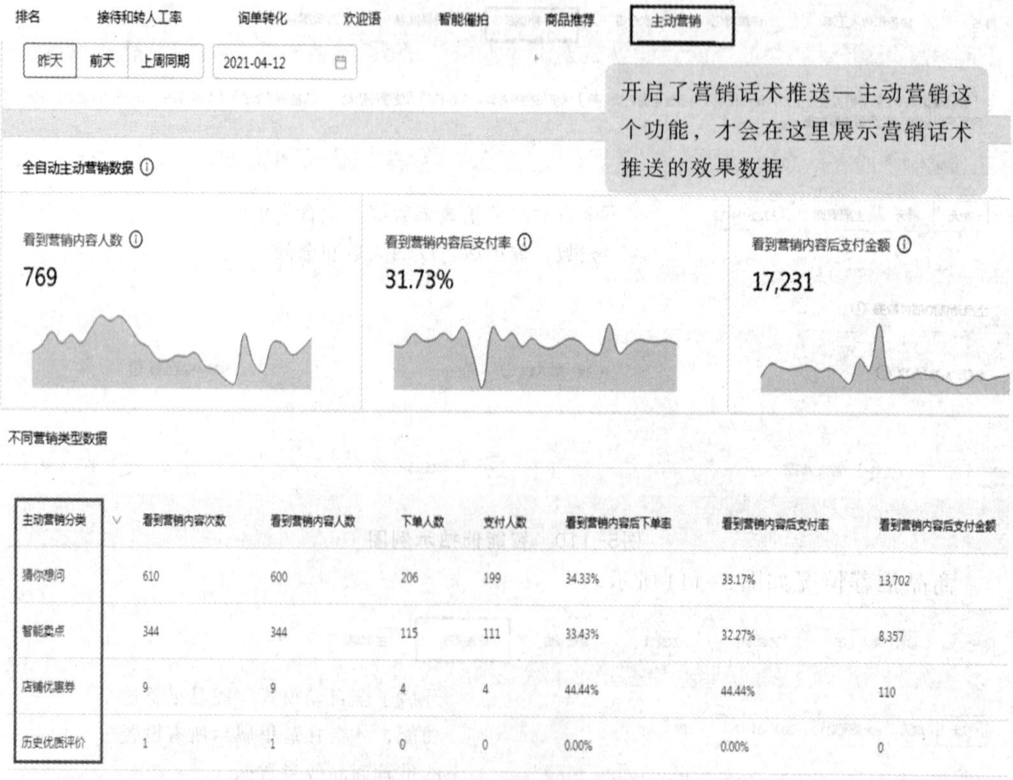

图5-112 主动营销示例图

（3）智能辅助数据如图5-113所示。

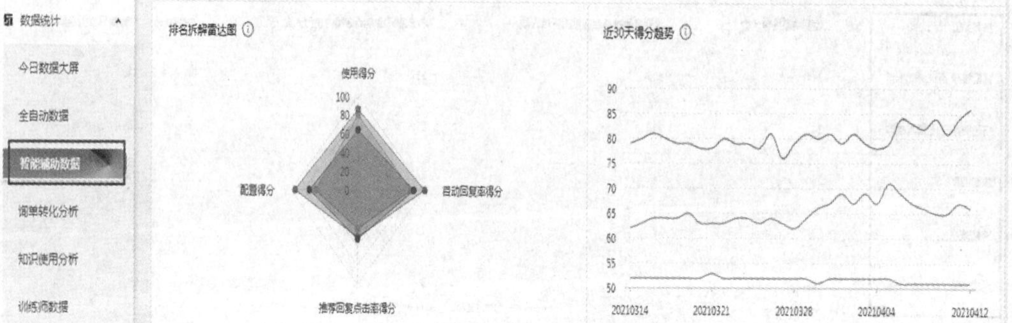

图5-113 智能辅助数据看板

（4）智能辅助诊断数据如图5-114所示。

类型	行业包	知识名称	近2周全自动咨询次数	近2周智能辅助咨询次数
行业通用知识	行业通用	发送了一个宝贝链接	14,707	4,262
行业通用知识	行业通用	你好，在吗	6,716	3,915
行业通用知识	行业通用	发送了一张图片	4,388	10,998
行业通用知识	行业通用	消费者发送订单信息	2,571	825
行业通用知识	行业通用	什么时候发货/是否会根据支付时间先后发货/明天能发货么/马上能发货么/...	1,829	1,557
订阅行业知识	餐饮具行业	保温效果好吗/可以保温多久/是保温的么/要是不保温怎么办/保温吗/正常...	1,689	1,564
行业通用知识	行业通用	怎么还没发货呢/就你这单没发了/到底什么时候能发啊/还能不能发货呢/已...	1,328	1,326

图5-114　智能辅助诊断数据

（5）训练师数据。训练师每天辛苦地优化知识库，加知识，添答案，优化话术等，那如何衡量和量化训练师的工作呢，具体要看训练师数据。通过训练师数据看板可了解训练师对于知识库的操作情况、问答训练的标注量以及数据看板的查看情况，如图5-115所示。

直通职场5-4

数据看板问答

问题1：全自动雷达图中的使用得分主要受哪些因素的影响？

答：主要与店小蜜开启使用的天数和店小蜜接待占比有关。

问题2：店小蜜综合排名主要受哪些因素的影响？

答：受排名雷达图中的4个维度综合分数影响，分别是使用得分、自动服务水平、配置得分和推荐回复点击率得分。

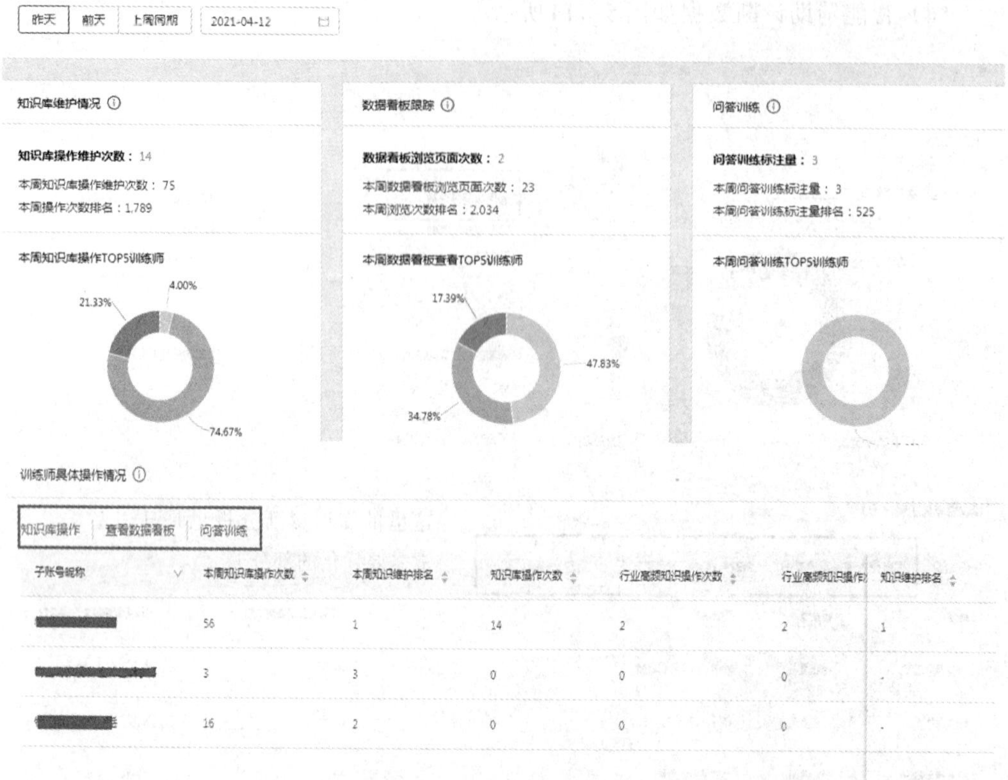

图5-115　训练师数据

问题3：在哪里将店小蜜接待的客户分流给人工客服？怎么查看聊天记录？

答：在数据看板—全自动数据接待和转人工率中，单击【查看接待客户】就可以进入千牛子账号分流页面。直接双击客户名字即可查看所有聊天记录。

问题4：数据看板的数据都是保存多久的？

答：数据看板的数据记录从2018年5月1日开始，商品和知识维度数据保持30天，下载明细数据保持10天。其他数据保存周期以页面说明为准。

三、店小蜜训练师（智能客服训练师）

1. 人工智能训练师产生的背景

人工智能（AI）让人类能够完成更多的事情，去设计更好的体验服务。2015年以前，阿里巴巴客服形式是以热线电话为主，及PC端在线客服服务；2015年7月，面向淘宝天猫，阿里推出的客服机器人——阿里小蜜问世，并且顺利通过了当年的“双11”考验。

目前智能机器人可以覆盖咨询承接、工单流转、质量监控、服务决策、服务管理等领域。在研发产品的过程中，不但要有超棒的产品经理、算法技术工程师，还要有一股非常重要的力量——人工智能训练师。

店小蜜2017年公测发布，2016年“双11”店小蜜试水，并且取得了不错的成绩。店小蜜有一整套的知识库，不仅对产品参数、型号、活动等问题来者不拒，还可以根据客户参数进行智能推荐，如衣服、鞋子尺码表，发展至今，店小蜜已经覆盖40余个行业，超过1 300个业务场景。

店小蜜的成功离不开背后的算法工程师团队，他们基于多年沉淀在淘宝平台的大量服务数据和客户咨询商家的语料特征，搭建了店小蜜最基础的算法模型，但是将这套模型运用到淘宝平台上服务于那么多的商家，光靠算法工程师是不可能在短时间内完成的，我们的人工智能训练师们就是在这套算法模型基础之上不断挖掘整理各个行业及客户特征，并将客户特征输入算法，经过不停的训练、评测、调优，最终形成这套能支持40多个行业的店小蜜算法模型。

当店小蜜产品被商家使用时，分布在各个商家的人工智能训练师根据本店铺的特点，会对店小蜜的算法模型进行适当的配置、调节和优化。今天的店小蜜产品是算法工程师与人工智能训练师合作的成果。

2. 人工智能训练师的职责、培养

人工智能产业将成为新的重要经济增长点，核心产业规模超过1 500亿元，带动相关产业规模超过1万亿元。国内资深人工智能人才只有5万人，存在人力缺口500万人；人工智能训练师职业未来发展前景非常不错，价值也非常大。

（1）人工智能训练师的工作职责。

在客服团队会有培训师这个岗位，要对新来的客服进行培训，基本上新人要培训一个月左右才能正式上岗；在用了店小蜜之后，由原来的训练师对店小蜜进行训练，就不需要将过多的精力花费在培训人这件事情上。

店小蜜能不能解决问题，要看人工智能训练师如何对店小蜜进行训练，简单来说，人工智能训练师要对店小蜜进行训练，让店小蜜理解问题，理解之后要准确地回答问题，也就是要店小蜜具备算法能力。考验算法模型是否精良，问题是否匹配知识库，最关键的就是人工智能训练师要训练匹配店小蜜算法模型，让店小蜜对客户提出的问题都能懂。训练师将业务知识输入给店小蜜，建立庞大的知识体系，比如行业包、店铺自己的知识包以及共建一些店小蜜产品的功能等，最终精准匹配并正确回答客户的问题，如图5-116所示。

具体来说，人工智能训练师的职责如下：

① 活动维度：活动调试标准建立与持续优化、活动调试执行与活动总结复盘、活动对接与问题反馈推进解决。

② 商品维度：商品维护标准建立与商品属性维护、商品FAB卖点提炼与重点款优化。

③ 服务维度：服务类场景答案维护与优化、服务类问法收集与场景挖掘、服务类流程设计与持续优化。

④ 数据维度：数据报表设计与分析标准建立、周报&月报&活动数据分析输出、流失分析&质检问题结果跟进。

图5-116 人工智能训练师的职责

（2）人工智能训练师的培养。

截至2018年7月，通过阿里认证“店小蜜人工智能培训师”考试的人数突破20 000人，他们将成为人工智能训练师，与店小蜜并肩作战。

3. 人工智能训练师的能力

（1）思维能力。

① 懂业务：了解电商行业的业务问题，可以通过聊天记录精准提炼客户的问题，输出店小蜜适用的解答话术和方案。

② 会分析：使用店小蜜数据分析工具，可以对店铺使用情况以及知识库配置情况进行深入分析，并给出优化解决方案。

③ 用产品：了解智能机器人的基本算法以及店小蜜产品的各个功能特点，结合店铺实际需求，选择合适的功能完成店小蜜产品的日常配置。

④ 调模型：通过店小蜜提供的训练师的辅助工具，对店铺语料进行分析和标注，提升算法性能和店小蜜产品在店铺运营中的使用效果。

（2）行业经验。

①不同阶段所需具备的知识。

A. 准备期：店铺知识：商品类、活动类、物流类、售后类；店铺服务流程：店小蜜基础知识、千牛知识。

B. 开启期：店小蜜接待模式、模式使用范围、知识库基础配置。

C. 丰富期：自定义知识配置、答案配置技巧、关键词设置、测试窗运用。

D. 诊断期：质检知识、数据看板运用、训练师考核方法、店铺诊断思路。

E. 活动期：平台大促活动知识、大促活动配置技巧。

②产品知识学习方法——电商服务基本知识。

熟悉淘宝、天猫平台的客户保障基本规则。例如：淘宝七天无理由退货规则、天猫-发货规则、争议处理、天猫无忧购、特色服务。熟悉千牛客服接待工作台的基本操作，例如：接待中心设置、自动回复设置、聊天记录查看等。

③获取店铺知识。

A. 商品知识。例如：品类、尺码、款式、材质等，阐述整理产品属性表或者整理商品知识文档，包含商品所有分类、具体商品属性（尺码/材质/款式）、适合人群。

B.活动知识。例如：玩法、规则、节奏、利益点等知识；阐述我们的活动知识文档，包含活动类别、频次节奏，主要商品的玩法、节奏、利益点。

C.物流知识。例如：物流公司、发货范围、到货时间等，阐述物流知识文档，包含合作物流、物流覆盖省区市、通常发货及到货时效、特殊省份发货规则、指定快递规则、费用等。

D.售后知识。例如：售后退换货、退换货条件、退货流程、时效等；阐述我们的售后知识文档，包含退换货规则、产品质量问题处理、活动差价、投诉等问题。

E.热点类。例如：产品问题、活动问题、服务问题；其他知识获取：数据看板、大促配置技巧。

④高转化店小蜜配置。

A.主动营销：针对高意愿客户在合适时机主动推荐活动优惠、智能卖点、猜你想问，评价或挖掘客户购买意愿，促进成交。

B.商品推荐：不知道买什么，我帮你推荐。

C.智能催拍：10分钟内未下单，自动对高意愿客户进行催拍。

D.活动智能学习：不让客户错过活动，活动配置省时省力。

（3）AI技术的基础理解能力。

① 对知识库的理解：知识库是店小蜜的智能大脑，里面储存着店小蜜回复给客户的知识信息，所以知识库的创建和维护对店小蜜的使用至关重要，知识库中的核心部分是店铺知识，店铺知识又按照售前、售中、售后的不同阶段将日常的咨询问题分为七个大类，每个大类又有若干小类的问题。

② 设置流程：了解店铺知识的相关操作，学习配置行业高频问题—选择店铺适合的行业包、了解行业高频问题的由来并更好地配置—配置欢迎语卡片—设置转接人工衔接方式—开始前测试—开始使用—学习更多功能的使用方法—数据诊断，不断丰富知识库，优化功能配置。

③ 智能客服两种模式。

A.全自动模式：全自动机器人是通过识别客户问法并进行自动回复的拟人化智能客服；全自动机器人可以通过独立的虚拟账号（店铺名：服务助手）来接待客户咨询，同时可以与人工客服协同工作；商家可以通过维护知识库来提升店小蜜全自动机器人的服务能力。

B.智能辅助回复模式：智能辅助回复方式分为自动回复、推荐回复。

自动回复：对于算法计算高度匹配的问题，店小蜜会自动以客服身份，代替客服回复客户；

推荐回复：如客户问题被识别但不属于高度匹配范围，店小蜜则在千牛接待输入框上方给客服推荐答案，客服可单击【发送】或通过快捷键发送。

4.人工与智能机器人的关系

首先人工要清楚并理解本身的业务和客户关心的问题，其次人工需要对机器人有所了解，了解它的能力、算法、优势、劣势等，当人工有这样的一个清晰的判断之后，才能更好做到人机协调。

人工客服的应变能力很强，能提供一些非常温暖的服务，做出更多的变化，同时还有很多的经验累积；智能机器人的学习能力很强，而且学习速度快，可能它一天的学习内容就能赶上人一个月的学习内容，足够多的时间和训练会让智能客服变得越来越聪明。

机器人已经逐渐进入客服领域，服务行业发生巨大变化的趋势是不可避免的，而且速度会越来越快。我们现在要努力去拥抱变化，努力去思考怎样能更好地利用最新的AI技术和大数据技术帮助客服这个行业做得更加高效，帮助店铺做更高级的转换，这样才能更好做到人机结合以及培养更多更好的人工智能训练师，将智能产品与店铺业务更好地去结合。

思政园地

创新是第一动力

党的二十大报告提出，必须坚持“创新是第一动力”“坚持创新在我国现代化建设全局中的核心地位”。把握发展的时与势，有效应对前进道路上的重大挑战，提高发展的安全性，都需要把发展基点放在创新上。只有坚持创新是第一动力，才能推动我国实现高质量发展，塑造我国国际合作和竞争新优势。为此，要让创新贯穿党和国家一切工作，让全面创新真正成为加快社会主义现代化建设、实现中华民族伟大复兴的强大动力。

创新是一个国家、一个民族发展进步的不竭动力，是推动人类社会进步的重要力量。世界经济发展史表明，一个国家只要率先成为世界科学中心和创新高地，就能快速实现现代化，跻身于世界强国之林。而一些传统强国衰落，与其失去或缺乏创新精神和创新能力密切相关。进入21世纪以来，全球科技创新进入空前密集活跃期，新一轮科技革命和产业变革突飞猛进，全球经济结构正在重塑，各主要国家纷纷把科技创新作为国际战略博弈的主战场。在激烈的国际竞争中，唯创新者进，唯创新者强，唯创新者胜。抓创新就是抓发展，谋创新就是谋未来。党的二十大报告对完善科技创新体系、加快实施创新驱动发展战略进行具体部署，体现了我们党对历史发展规律和当今国际竞争形势的深刻把握，展现了我们党赢得优势、赢得主动、赢得未来的信心和决心。

自主创新是我们攀登世界科技高峰的必由之路。基础研究、原始创新和关键核心技术攻关是艰苦复杂的创造性劳动。要增强创新自信，坚定不移走中国特色自主创新道路，发扬敢于斗争、敢于胜利的精神，增强自主创新的志气和骨气。要把握大势、抢占先机、直面问题、迎难而上，瞄准世界科技前沿和国家重大需求，敢于走前人没走过的路，努力突破“卡脖子”关键核心技术，着力解决一批影响和制约国家发展全局和长远利益的重大科技问题，更多实现原始性引领性创新，在实现高水平科技自立自强上不断取得新的进展。

资料来源 陈劲. 创新是第一动力［N］. 人民日报，2023-01-13.节选。

思政元素：创新精神

学思践悟：在学习的过程中，能够综合运用已有的知识、信息、技能和方法，提出新方法、新观点的思维能力，拥有发明创造、改革、革新的意志、信心、勇气和智慧。创新精神是一个国家和民族发展的不竭动力，也是一个现代人应该具备的素质。

项目小结

客服行业具有客户群体大、咨询频次高、问题重复度高等显著特征。随着移动互联网相关科技的高速发展，我们需要处理的信息量呈现爆炸式增长，传统的人工客服已经无法满足互联网场景下高速增长的客户需求。现在的智能客服已经可以实现自主问答、业务办理等复杂操作。智能客服可以24小时在线，并且能够随时保持标准化服务状态，这大大减轻了人工的负担。智能客服的引入使客服人员的工作流程更加透明化、可视化，管理人员通过后台数据统计就可以一目了然，有效帮助企业进行客服工作流程的统一管理及量化考核。传统客服向智能客服升级转型已经是必然的趋势，智能客服已经越来越多地融入我们日常生活的各类场景当中，无论是技术层面还是应用层面都有了快速的发展。我们通过以上智能客服（店小蜜）的系统学习，可以更好更快地掌握当下智能客服在电子商务行业中的应用。

项目测试

一、单项选择题

1.店小蜜通过（　　）子账号进行服务。

A.人工客服账号　B.服务助手账号　C.售后客服账号　D.以上

2.新增自定义问题中有划词的选择，最多可以选择（　　）。

A.1个　B.2个　C.3个　D.4个

3.通用答案是指适用于（　　）的答案，不针对商品个性化设置。

A.客户问题　B.单个产品

C.店铺所有商品　D.商品个性化

4.编辑好一条答案之后，为了验证这个答案是否有效，可以（　　）。

A.到答案测试窗测试　B.不用验证设置好就行

C.当客户咨询到这个问题时再检查　D.用客服回复答案测试

5.欢迎语卡片最多能写（　　）个字符。

A.10　B.15　C.20　D.30

二、多项选择题

1.目前人工智能客服在（　　）电商平台中运用最广。

A.淘宝　B.京东　C.抖音　D.拼多多

2.服务助手可以设置（　　）模式。

A.人工优先　B.助手优先　C.混合　D.其他

3.数据看板中可以体现出客户咨询的热门问题有（　　）。

A.接待和转人工率　B.咨询问题　C.命中知识　D.客服回复

4.接待卡片问题的形式有（　　）。

A.智能预测配置　B.人工个性化配置

C.智能预测+人工配置　　　　　　　　D.全部人工配置

5.使用应急关键词的注意事项有（　　）。

A.应急关键词最多可设置10组问题

B.最多可设置10个关键词或词组

C.词组可由多个单词组成

D.输入时候请用“+”连接

三、判断题

1.接待设置里的默认时段和自定义时段都是可以修改时效的。（　　）

2.店小蜜接待模式分为两种：全自动和智能辅助，可以同时启用且店小蜜后台知识库是共享的。（　　）

3.离线消息可以筛选店小蜜请求转人工的客户，分配给在线客服二次跟进。有利之处在于当店小蜜机器人无法解决客户问题时，人工跟进解决；并且针对机器人答案进行二次优化。（　　）

四、简答题

1.售前场景一共有几大类？每个大类里面又细分为多少小类？

2.售后场景一共有几大类？每个大类里面又细分为多少小类？

3.活动智能学习配置方法是什么？有什么作用？

五、实训题

1.实训目标

现有某款洗发水，请对它配置一个完整的店小蜜话术。

2.实训要求

完整地配置店小蜜开启、接待设置、欢迎语卡片、促销活动、产品功用、物流问题回复、售后问题回复。

主要参考文献

[1] 李静. 网店客户服务 [M]. 北京：高等教育出版社，2021.

[2] 刘建珍. 网店金牌客服 [M]. 2版. 北京：人民邮电出版社，2022.

[3] 白东蕊. 网店客服：理论、案例与实训 [M]. 北京：人民邮电出版社，2021.

[4] 徐茜. 金牌网店客服实战108招 小服务大效果 [M]. 北京：人民邮电出版社，2019.

[5] 马鹤丹，韩晓琳，沈璐. 管理学 [M]. 成都：西南财经大学出版社，2019.

[6] 杨群祥. 商务谈判 [M]. 7版. 大连：东北财经大学出版社，2023.

[7] 丁雯. 客户服务实务 [M]. 5版. 大连：东北财经大学出版社，2022.

[8] 青枫. 淘宝网店金牌客服实战 [M]. 2版. 北京：人民邮电出版社，2021.

[9] 刘涛. 淘宝、天猫电商运营百科全书 [M]. 3版. 北京：电子工业出版社，2022.

[10] 滕宝红，徐梅. 电商客服经理实战工作手册 [M]. 北京：人民邮电出版社，2022.

[11] 崔恒华，孙效宸. 电商多平台客服实战：淘宝、京东、拼多多 [M]. 北京：电子工业出版社，2021.

[12] 苏朝晖. 客户关系管理——客户关系的建立与维护 [M]. 5版. 北京：清华大学出版社，2021.

[13] 臧良运. 消费心理学 [M]. 2版. 北京：北京大学出版社，2021.

[14] 郭国庆，陈凯. 市场营销学 [M]. 6版. 北京：中国人民大学出版社，2019.

[15] 邵贵平. 电子商务数据分析与应用 [M]. 2版. 北京：人民邮电出版社，2023.

数字资源索引